Wagner · Besser führen mit Transaktions-Analyse

Abe Wagner

Besser führen mit Transaktions-Analyse

2. Auflage

GABLER

Die Deutsche Bibliothek – CIP-Einheitsaufnahme

Wagner, Abe:
Besser führen mit Transaktions-Analyse / Abe Wagner. [Aus dem Amerikan. von Christel u. Donald Stresing]. – 2. Aufl. – Wiesbaden : Gabler, 1992
Einheitssacht. : The transactional manager ‹dt.›
ISBN 3-409-23323-7

1. Auflage 1987
2. Auflage 1992

Aus dem Amerikanischen von Christel und Donald Stresing. Die Originalausgabe erschien unter dem Titel „The Transactional Manager – How to Solve People Problems with Transactional Analysis" bei Prentice Hall, Inc., Englewood Cliffs, New Jersey.

Der Gabler Verlag ist ein Unternehmen der Verlagsgruppe Bertelsmann International.

Lektorat: Ulrike M. Vetter

Höchste inhaltliche und technische Qualität unserer Produkte ist unser Ziel. Bei der Produktion und Verbreitung unserer Bücher wollen wir die Umwelt schonen: Dieses Buch ist auf säurefreiem und chlorarm gebleichtem Papier gedruckt. Die Einschweißfolie besteht aus Polyäthylen und damit aus organischen Grundstoffen, die weder bei der Herstellung noch bei der Verbrennung Schadstoffe freisetzen.

Umschlaggestaltung: Schrimpf und Partner, Wiesbaden
Satz: Roddert Fotosatz, Mainz
Druck: Wilhelm & Adam, Heusenstamm
Buchbinder: Oswald & Co., Neustadt/Weinstr.
Printed in Germany
ISBN 3-409-23323-7

Vorwort der Bearbeiter für die deutsche Ausgabe

Die Transaktions-Analyse ist bereits Ende der sechziger Jahre in Kalifornien entwickelt worden. Sehr schnell sahen immer mehr Amerikaner in der Transaktions-Analyse (TA) eine Möglichkeit, vor allem partnerschaftliche Probleme zu lösen. Sehr viel später wurde die TA auch als Führungsmethode entdeckt. Und gerade jetzt, wo mehr Menschlichkeit im Management als wesentliches Element einer Unternehmenskultur gefordert wird, erlebt die TA in amerikanischen Managerkreisen eine neue Blütezeit.

Aus seiner persönlichen Erkenntnis und aus den Erfahrungen seiner Beratungstätigkeit heraus schrieb Abe Wagner sein Buch "The Transactional Manager". Es faßt die neuesten Entwicklungen der Transaktions-Analyse zusammen und richtet sich ganz gezielt an Führungskräfte.

Eine ähnliche, jedoch nicht so weit fortgeschrittene Entwicklung läßt sich in Europa und Deutschland verfolgen. TA hat hier inzwischen viele Anhänger gefunden. Manager und andere Führungskräfte hatten diesen Trend in Deutschland nicht gleich erkannt, als die TA-Welle gegen Ende der 70er Jahre ihren ersten Höhepunkt erreichte. Sie sahen keine Zusammenhänge zwischen TA und ihrer Karriere. Sie glaubten nicht, daß ihr Geschick im Umgang mit Menschen oder ihr Ungeschick ihren beruflichen Erfolg steigern oder beeinträchtigen würde und daß "People Skills", die Fähigkeit, positiv auf Menschen einzuwirken, ein wichtiges Instrument zur Förderung ihrer Laufbahn sein könnte. Was sich leider noch nicht ausreichend verbreitet hat, ist die Erkenntnis einzelner Manager, daß sie, als TA zuerst nach Deutschland kam, einiges versäumt hatten. Obwohl heute die Deutsche Gesellschaft für Transaktions-Analyse, das Gegenstück zur American International Transactional Analysis Association (ITAA), schon sehr viele managementorientierte TA-Spezialisten ausgebildet, geprüft und bestätigt hat, ist TA in Unternehmerkreisen noch immer zu wenig bekannt und wird zu wenig eingesetzt.

Es wird noch einige Zeit dauern, bis man hier bei uns von der Wirksamkeit der TA überzeugt ist. Die Möglichkeit, mit TA die eigene Persönlichkeit zu festigen, besser zu führen und damit auch als Führungskraft mehr Erfolge zu erzielen, stößt beim modernen deutschen Manager heute auf hohes Interesse. Er kann sich einen Vorsprung vor seinen Managerkollegen sichern, indem er mehr über TA lernt, jetzt. Die hier vorliegende deutsche Fassung von Abe Wagners Buch „Besser führen mit Transaktions-Analyse" (Originaltitel: The Transactional Analysis) bietet vorausschauenden Führungskräften die Gelegenheit, die grundlegenden Begriffe aus TA jetzt zu erlernen und damit ihr Erfolgspotential voll zu entfalten.

Wagners Buch ist einzigartig. Es beginnt nicht wie viele Managementbücher mit dem Analysieren von Führungsproblemen. Am Anfang wird die besondere Bedeutung der TA-Grundsätze hervorgehoben, aus deren Kenntnis jedermann für seine eigene Person und für sein eigenes Leben Nutzen ziehen kann. Später bringt der Autor diese Grundsätze mit dem Berufsleben in Verbindung und benutzt Beispiele, um deutlich zu machen, wie TA am Arbeitsplatz funktioniert. Auch wenn einige Manager noch nicht davon überzeugt sind: Es ist eine Tatsache, daß sie nicht erfolgreich sein können, wenn es in ihrem Privatleben nicht stimmt und wenn sie es vermeiden, die privaten, menschlichen Seiten ihres Lebens unter die Lupe zu nehmen. Wagners Methode hilft dem vielbeschäftigten Manager, dieses Hindernis zu nehmen. Er führt den Leser Schritt für Schritt zu nützlichen Einsichten und Erkenntnissen über sich selbst, durch die auch die Hindernisse auf seiner Berufslaufbahn weggeräumt werden können. Das Buch geht davon aus, daß der Leser die entsprechenden betriebswirtschaftlichen Fähigkeiten einer Führungskraft besitzt, bereits entsprechende Kurse besucht und alle einschlägigen Fachbücher gelesen hat, ohne die unsichtbare Schwelle bezwungen zu haben und den ihm eigentlich zustehenden, verdienten Erfolg verzeichnen zu können. Was Abe Wagner hier präsentiert, ist ein neuer Angriff auf ein altes, oftmals unerkanntes Problem. Er macht das auf eine humorvolle, leicht verständliche Weise, die bereits Tausende von US-Managern angesprochen hat, die daran interessiert waren, ihre Kollegen und sich selbst besser verstehen zu lernen.

Wagner war nacheinander Manager und Therapeut und ist nun erfolgreicher Unternehmensberater in Denver, Colorado, USA. Als Therapeut konnte Wagner beobachten, daß viele seiner Managerklienten exzellente Berufskenntnisse und -fähigkeiten besaßen. Sie wußten alles über Bilanzen, Verkaufsplanung, Werbekonzepte, Betriebsführung, Produktionstechniken, Kosteneinsparungsmaßnahmen. Sie waren in der Lage, wichtigste Entscheidungen zu treffen, weittragende Geschäftssituationen zu beurteilen und komplizierte technische Probleme aufzudecken und zu lösen. Trotzdem ging es ihnen wie so vielen Managern: Sie waren nicht so erfolgreich, wie sie aufgrund ihrer Kenntnisse und Erfahrungen hätten sein müssen und gern sein wollten. Diese Manager hatten in ihren persönlichen Beziehungen zu anderen Menschen Probleme, die sich hemmend auf ihre Karriere auswirkten und durch die sie unzufrieden wurden. Unter anderen Techniken benutzte Abe Wagner hauptsächlich die Transaktions-Analyse (TA), um die persönlichen Schwierigkeiten seiner Klienten im privaten wie im beruflichen Umgang mit anderen zu behandeln, und er war von den Ergebnissen begeistert.

Wagner konnte eine andere Beobachtung machen: Viele seiner Klienten hatten zwar von TA gehört und das bekannte Buch „Ich bin okay — Du bist okay“ von Dr. Thomas A. Harris gelesen, jedoch keinen Zusammenhang zwischen der Aussage des Buches und ihren eigenen Problemen gesehen. Die Botschaft des Buches war ihrer Meinung nach für „leicht verrückte“, therapiebedürftige Menschen bestimmt. Bei ihrem geschäftigen, gedrängten Tagesablauf hatten diese Manager wenig Zeit oder Neigung, sich eingehender mit einer, wie sie es betrachteten, psychologischen Modemasche zu befassen. In der Therapie gaben viele von ihnen zu, den Zug in puncto TA verpaßt zu haben, weil sie Transaktions-Analyse als wichtiges Instrument verkannt hatten, um in der heute so hektischen Geschäftswelt erfolgreich zu sein.

Abe Wagner stellte bald fest, daß er mehr Managern helfen konnte, wenn er in Gruppen mit ihnen arbeitete. Er entwickelte verschiedene Therapie-Gruppenkurse und begann damit, Managern und Führungskräften die TA-Grundlagen beizubringen. Er hielt jedoch nicht nur Kurse für solche Gruppen ab, die schon größere Probleme hatten, sondern überraschenderweise auch für solche, die Problemen vorbeugen wollten oder die schon frühzeitig erkannten, daß sich Schwierigkeiten in ihrer Karriere ankündigten. Der Erfolg, der sich während dieser Kurse bei den meisten Teilnehmern einstellte, bewog Abe Wagner, seine dritte Karriere zu starten, nämlich die eines Unternehmensberaters, der Führungskräften „People Skills" mit Hilfe von TA vermittelt. Heute beschränkt sich Wagner auf diese Unternehmensberatungstätigkeit und verdient damit ein beachtliches Einkommen. Er hält Seminare und leitet Workshops in allen Teilen der USA und Kanadas und in vielen anderen englischsprachigen Ländern der Erde.

Der Anlaß zur Übersetzung des Buches war die Tatsache, daß ich (Donald Stresing) als Amerikaner mit langjähriger Managementerfahrung in deutschen und amerikanischen Unternehmen täglich die Notwendigkeit von TA-Training für Führungskräfte beobachten und Vergleiche zwischen Amerika und Deutschland anstellen konnte. Ich kenne fähige Mitarbeiter, die in ihrem Karriereverlauf durch ihre falsche Einstellung zum Chef, zu Kollegen und Untergebenen und durch ihren Mangel an „People Skills" gehemmt sind. Diese sonst hochqualifizierten Führungskräfte sind häufig völlig ratlos, wenn sie erleben müssen, daß andere in die Position befördert werden, nach der sie strebten und die ihnen ihrer Meinung nach eigentlich zusteht. Die Antwort auf dieses Übergangenwerden kann „People Skills" sein. Wagners Buch gibt Aufschlüsse und ermöglicht Einsichten, mit deren Hilfe viele amerikanische Manager ihre Probleme lösen konnten, Probleme, die andere Manager überall in der Welt mit ihnen gemein haben. Zugegeben, der europäische Hintergrund, vor dem sich das Wirtschaftsleben abspielt, ist etwas anders als der amerikanische, aber die Methoden, wie man „People Problems", menschliche Probleme, angeht und die in diesem Buch beschriebenen Lernmethoden für „People Skills" haben weltweite Gültigkeit.

Da wir das reale Bedürfnis nach „People Skills" in Deutschland erkannt haben, wollten wir mehr Managern TA näherbringen, und deshalb entschlossen wir uns, dieses Buch zu übersetzen und in Deutschland zu veröffentlichen. Wir widmen es den vielen tausend strebsamen, sich abrackernden Führungskräften, die weise genug sind, sich nach Hilfe umzusehen, bevor sie den Punkt in ihrer Laufbahn erreichen, an dem ihre Probleme ernste Ausmaße annehmen und außer Kontrolle geraten.

Wir haben bis auf einige wenige Textstellen das englisch-amerikanische „you“ mit „du“ übersetzt, da es vertraulicher und persönlicher erscheint. Außerdem kann man sich an den Gebrauch des „trauten Du“ zwischen den eigenen „Persönlichkeiten“ und Personen des täglichen Umgangs (in diesem Buch wenigstens) leicht gewöhnen.

Wir freuen uns, daß auch die deutsche Ausgabe inzwischen auf große Resonanz gestoßen ist. Die nun vorliegende 2. Auflage enthält nur geringfügige Änderungen, da die Ausführungen nach wie vor aktuell sind.

Grävenwiesbach, im Mai 1992 Christel und Donald Stresing

Vorwort

Einige Theorien der Transaktions-Analyse (TA), die in diesem Buch vorgestellt werden, unterscheiden sich von den gegenwärtig akzeptierten TA-Theorien. Und das ist Absicht. Ich habe vereinfacht, ohne in Widerspruch zu Eric Berne und späteren Theoretikern zu geraten, um TA verständlicher und brauchbarer für die Leute zu machen, die Transaktions-Analyse noch nicht kennen. Jene Leser, die mehr über traditionelle TA-Theorien wissen wollen und worin diese sich von den hier vorgestellten Konzepten unterscheiden, mögen das Literaturverzeichnis am Ende des Buches zu Rate ziehen. Eric Berne selbst glaubte an die Einfachheit seiner Theorie, und in diesem Sinne modifizierte ich die traditionellen Lehrmeinungen, um etwas zu erreichen, das mir und meinen Klienten gute Resultate bringt.

Ich habe festgestellt, daß einige TA-Konzepte überladen und für den Laien verwirrend sind. Dieses Buch gibt wieder, wie ich TA-Konzepte sehe und zu wertvollen Erkenntnissen in Beziehung bringe, die ich auf anderen Gebieten und in anderen Disziplinen und aus meiner persönlichen Erfahrung als Ehemann, Junggeselle, Vater, Vorgesetzter, Angestellter, Therapeut, Berater, Freund und Mensch gewonnen habe. Diese Darstellung der TA ist für Leute zugeschnitten, die TA-Prinzipien praktisch anwenden wollen am Arbeitsplatz und in ihrem persönlichen Leben.

Ein Hauptunterschied zwischen mir und vielen Autoren besteht in meiner Art, das Ich-Zustand-Material darzustellen (nebenbei gesagt habe ich keine Bedenken, mich von den Patriarchen der TA zu unterscheiden). Auf jeden Fall haben sich die in diesem Buch beschriebenen sechs funktionellen Persönlichkeiten so wirkungsvoll erwiesen, daß sie ausreichendes Verständnis der TA vermitteln, um sie praktisch anwenden zu können. Der Gebrauch aller Ich-Zustände ist eine absolute Notwendigkeit in der Kindheit. Bestimmte Ich-Zustände bezeichne ich als „ineffektiv", schädlich, obwohl sie während der Kindheit notwendig und nützlich waren. Und ich messe der Benutzung solcher Ich-Zustände großes Gewicht bei, die effektiver sind und mehr Freude in ein Erwachsenenleben bringen.

Zusätzlich zu Eric Bernes Theorie behandelt dieses Buch viele von Transaktions-Analytikern beigesteuerte Theorien. Vor allem richtet sich mein Dank an Jacqui Schiff und ihre Mitarbeiter vom Cathexis Institut für ihren Beitrag über Passivität, an Robert und Mary Goulding für ihre Arbeit über destruktive Grundgebote und Neuentscheidungen, an Stephen Karpman für das Material über das Drama-Dreieck, an John Dusay für Egogramme, an Taibi Kahler für das Mini-Drehbuch und an Claude Steiner für Lebenspläne. Die bedeutendsten Werke dieser Autoren sind im Anhang aufgeführt.

Mein besonderer Dank gilt John Weiss, der mich in die TA eingeführt hat. Er und Laurie Weiss haben mir sehr viel beigebracht. Ich danke Donna Jara, die dieses Buch redigiert hat. Ich weiß die besonnene Kritik und ständige Inspiration meines Kollegen Bill Krieger zu schätzen. Dank auch an Barbara Rothstein für ihre Ermutigung und Unterstützung.

Meinen besonderen Dank zolle ich auch meinen Söhnen Doug, Dave und Dan dafür, daß sie sich als Versuchskaninchen zur Verfügung stellten, an denen ich meine Ideen ausprobieren konnte, und dafür, daß sie mir eine ständige Quelle der Liebe sind. Ich danke meiner liebevollen, hübschen Schwester Rosalie dafür, daß sie sich stets fürsorglich meiner annahm und immer sie selbst blieb; und meinen Freunden Mort Leiser, Larry Siegel, Jay Gegenberg und Dave Pells für ihren hochgeschätzten Humor. Ein großes „Dankeschön" und meine hohe Anerkennung spreche ich jedoch auch Christel und Donald Stresing aus, die mein Werk durch ihre einfühlsame Bearbeitung und Übersetzung dem deutschsprachigen Leser erschlossen haben.

Endlich Dank all den großartigen Menschen, die den Weitblick hatten, dieses Meisterwerk zu erwerben.

Ich freue mich über den Erfolg der deutschen Ausgabe.

Denver, im Mai 1992 Abe Wagner

Inhaltsverzeichnis

Einleitung

Die schwierigsten und langwierigsten Probleme, die in einem Unternehmen vorkommen, entstehen nicht durch Mangel an Mitteln und Hilfsgütern wie Geld, Maschinen, Material, Zeit, Ideen oder Sachkenntnissen. Wenn wir bestimmte Probleme zu ihren Wurzeln zurückverfolgen, stellen wir häufig fest, daß es eigentlich menschliche Probleme (People Problems*) sind. Irgendwo im Ablauf der Dinge treffen wir Menschen, die ärgerlich, unzufrieden, passiv, gedankenlos sind; die sich gegen etwas sträuben, sich selbst im Weg stehen oder Schmerzen haben. Das Problem kommt von der wirkungslosen Art und Weise, in der ein solcher Mensch (oder eine Gruppe von Menschen) eigene Gefühle, Konflikte und Streß behandelt. Viele Unternehmen versuchen, ihre menschlichen Probleme lieber dadurch zu lösen, daß sie Änderungen im Betrieb vornehmen, zum Beispiel durch Kauf von Maschinen, Einlegen von Sonderschichten, Hinzufügen oder Weglassen eines Produktes, anstatt darauf zu achten, was mit den Beschäftigten dieses Unternehmens los ist. Kurz, sie behandeln die Symptome statt die Ursachen. Wenn eine Änderung im Unternehmen zufällig den betroffenen Leuten hilft, ist das Problem vielleicht gelöst; wenn nicht, wird es weiterbestehen oder schlimmer werden oder einfach eine andere Form annehmen. Es liegt auf der Hand, daß es wirkungsvoller wäre, zuerst das unterschwellige menschliche Problem zu untersuchen, bevor Zeit, Geld und Energie eingesetzt werden, um eine zweifelhafte Lösung zu finden, die die gewünschten Resultate bringt — oder auch nicht.

Viele dieser menschlichen Probleme sind ziemlich heimtückisch. Wenige Untergebene sind gewillt, sich auf offene Meinungsverschiedenheiten mit ihren Vorgesetzten einzulassen, und noch weniger wollen als öffentliches Hindernis gelten. Statt dessen machen diese Leute Fehler, verursachen Unfälle, mißverstehen etwas, können nicht, treten auf der Stelle, trödeln, machen blau, werden krank oder bringen

* Schwierigkeiten, die durch das Nichtverstehen menschlichen Verhaltens und falsches Reagieren darauf entstehen.

keine Zusammenarbeit untereinander zustande. Vorgesetzte versuchen oft, mit dem Streß in der gleichen wirkungslosen Weise fertigzuwerden. Viele wollen gegen das unangemessene Benehmen ihrer Untergebenen gar nicht erst einschreiten.

Die meisten menschlichen Probleme sind eigentlich Verständigungsprobleme. Wir Menschen sind gesellige Lebewesen, der Mensch ist ein Herdentier. Er neigt zur Gruppenbildung, arbeitet mit anderen zusammen auf ein bestimmtes Ziel hin. Wir binden uns aneinander und finden unser Glück oder Unglück miteinander. Die Grundlage für all dies ist Verständigung. Wir verständigen uns dauernd miteinander durch Worte, Gesten, Körperhaltung, Gesichtsausdruck, Klang der Stimme oder auf manche andere Art. Ehe wir zivilisiert wurden, war unsere Verständigung der jeweiligen Situation angepaßt, klar und eindeutig. Wir signalisierten auf allen Verständigungskanälen das gleiche. Wenn ein unzivilisierter Mann böse wurde, dann sah er böse aus, hörte sich böse an, stand böse da und benutzte böse Worte. Man achte einmal darauf, wie ein kleines Kind seinen Zorn mitteilt. Nun, da wir zivilisiert sind und uns besser beherrschen, ist unsere Verständigung nicht länger in Übereinstimmung mit unseren Empfindungen. Wir lächeln vielleicht, wenn wir traurig, benutzen höfliche Worte, wenn wir verärgert sind und benehmen uns selbstsicher, wenn wir Angst haben. Mit anderen Worten, wir senden einander entstellte Botschaften, und das führt zu Verständigungsproblemen. Wir neigen auch dazu, unsere Gefühle vor uns selbst zu verstecken, was ebenfalls dazu führt, daß wir entstellte Botschaften senden. *Wenn wir nicht deutlich und gerade sagen, was wir empfinden, werden wir es auf krumme Weise zeigen,* denn ein Teil von uns selbst bringt es immer fertig, die wahre Botschaft zu senden, egal wie sorgfältig wir uns im Griff haben.

Offensichtlich würde ein Unternehmen zusammenbrechen, wenn Verständigung auf der Basis kleiner Kinder stattfände, mit Zornesausbrüchen, Wut, Tränen, ungezügelter Freude und dem Daraufpochen „ich zuerst und sofort“. Firmen brechen jedoch auch zusammen, wenn die Gedanken und Gefühle der Beschäftigten nicht offen ausgedrückt und ihre Bedürfnisse und Wünsche nicht erfüllt werden. Es ist daher sinnvoll, daß Firmenmitarbeiter und Gruppen — und ganz besonders Manager und Vorgesetzte — die Kunst der Menschenführung (People Skills*) erlernen; daß sie lernen, anderen zu helfen, sich wirkungsvoll mitzuteilen.

Ein Hauptfaktor, auf dem das Peter-Prinzip[1] beruht, ist der, daß von Leuten mit hervorragenden technischen Fähigkeiten oft erwartet wird, daß sie — ohne Training — auch hervorragende People Skills besitzen. Nach der Beförderung in eine beaufsichtigende oder leitende Position versagt oft ein guter Techniker, weil er die besonderen Eigenschaften, wie Feinfühligkeit, Bestimmtheit, Sachlichkeit, Besonnenheit, die erfolgreiche Manager unter anderem auszeichnen, nicht besitzt. Er leitet und beaufsichtigt seine Mannschaft so, wie er von seinen Eltern, Lehrern und bisherigen Vorgesetzten beaufsichtigt und geleitet wurde. Leider sind das oft ungeeignete Modelle für den eben Beförderten, denn viele der Vorbilder besitzen nicht das Verständigungsgeschick, das in einer erfolgreichen Führungsposition erforderlich ist.

Bevor wir uns über dieses Verständigungsgeschick näher unterhalten, ist es wichtig, das Fundament, das ihm zugrunde liegt, zu untersuchen, denn ohne dieses Fundament aus Empfindsamkeit und Feinfühligkeit, aus Respekt vor allen menschlichen Wesen und aus der Bereitschaft, sein eigenes Verhalten zu ändern, würde das ganze Gerüst der Verständigung zusammenbrechen. People Skills, die in diesem Buch beschrieben werden, sind ein Werkzeug, mit dem das eigene Verhalten geändert wird, sie sind kein Werkzeug zur Manipulation anderer. Ich besitze keine Kontrolle über dein Verhalten; ich kann dich nicht zwingen, etwas zu tun. Wenn ich jedoch mein Verhalten in bestimmter Weise ändere, kann ich dich damit *einladen,* als Erwiderung dein Verhalten zu ändern. Wenn meine Botschaften ehrlich, klar, deutlich und gerade und somit wirksam sind, kann ich oft Besserungen in meinen persönlichen Beziehungen herbeiführen, in meiner Familie, meiner Abteilung, meinem Betrieb und sogar in meiner Nachbarschaft. Wenn ich mich darauf konzentriere, mich selbst zu ändern und ein wirkungsvoller Mitteiler und Zuhörer

* Fähigkeit, menschliches Verhalten zu verstehen und durch wirksame Reaktionen in positive Bahnen zu lenken.

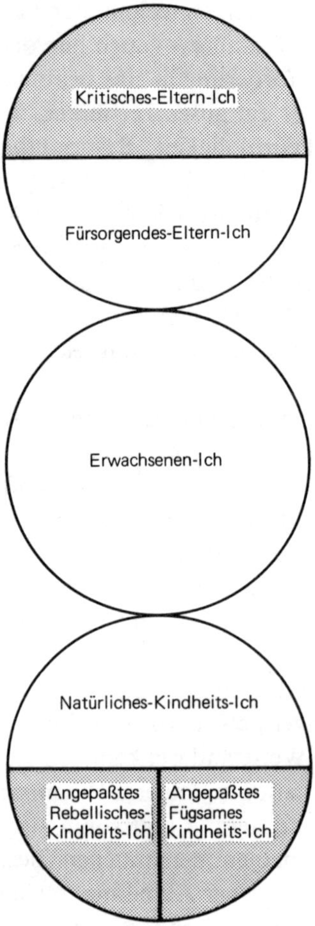

Abb. 1: Darstellung der Ich-Zustände: Diese sechs Persönlichkeiten sind in dir enthalten.

zu werden, bekomme ich wahrscheinlich die Resonanz, die ich suche.

Die Methoden, die in diesem Buch besprochen werden, sind in jeder Situation, in der sich Leute untereinander verständigen, anwendbar. Obwohl viele der Beispiele sich auf ein Paar, eine Familie, eine Gruppe oder eine große Firma beziehen, sind sie vom Prinzip her in jeder Situation gültig. In vielen Beziehungen funktionieren Betriebe und Gruppen wie Familien, und es ist nützlich, daran zu denken, wenn man People Skills erlernt. Der Mensch lernt zuerst, sich innerhalb der Familie verständlich zu machen; es ergibt sich deshalb hier ein natürlicher Zusammenhang, neue Methoden zur Verständigung und zur Verbesserung der eigenen Lebensqualität zu erlernen.

Zum Buch „Besser führen mit Transaktions-Analyse" liegt ein Übungsbüchlein als Hilfe für den Leser vor*. Sechs 60-Minuten-Audiokassetten und sechs 60-Minuten-Videokassetten in englischer Sprache von Abe Wagner mit einer Teilnehmergruppe aufgenommen, sind ebenfalls erhältlich.

Schreiben Sie bitte an: Abe Wagner, Direktor Transactional Analysis Communications Inc., The Kennedy Center, 10200 East Girard Avenue, Building B — Suite 330, Denver, Colorado 80231.

* Bisher nicht in deutscher Sprache erschienen.

Kapitel 1

Was kannst du tun, damit hier alles besser klappt?

Vielleicht sind Sie, lieber Leser, jetzt entsetzt, wenn Sie im folgenden schlicht geduzt werden. Das sollten Sie jedoch hier einmal in Kauf nehmen. Die Transaktions-Analyse spricht ganz unmittelbar die Beziehungen der Menschen untereinander an. Das gipfelt in dem Satz „Ich bin okay — du bist okay“. Da schien uns das höfliche „Sie“ in der Übersetzung fehl am Platze. Das amerikanische Originalmanuskript muß diese Feinheiten nicht berücksichtigen: You steht für „Sie“ genauso wie für „du“ (Anmerkung der Übersetzer).

Die sechs verschiedenen Persönlichkeiten oder Ich-Zustände

Du bist sechs verschiedene Personen in einer, wie ich auch. Du hast sechs verschiedene Persönlichkeiten oder Persönlichkeitsteile, in diesem Buch auch wechselweise Ich-Zustände genannt; und deine Untergebenen, deine Kunden, dein Chef, dein Partner, deine Kinder, sie alle haben auch sechs unterschiedliche Persönlichkeiten. Genau jetzt befindest du dich in einer dieser Persönlichkeiten, und jeden Augenblick wirst du vielleicht auf eine andere Persönlichkeit umschalten. Diese sechs verschiedenen Persönlichkeiten haben verschiedene Meinungen, Fähigkeiten und Verständigungsmethoden. Das erklärt, weshalb du manchmal sehr klug und intelligent bist und ein paar Minuten später den Namen deines besten Freundes vergißt, wenn du ihn jemandem vorstellen willst. Es erklärt auch, weshalb du vielleicht an einem Tag deine Angestellten verteidigst und unterstützt, ihnen Verständnis entgegenbringst, und dir am anderen Tag niemand etwas recht machen kann. Es erklärt ferner, weshalb du dich zuzeiten selbstbewußt fühlst, zu anderen Zeiten unsicher, und weshalb die Anweisungen, die du letzte Woche gegeben hattest, korrekt ausgeführt wurden und die von dieser Woche inkorrekt.

Mehr über das Umschalten von einer Persönlichkeit in die andere zu lernen, kann für jeden von Vorteil sein. Es ist jedoch ganz besonders nützlich für Leute in leitenden Positionen, vom Direktor bis zum Abteilungsleiter. Wenn du dich mit deinen sechs Persönlichkeiten in dir bekannt gemacht hast, kannst du leichter die drei wirksamen Persönlichkeiten oder Ich-Zustände in deinem Kopf benutzen, und du lernst, die schädlichen in deinem Kopf abzuschalten. Du kannst auch lernen, dich mit den gesunden, wirksamen statt mit den ungesunden, schädlichen Persönlichkeiten anderer, deines Chefs, deiner Untergebenen, Kunden, Familienmitglieder, zu verständigen oder diese zu stimulieren. Durch Benutzung deiner effektiven Persönlichkeiten vergrößerst du die Wahrscheinlichkeit, daß die Person, mit der du dich verständigst, mit einer ihrer effektiven Persönlichkeiten reagiert.

Ein Merkmal der gesunden Persönlichkeit ist klares direktes Ausdrücken eigener Gedanken und Gefühle, also eine klare und deutliche Kommunikation. Früher oder später, auf die eine oder andere Weise, werden deine wahren Gedanken und Gefühle doch zum Vorschein kommen. Einige deiner sechs Persönlichkeiten können sie in positiver Weise ausdrücken, während andere zu einer Verständigung über negative, krumme, unklare Schleich- oder Umwege neigen.

Wie vermeidest du Verständigung auf Umwegen?

Sag es gerade heraus, dann zeigst du es nicht auf krummen Wegen. Wenn du deine Gefühle, Gedanken und Wünsche auf klare, feinfühlige und wirksame Weise ausdrückst, indem du deine drei wirksamen Persönlichkeiten benutzt, wirst du selten deine schädlichen Persönlichkeiten aktivieren. Sie werden ganz einfach nicht benötigt. Bringst du jedoch deine wahren Bedürfnisse, Gedanken und Gefühle nicht zum Ausdruck, setzt du deine schädlichen Persönlichkeiten in Aktion. Wenn du zum Beispiel ärgerlich, traurig oder voller Angst bist und diese Gefühle nicht wirksam in deinem Kopf oder im Selbstgespräch verarbeitest, wirst du sicherlich bald anfangen, dich niedergeschlagen, verletzt oder schuldig zu fühlen; du rauchst noch eine

Zigarette, steuerst den Kühlschrank an oder nimmst noch einen zur Brust. Willst du deinen Chef nicht merken lassen, daß du anderer Meinung bist als er, ist zu erwarten, daß du seine Anordnungen sabotierst (ohne dir dessen bewußt zu sein), indem du Sachen vergißt, sie zu spät oder falsch machst. Wenn du nicht nach dem fragst, was du willst oder deine Gefühle nicht klar und gerade ausdrückst, wirst du es indirekt tun und wahrscheinlich auf Umwegen. Eine andere Möglichkeit, deine Gefühle auf krummen Wegen mitzuteilen ist, psychosomatische Erscheinungen zu zeigen, wie Kopfschmerzen, Magenverstimmung, Verdauungsprobleme oder hohen Blutdruck. Es läuft darauf hinaus: Wenn du starke Wünsche, Bedürfnisse und Gefühle nicht richtig behandelst, zeigst du diese vermutlich auf ganz andere, schädliche Weise — und noch einige andere dazu. Um krumme Kommunikationswege zu vermeiden, mußt du deshalb lernen, wie du von vornherein etwas direkt sagst, so daß eine Aufgabe erledigt, eine Anordnung ausgeführt wird, ohne anderen auf die Füße zu treten. Dieses Buch wird zeigen, wie das geschieht.

Ich rede über dich, was ist mit den anderen?

Während du lernst, wie du deine eigenen Bedürfnisse, Wünsche und Gefühle wirksamer ausdrückst, wirst du auch lernen, wie du anderen helfen kannst, das gleiche zu tun. Je mehr du auf deine eigenen Persönlichkeiten achtest, um so mehr wächst deine Fähigkeit, die Persönlichkeiten anderer wahrzunehmen.

Alle Unternehmen, unabhängig von ihrer Größe oder ihrem Zweck, setzen sich aus vielen verschiedenen menschlichen Wesen zusammen. Es wäre weder möglich noch wünschenswert, daß alle Mitglieder eines Unternehmens ihre persönlichen Wünsche und Gefühle draußen auf dem Parkplatz abstellten, das hieße nämlich, daß sie ihre Motivation und Kreativität auch dort ließen. Deshalb ist eine gesellschaftliche Organisation, egal was dieses Unternehmen tut (fabrizieren, lehren, Dienstleistungen erbringen, Bericht erstatten, verkaufen, bauen, forschen), ein Platz, an dem Leute zusammenkommen, um persönliche Befriedigung durch ihr Zusammentreffen mit anderen zu erlangen. Die erfolgreichsten Manager und Führungskräfte akzeptieren nicht nur diese Tatsache, sie benutzen sie auch zum Vorteil für das Unternehmen, für seine Mitglieder und sich selbst. Sie erkennen die Wichtigkeit ihrer Menschenkenntnis und suchen, sie ständig zu verbessern.

Glücklicherweise brauchen Menschenkenntnis und Menschenführung (People Skills) nicht durch Ausprobieren gelernt zu werden. Dieses Buch bietet eine einfache, erprobte Methode für das Verstehen und Lösen von menschlichen Problemen an. Mit dieser Methode bekommen wir spezielle Informationen zu Fragen wie der Wahl des richtigen Mannes für den richtigen Job, Behandlung von Meinungsverschiedenheiten und Beschwerden, Entlassungen, Schulung und Motivierung, Handhabung bei Übertretungen der Firmenrichtlinien, Gestaltung wirkungsvoller Besprechungen und „was ist zu tun, damit hier allgemein alles besser klappt". Die Grundsätze für diese Methode sind bei Verständigung und zwischenmenschlichen Beziehungen in jeder Situation anwendbar, zu Hause wie am Arbeitsplatz. Transaktions-Analyse liefert den Rahmen für die Theorie dieses Buches, der Informationen über Gestalt-Psychologie, Verständigungstheorie und Kleingruppentheorie, wie auch meine eigenen Ideen einschließt.

Der Schlüssel zu diesem System ist das Konzept des „Okay-Seins", das aus der Transaktions-Analyse (TA) kommt. Du hast wahrscheinlich den Ausspruch gehört: „Ich bin okay — du bist okay." Laut Wörterbuch bedeutet okay in Ordnung, richtig. Die Art von Okay-Sein, von der wir reden, hat jedoch nichts mit Ordnung oder Richtigsein zu tun, sondern mit dem eigenen Wert eines Menschen: „Ich bin eine Person, die wertvoll ist, einfach nur durch meine Existenz, nicht wegen meiner Rasse, meines Glaubens, meines wirtschaftlichen Status, meiner körperlichen Erscheinung, Intelligenz oder irgendeiner anderen Eigenschaft." Um wirksame People Skills zu entwickeln, müssen wir mit der Voraussetzung beginnen, daß jeder Mensch innere Werte und Würde besitzt, daß jeder okay ist und Beachtung und Rücksicht verdient.

Okay-Sein ist ein Zustand des Seins, ein Gefühl, das ich von mir und anderen habe. Wenn ich mich okay fühle, dann mag ich mich. Ich weiß, ich verdiene, daß man mit mir rechnet und daß ich habe, was ich brauche. Wie ich mein Okay-Sein empfinde, spiegelt sich darin wider, wie ich dich empfinde und wie ich dich einlade, mich zu empfinden: Wenn ich mich mag, kann ich auch dich mögen, und ich laß dich mich mögen.

Meine vorherrschende Meinung von meinem eigenen Okay-Sein und dem Okay-Sein anderer nennt man meine „Grundposition"[2]. Meine Grundposition ist der Rahmen, von dem aus mein Verhalten meistens bestimmt wird. Man erkennt diese Grundposition am deutlichsten, wenn man in einem Konflikt ist. Genauer gesagt, wenn meine Grundposition „ich bin okay — du bist okay" ist, dann bin ich eher in der Lage, mich kooperativ und fürsorglich zu verhalten, was für mich und meine Mitmenschen wohltuend und nützlich ist.

Die eigene Grundposition kommt von frühen Kindheitsentscheidungen. Von den frühesten Augenblicken meiner Existenz an forme ich Meinungen über mich selbst, über andere Menschen und die Welt. Werden während meiner elterlichen Erziehung meine Bedürfnisse und Wünsche anerkannt und akzeptiert, werde ich entscheiden, daß ich okay bin und daß andere Menschen okay sind. Wenn andererseits meine Eltern meine Bedürfnisse und Wünsche stets als unwichtig abtun und nicht zur Kenntnis nehmen, werde ich wahrscheinlich entscheiden, daß *ich nicht okay bin* (denn wenn *ich* es wäre, würden sie sich besser um mich kümmern); oder ich entscheide, daß *meine Eltern nicht okay sind* (denn wenn *sie* es wären, würden sie sich besser um mich kümmern). Wenn meine Bedürfnisse immer wieder als unwichtig abgetan werden, entscheide ich vielleicht, daß *niemand* okay ist (alle sind gemein zu mir, aber es macht eigentlich nichts, weil ich sowieso wertlos bin). Somit unterscheidet man vier mögliche Grundpositionen:

Ich bin okay — du bist okay
Ich bin okay — du bist nicht okay
Ich bin nicht okay — du bist okay
Ich bin nicht okay — du bist nicht okay

Meine Meinung über Okay-Sein mag sich von Situation zu Situation ändern; meine Grundposition spiegelt sich jedoch in meinem allgemeinen Verhaltensmuster wider. Wenn ich daran glaube, daß ich okay bin, werde ich dich automatisch einladen, mich dementsprechend zu behandeln. Ich suche mir Leute aus, die mir Respekt entgegenbringen. Entscheide ich, daß ich im Grunde nicht okay bin, werde ich mich so verhalten, daß ich dich einlade, mich dementsprechend zu behandeln. Ich suche mir Leute aus, die mit mir übereinstimmen, daß ich nicht okay bin und die mich nicht für voll nehmen. Glaube ich daran, daß du nicht okay bist, werde ich dich entsprechend behandeln und dich einladen, mich mit weiteren Beweisen zu versorgen, die meine Meinung von dir bestätigen. Kurz gesagt, ich werde mich so verhalten, da ich meine Grundposition aufrechterhalte. Was immer meine Grundposition ist, ich werde mein Leben damit zubringen, es zu beweisen. Sicher werde ich mir dessen nicht bewußt sein, denn ich sage mir: „Das ist eben der Lauf der Welt."

Meine Entscheidung über meine Grundposition bestimmt, welche Art von Leben ich führen werde, mit welcher Art von Leuten ich Beziehungen pflege und in welcher Art ich mit ihnen verkehre. Aber auch die Entscheidung, was zu denken, zu fühlen und zu tun für mich okay oder nicht okay ist, bestimmt mein Leben und meine zwischenmenschlichen Beziehungen. Diese Entscheidungen sind die Grundlage für mein *Lebensdrehbuch*[3,4]. Um zu beweisen, daß meine Entscheidungen „richtig" sind, schaffe ich ein Theaterstück oder eine Story, die das bestätigen. Ich entwickle eine Handlung, bestimme die Besetzung, finde die passenden Leute für die Nebenrollen, und dann lebe ich mein Leben nach diesem Drehbuch. Mein Drehbuch schließt auch meine Entscheidungen darüber ein, ob ich ein kurzes oder langes, ein glückliches oder unglückliches Leben führen werde.

Drehbuchentscheidungen bestimmen das Verhaltensmuster, nach dem ich Beachtung und Anerkennung (Streicheln) gebe und erhalte. Habe ich entschieden, „ich bin okay — du bist okay", werde ich positives Streicheln geben, annehmen und verlangen. Habe ich entschieden, „ich bin nicht okay — du bist nicht okay", werde ich negatives Streicheln geben, annehmen und sogar verlangen, um meinen Glauben „ich bin nicht okay — du bist nicht okay" zu bestärken. Solche Streichelmuster helfen mir, meine Grundpositionen und die anderen Entscheidungen, die ich als kleines Kind traf, dauernd wieder zu bestätigen.

Die Grundsätze in diesem Buch stützen sich auf den Glauben, daß alle Menschen innere Werte und Würde besitzen, alle Menschen ein Recht auf Selbstbestimmung haben, und der einzelne Mensch für die Menschheit verantwortlich ist. Daß Menschen für die ganze Menschheit verantwortlich sind, soll nicht heißen, einer ist für die Gedanken, Gefühle und das Verhalten anderer verantwortlich, vielmehr bedeutet es, daß jeder die Verantwortung trägt, des anderen Bedürfnisse, Wünsche und Gefühle zu berücksichtigen und in Betracht zu ziehen. Diese drei Grundsätze sind die Basis des Okay-Sein-Konzepts, das wir in diesem Buch untersuchen werden.

Wenn ich wirksame People Skills entwickeln will, muß ich das menschliche Verhalten verstehen, besonders mein eigenes! Hier kommt Transaktions-Analyse zum Einsatz.

Was ist Transaktions-Analyse?

Transaktions-Analyse ist ein System zur Verbesserung der Kommunikation und zum besseren Verständnis menschlichen Verhaltens. TA nahm formell im Jahre 1958 ihren Anfang, als ihr Begründer, Eric Berne*, Dr. med., begann, sich regelmäßig mit einigen anderen Fachleuten aus der Psychiatrie zu treffen, um wirksamere Methoden für Gruppenpsychotherapie zu entwickeln. Obwohl TA als eine Form der Psychotherapie entwickelt wurde, verbreitete sich die TA-Theorie sehr rasch und wurde wirksam in anderen Bereichen wie Ausbildung, Wirtschaft, Regierung, Industrie angewandt — überall, wo sich Menschen miteinander verständigen.

Transaktions-Analyse ist, ganz wörtlich, die Analyse von Transaktionen: Als eine *Transaktion* bezeichnet man einen *Stimulus* oder Reiz plus eine *Reaktion* oder einen Respons. Wenn ich zu dir „hallo" sage, ist das der Stimulus; wenn du zurücklächelst, ist das die Reaktion, und das Ganze war eine Transaktion zwischen uns. Transaktionen finden nicht nur zwischen verschiedenen Menschen, sondern

* Dr. Berne schrieb eine Anzahl von Büchern über TA, von denen einige am Ende dieses Buches aufgeführt sind.

auch im Kopf jedes einzelnen Menschen statt, zwischen Persönlichkeitsteilen, die man *Ich-Zustände*[5] nennt. Zweifellos hast du den ständigen Kommentar, der in deinem Kopf mitläuft, bemerkt und auch, wie du manchmal mit dir selbst zu argumentieren oder dich zu unterhalten scheinst, insbesondere, wenn du eine Entscheidung treffen sollst. Zum Beispiel gab es einmal eine Zeit in meinem Leben, da sagten die Leute häufig etwas, mit dem ich nicht übereinstimmte; ich hätte gerne meine Meinung gesagt, aber ich tat es nicht. Statt dessen hörte ich auf eine Stimme in meinem Kopf, die sagte: „Halt den Mund, du schaffst nur Probleme." Realistisch betrachtet hätte meine Meinungsäußerung überhaupt keinen Schaden angerichtet und mir ganz gut getan. Trotzdem hörte ich auf diese Botschaft und machte meinen Mund nicht auf. Als ich diese innere Stimme hörte und darauf reagierte, stellte das eine *interne Transaktion* zwischen zweien meiner Ich-Zustände dar. TA beschäftigt sich sowohl mit dieser Art von Transaktion als auch mit der, die zwischen verschiedenen Personen stattfindet.

Wie kannst du durch das Lernen von TA ein besserer Manager oder Chef werden?

Als Manager oder Leiter einer Abteilung ist es deine wichtigste Aufgabe, dich zu verständigen, das heißt Informationen mit anderen Leuten auszutauschen. Du hast Informationen über Arbeitsabläufe an deine Untergebenen zu vermitteln. Du mußt verständlich machen, wann etwas erledigt werden muß, und daß es zufriedenstellend erledigt wird. Du mußt auch Informationen von deinen Untergebenen einholen. Woran liegt es, wenn nicht alles so richtig klappt? Wie kannst du helfen? Wären du und dein Team Computer, ginge dieser Informationsaustausch relativ einfach vor sich: Mit der entsprechenden Programmierung könnten alle Informationen, die du hast, für deine Leute bereitgestellt werden und umgekehrt. Ihr seid jedoch alle menschliche Wesen und als solche nicht für sofortigen, vollständigen Informationsaustausch programmiert. Ihr seid Opfer aller Arten von Verhaltensregeln, zum Beispiel, was zu wem gesagt werden darf und wie. Außerdem sind, anders als beim Computer, Gefühle bei eurer Kommunikation im Spiele. Computer kann man nicht durch bestimmte Worte, Anweisungen oder negatives Feedback beleidigen oder aufregen, Menschen jedoch sehr leicht. Computer reagieren jedesmal, wenn sie einen bestimmten Stimulus empfangen, auf die gleiche Weise, Menschen nur sehr selten. Weil der Mensch viele verschiedene Kommunikationskanäle besitzt, weil jeder dieser Kanäle wegen der individuellen Lebenserfahrung eine etwas andere Programmierung hat, und weil der Mensch schnell und leicht von einem Ich-Zustand in den anderen wechselt, ist die menschliche Verständigung so komplex und so faszinierend. Die erfolgreichsten Manager und Führungskräfte sind jene, die es gelernt haben, das Funktionieren der verschiedenen Ich-Zustände zu erkennen und angemessen darauf zu reagieren.

Das nächste Kapitel wird die verschiedenen Ich-Zustände beschreiben und erklären, wie sich zwischen ihnen Transaktionen abwickeln. Wir werden dann über bestimmte Möglichkeiten sprechen, wie diese und andere TA-Informationen in deiner Rolle als Chef oder Manager angewendet werden können.

Kapitel 2

Warum sind menschliche Reaktionen so leicht und auch wieder so schwer voraussehbar?

Was ist ein Ich-Zustand?

Wenn du dich mit einer anderen Person beschäftigst, hast du es eigentlich mit einem ganzen Satz von Persönlichkeiten statt mit einer einzigen zu tun. Die Sache wird dadurch noch komplizierter, daß auch du mit einem Satz von Persönlichkeiten auftrittst. Während deines bisherigen Lebens hast du sechs sich deutlich voneinander unterscheidende Persönlichkeiten entwickelt, die wir Ich-Zustände nennen. Jeder Ich-Zustand hat seinen eigenen Satz von Glauben und Verhaltensweisen, und jeder benimmt sich unterschiedlich im Umgang mit anderen Menschen.

Als du noch ein Kind warst, brauchtest du alle sechs dieser Ich-Zustände; jeder hatte eine wertvolle, wichtige Funktion, durch die er für dein Wohlergehen sorgte und durch die du das, was du brauchtest oder wolltest, bekamst. Im Erwachsenenleben jedoch sind nur drei dieser Ich-Zustände gleichbleibend wirkungsvoll, um dir das, was du brauchst oder willst, zu verschaffen. Die anderen drei sind im Erwachsenenleben praktisch schädlich; es kann sogar passieren, daß du Schwierigkeiten im Umgang mit anderen Menschen und mit deinem eigenen Okay-Gefühl bekommst, wenn du sie benutzt.

Viele Menschenprobleme entstehen durch den unerwarteten und unerwünschten Wechsel von einem Ich-Zustand in einen anderen und durch die Benutzung des Ich-Zustandes, dessen Glauben, Verhalten und Gefühle in der augenblicklichen Situation unangebracht sind. Deshalb ist es wichtig zu wissen, in welchem Ich-Zustand du dich befindest, in welchem Ich-Zustand die andere Person ist, und wie du von einem in den anderen wechseln kannst.

Soll das heißen, daß jeder Mensch sechs verschiedene Persönlichkeiten besitzt?

Fast jeder Mensch hat diese sechs Persönlichkeiten oder Ich-Zustände; nicht jeder benutzt jedoch alle sechs. Manche verbringen die meiste Zeit in einigen Ich-Zuständen und benutzen den Rest sehr selten. Andere scheinen in einem Ich-Zustand steckengeblieben zu sein; deshalb sind deren Reaktionen sehr leicht vorhersehbar. Bestimmte Leute gleiten mit solcher Geschwindigkeit und Leichtigkeit von einem Ich-Zustand in den anderen, daß es schwer ist, zu sagen, wie sie auf eine gegebene Situation reagieren werden. Es scheint auch, daß manchen Leuten einer oder mehrere Ich-Zustände nicht zur Verfügung stehen.

Ein ausgeglichener Mensch hat es gelernt, die drei schädlichen Ich-Zustände die meiste Zeit über unbeteiligt zu lassen und mit den dreien zu arbeiten, die bei der Befriedigung eigener Bedürfnisse und bei der Behandlung anderer Menschen effektiver sind. Dieser Mensch wird auch wissen, wie er andere einladen kann, in ihre effektiven Persönlichkeiten zu wechseln.

Woher weiß man, daß es Ich-Zustände wirklich gibt?

Ich-Zustände sind nicht einfach theoretische Konzepte, sondern sie sind wirklich als Netzwerk von Zellen in deinem Gehirn vorhanden. Sie wurden psychische Organe genannt, weil sie im Gehirn existieren und funktionieren, ähnlich wie das Herz in der Brust existiert und funktioniert. Auf die Existenz dieses Gehirnzellennetzes wurde durch die neurologische Forschungsarbeit von Dr. Wilder Penfield und dessen Mitarbeiter hingewiesen[6]. Die Funktion dieses Gehirnzellennetzes wurde von Dr. Eric Berne und Dutzenden anderer Transaktions-Analytikern erforscht. Wenn man weiß, wonach man zu suchen hat, kann man Ich-Zustände erkennen und beobachten, wie sie in einem selbst und in anderen funktionieren. Wie Körperorgane haben Ich-Zustände beides, Struktur und Funktion: Sie existieren körperlich, und sie tun auch etwas. Struktur und Funktion sind wichtige Merkmale für Transaktions-Analytiker, die Ich-Zustände von beiden Gesichtspunkten aus erforschen, in derselben Weise, wie zum Beispiel ein Kardiologe das Herz studiert. Das Herz hat eine Struktur, es ist ein Organ mit einem Platz, einer Form, Teilen usw., und es hat eine Funktion, die Blutzirkulation, und beide Aspekte sind für den Kardiologen von Interesse. Ich merke, daß das Herz da ist, auch wenn ich es nicht sehen kann, denn es gibt äußerliche Anzeichen für sein Vorhandensein, wie Herzschlag, Puls usw. Es funktioniert, und ich kann sehen, was es tut, auch wenn ich kein Kardiologe bin. Das gleiche trifft auf Ich-Zustände zu: Man braucht kein Psychologe zu sein, um zu erkennen, daß sie da sind, da drinnen, und unablässig ticken. In diesem Buch werden wir uns mit den Funktionen, den äußeren Anzeichen der Ich-Zustände, befassen.

Was kannst du tun, wenn du einen Teil von dir nicht magst?

Du kannst lernen, wie du es vermeidest, jene Ich-Zustände anzuregen, die du nicht benutzen willst, und du kannst lernen, wie du Ich-Zustände, die du benutzen willst, stärkst. Alles, was du dazu brauchst, sind waches Bewußtsein und Übung.

Ein Ich-Zustand wird durch die Verlagerung der psychischen Energie aktiviert: Ein Mensch kann ein bestimmtes Zellennetzteil in einem Augenblick anregen und im nächsten zu einem anderen wechseln. Ich kann zum Beispiel niedergeschlagen zur Arbeit kommen, d.h. ich befinde mich in einem bestimmten Ich-Zustand, und ich bin weiter niedergeschlagen, bis mein Chef anruft und mich um eine besondere Information bittet. Um ihn zu verstehen und auf ihn zu reagieren, muß ich auf ein anderes „Netz“ umschalten; das Resultat ist, daß ich meine Niedergeschlagenheit nicht mehr so stark empfinde. Das liegt daran, daß ein Ich-Zustand hauptsächlich das Denken übernimmt, während andere mehr für die Gefühle zuständig sind. Unbewußt hat der gesunde Menschenverstand dieses Phänomen schon lange erkannt. Wie oft hast du jemand sagen hören: „Wie wär's, wenn wir heute abend ausgingen? Es wird dich auf andere Gedanken bringen.“ Oder „iß mal etwas, dann fühlst du dich besser“. Oder „stürz dich in deine

Arbeit, das ist das beste, was du tun kannst". Diese Vorschläge oder Einladungen beziehen sich auf Aktivitäten, die wahrscheinlich zu einem Wechsel des Ich-Zustandes ermuntern, so daß die Person geneigt ist, den Ich-Zustand zu verlassen, in dem sie Unangenehmes empfindet und sich in einen Ich-Zustand begibt, in dem sie Freude empfindet. Es liegt klar auf der Hand, daß ein Wechsel der Aktivitäten einen Wechsel in unseren Gefühlen herbeiführen kann. Ich möchte damit andeuten, daß wir unsere Gefühle auch ändern können, ohne unsere Aktivitäten zu ändern, bewußt, wann immer wir wollen. Wenn wir uns einmal unserer Ich-Zustände bewußt sind, können wir lernen, von einem in den anderen zu wechseln, bewußt und absichtlich. Durch Üben können wir lernen, den Ich-Zustand einzuschalten, der für das, was wir hier und jetzt tun, am effektivsten ist.

Wie kannst du einen Ich-Zustand erkennen?

Da Ich-Zustände bestimmte Verhaltensmuster haben, können sie an den Worten, dem Klang der Stimme, dem Gesichtsausdruck, den Gesten und der Körperhaltung eines Menschen erkannt werden. Man kann sie auch an der Reaktion, die sie hervorrufen, erkennen, denn jeder Ich-Zustand stimuliert bestimmte Ich-Zustände in anderen Menschen. Wenn wir zwei oder drei dieser Fakten erkennen, haben wir den Ich-Zustand identifiziert. Ein Faktor allein, zum Beispiel die Worte, die benutzt werden, ist noch nicht beweiskräftig. Später werde ich mehr Informationen über das Erkennen bestimmter Ich-Zustände geben. Die Ich-Zustände sind im ganzen Buch kursiv gedruckt, damit sie sich deutlicher vom wirklichen Kind und von den wirklichen Eltern unterscheiden.

Wer sind diese sechs Leute in deinem Kopf?

Es gibt drei Haupt-Ich-Zustände: Das *Kindheits-Ich,* das *Erwachsenen-Ich* und das *Eltern-Ich.* Sie sind an Charakteristika zu erkennen, die typisch sind für wirkliche Kinder, Erwachsene und Eltern. Vom funktionellen Gesichtspunkt aus lehre ich, daß es sechs Ich-Zustände gibt, von denen drei wichtig und effektiv für den Umgang mit anderen Menschen und für die Befriedigung meiner eigenen Bedürfnisse und Wünsche sind. Die anderen drei Ich-Zustände sind praktisch weder brauchbar noch wirkungsvoll, und sie helfen mir nicht, meine Bedürfnisse zu befriedigen. Effektive Bedürfnisse erfüllende Ich-Zustände nennt man *Natürliches-Kindheits-Ich, Erwachsenen-Ich* und *Fürsorgendes-Eltern-Ich.* Die grundsätzlich ineffektiven, schädlichen, der Befriedigung meiner Bedürfnisse im Wege stehenden Ich-Zustände nennt man *Kritisches-Eltern-Ich, Angepaßt-Rebellisches-Kindheits-Ich* und *Angepaßt-Fügsames-Kindheits-Ich.* Diese letzten drei Ich-Zustände hatten sehr wichtige und gesunde Funktionen in der Kindheit. Setze ich jedoch als Erwachsener meine Energie in diesen Ich-Zuständen ein, wird das zu zwischenmenschlichen Schwierigkeiten führen und mir unangenehme Gefühle bereiten.

Mein *Kindheits-Ich:* Das bin ich als kleines Kind, wahrscheinlich so zwischen dem zweiten und sechsten Lebensjahr. Wenn ich im Kindheits-Ich bin, benutze ich ein Netz von Gehirnzellen, das ich als kleines Kind entwickelte und benutzte; deshalb habe ich die gleichen Bedürfnisse, Wünsche und Gefühle, die ich als Kind empfand. Zum Beispiel habe ich mich manchmal als Erwachsener recht mies gefühlt, wenn ich von einer Angebeteten einen Korb bekam, was Gott sei Dank nicht oft geschah. Obwohl ich mich darüber erhaben gab und so tat, als ob es okay wäre und mir nichts ausmachte, fühlte ich mich innen drin wie das verletzte, beleidigte Kind, das schmollend seinen Ball nahm und nach Hause ging, wenn es nicht seinen Willen bekam. Jetzt ist es viel wahrscheinlicher, daß ich keinen Schmerz in einer solchen Situation empfinde. Ich verstehe ganz genau, daß die Frauen, die nicht mit mir ausgehen wollen, unter Mangel an gutem Geschmack leiden, und ich schalte mein *Fürsorgendes-Eltern-Ich* ein und fühle Mitleid mit ihnen, anstatt in mein *Kindheits-Ich* zu versinken und traurig zu sein, weil sie nicht mit mir spielen wollen.

Befinde ich mich in diesem *Eltern-Ich,* dann bin ich meine Mutter, mein Vater und/oder andere wichtige Leute, die mich in meiner frühen Kindheit beeinflußten. Wenn ich mich im *Eltern-Ich* befinde, dann tu ich nicht nur so, als ob ich diese Leute wäre, sondern ich bin diese Leute, indem ich fühle, glaube, denke und handele, wie sie fühlten, glaubten, dachten und handelten. Egal, ob mir gefällt, was sie taten, ich neige dazu, andere Leute (meine Kinder, meinen Partner, meine Angestellten, meine Eltern, das *Kind* in mir) in derselben fürsorgenden Weise zu behandeln.

Unser Diagramm vorn zeigte, daß es drei Kindheits-Ich-Zustände gibt: Das *Natürliche-Kind,* das *Angepaßt-Fügsame-Kind* und das *Angepaßt-Rebellische-Kind.* Das *Fügsame-* und das *Rebellische-Kindheits-Ich* werden oft zusammengeworfen, und man spricht dann nur vom *Angepaßten-Kindheits-Ich,* und das mit Recht, weil diese beiden Ich-Zustände manchmal wie zwei Seiten derselben Medaille sind. Ein Baby lernt, sich an das, was Mutter wünscht, anzupassen, indem es sich fügt und das tut, was immer seine Mutter ihm zu verstehen gibt. Das Kind mag zum Beispiel lernen, nicht zu schreien, wenn es hungrig ist, sondern zu warten, bis es nach Mutters Zeitplan gefüttert wird. Später, speziell im Alter von etwa zwei Jahren, lernt es, sich an Mutters Wünsche durch Rebellion anzupassen, indem es nicht tut, was Mama will, oder sogar das Gegenteil davon. Es mag den Anschein haben, als ob das rebellische Kind selbständig und unabhängig handelt. Das tut es jedoch nicht; sein Rebellieren wie das Sich-Fügen ist nur eine Reaktion auf Mutters Wünsche. Ob das Kind rebelliert oder fügsam ist, es reagiert auf das, was Mutter will, und handelt nicht, um etwas für sich selbst zu erreichen. Das ist der wichtigste Unterschied zwischen dem *Natürlichen* und dem *Angepaßten Kind.* Das *Natürliche Kind* benimmt sich spontan. Das *Angepaßte* Kind steht unter dem Einfluß der *Eltern* (des *Eltern-Ichs* in meinem Kopf oder deinem *Eltern-Ich*), und entweder fügt es sich, oder es trotzt den Wünschen der Eltern. Wenn ich im *Natürlichen Kind* bin, tu' ich, was ich will, und was ich nicht will, das tu' ich nicht. Ich handle spontan, meinen wahren Gefühlen, Bedürfnissen und Wünschen entsprechend.

Einen anderen Teil des Kindheits-Ich-Zustandes, der nicht in den eben genannten enthalten ist, hat man treffend *Kleinen Professor* genannt. Ich sehe den *Kleinen Professor* nicht als separaten Ich-Zustand an. Er ist der instinkthafte, inneren Eingebungen folgende Teil einer Persönlichkeit und wird in Verbindung mit den drei Kindheits-Ich-Zuständen benutzt.

Das *Erwachsenen-Ich* ist der logische, vernünftige, verständige, sachliche, nüchterne Teil meiner Persönlichkeit. Das *Erwachsenen-Ich* befaßt sich mit Fakten und verarbeitet Informationen.

Es gibt zwei *Eltern-Ich-Zustände;* das *Fürsorgende-* und das *Kritische-Eltern-Ich,* deren Funktionen ich schon kurz berührt hatte. Ich werde nun jeden der sechs Ich-Zustände genauer beschreiben und erläutern, wie man sie identifizieren kann.

Woher kommen die Ich-Zustände und was tun sie?

Das *Natürliche Kind* ist der Teil meiner Persönlichkeit, mit dem ich geboren wurde. Ich bin mit Bedürfnissen, Wünschen und Gefühlen auf die Welt gekommen. Ein Bedürfnis ist etwas, was ich haben muß, um zu überleben; ein Wunsch ist nicht zum Überleben nötig. Wünsche mögen Bedürfnisse darstellen, aber sie sind nicht Bedürfnisse in sich selbst; ich brauche zum Beispiel etwas zu essen und ich möchte einen Hamburger, oder ich brauche Wärme und ich möchte meine blaue Decke. Weder Hamburger noch blaue Decken sind für mein Überleben erforderlich. Ein Ersatz tut es genausogut. Meine Wünsche können sich von Minute zu Minute ändern, meine Bedürfnisse jedoch bleiben konstant.

Zusätzlich zu meinen körperlichen Grundbedürfnissen nach Luft, Nahrung, Wasser, Wärme habe ich auch seelische Bedürfnisse. Dr. Berne[7] zufolge brauche ich zum Überleben Zuwendungen besonderer Art, die wir in Anlehnung an das körperliche Berühren Streicheln oder Streichelzuwendungen oder Streicheleinheiten nennen. Streicheln ist eine Beachtung, eine Anerkennung, die mir von einer anderen Person zuteil wird. Ich brauche Streicheln, und ich möchte Komplimente bekommen. Säuglinge müssen, um zu überleben, tatsächlich körperlich gestreichelt werden. Auch wenn alle ihre anderen Bedürfnisse angemessen befriedigt werden, kränkeln kleine Babys oder sterben sogar, wenn sie nicht berührt, gestreichelt und im Arm gehalten werden. Das ist eine Tatsache, die früher leider häufig in den Waisenhäusern demonstriert wurde, in denen niemand die Wichtigkeit erkannte, den Babys Zeit zu widmen, um mit ihnen zu spielen, sie zu streicheln. Die psychologische Notwendigkeit, gestreichelt zu werden, wurde auch in Laboruntersuchungen bewiesen[8]. Als Erwachsene lernen wir, durch andere Streichelzuwendungen zu überleben, wie verbales Streicheln. Das *Natürliche Kind* bleibt jedoch weiter dabei, körperliches Streicheln zu wollen und zu genießen. Wir haben auch Bedürfnisse nach Stimulierung und Strukturierung unserer Umgebung. Es gibt ein Bedürfnis nach Sinnesreizen, was durch das oft festgestellte Abstumpfen bei Sträflingen in Einzelhaft bewiesen wird. Ein weiterer Beweis für dieses Bedürfnis sind Halluzinationen, die bei Versuchspersonen, denen man in Experimenten Sinnesreize entzog, auftraten. Es gibt auch ein bestimmtes Bedürfnis, Zeit zu strukturieren. Darüber werde ich später sprechen.

Das Bedürfnis nach Struktur treibt uns dazu, das Wie, Wann, Was, Wer und Wo in unserem Leben zu ordnen. Wenn mein Chef mir zum Beispiel einen Büroraum zuweist, mir sagt, zu welcher Uhrzeit ich im Büro sein und bei wem ich mich melden soll, fühlt sich mein *Kindheits-Ich* besser und sicherer, weil ich mein Leben um dieses Gerüst herum anordnen kann. Wenn der Chef diese Struktur nicht klar erkennen läßt, wird mein *Kind-Ich* seinen Spielraum ausdehnen und testen wollen, bis ich herausgefunden habe, wie das Gerüst aussieht.

Wenn die Bedürfnisse und Wünsche meines *Natürlichen-Kindheits-Ichs* befriedigt werden, reagiere ich mit einem Gefühl der Freude. Werden sie nicht befriedigt, reagiere ich mit Zorn und Ärger, Traurigkeit und Angst. Da diese vier Gefühle die einzigen sind, die man unter natürlichen Umständen bei Kleinkindern beobachtet hat, glauben viele Transaktions-Analytiker, daß dies die einzigen „natürlichen“ Gefühle sind und alle anderen „gelernt“. Sogar diese vier sind nur natürlich, wenn sie sich auf das beziehen, was hier und jetzt geschieht. (Ärgere ich mich über etwas, das du vorige Woche getan hast, dann ist das kein natürliches Gefühl meines *Natürlichen Kindes* mehr.)

Wenn ich in meinem *Natürlichen-Kindheits-Ich* bin, erzähle ich anderen Leuten von mir. Ich erzähle ihnen, was ich haben will und was ich unbedingt brauche. Ich will, was ich will, wann ich es will. Ich reagiere mit meinen Hier- und Jetzt-Gefühlen, indem ich sie durch Worte, den Klang meiner Stimme oder den Gesichtsausdruck verkünde. Ich freue mich, handle spontan und betätige mich kreativ. Ich benutzte Worte wie „das ist Spitze", „ich will", „ich bin wütend", „ich habe Angst" und „großartig". Es ist Emotion in meiner Stimme. Ich verlange das, was ich will. Ich bin ich-bezogen, wenn ich in meinem *Natürlichen-Kindheits-Ich* bin. Eigentlich sind alle drei *Kindheits-Ich-Zustände* ich-bezogen, was bedeutet, daß alle davon reden, wie ich über das, was ich will, fühle. Das *Erwachsenen-Ich* neigt dazu, es-orientiert zu sein, sich mit Daten und Fakten zu befassen, und die *Eltern-Ich-Zustände* reden hauptsächlich über andere Leute und sind du-orientiert.

Die *Angepaßten-Kindheits-Ich-Zustände*, das *Rebellische* und das *Fügsame Kind*, fangen während des ersten Lebensjahres an, sich zu entwickeln. Wie ich bereits erklärte, ist das *Angepaßte Kind* reaktiv, seine Reaktionen orientieren sich an anderen Leuten und sind nicht spontan: Wenn ich im *Angepaßten-Kind-Zustand* bin, dann reagiere ich auf elterlichen Einfluß, indem ich tu, was andere wollen (das *Fügsame-Kind-Ich*) oder indem ich mich weigere, zu tun, was andere wollen (das *Rebellische Kind-Ich*). Manchmal ist das, was wie das Verhalten des *Fügsamen Kindes* aussieht, in Wirklichkeit durch einen anderen Ich-Zustand ausgelöst. Ich tu vielleicht, was das *Eltern-Ich* in meinem Kopf oder das *Eltern-Ich* einer anderen Person will, weil es auch das ist, was mein *Natürliches Kind* tun will. Wenn du zum Beispiel willst, daß ich zum Essen komme, werde ich vielleicht mit Freude deinem Wunsch folgen, aus meinem *Natürlichen Kind* heraus, wenn ich hungrig bin. Auch wenn mein *Natürliches Kind* nicht folgen will, werde ich vielleicht trotzdem zu Tisch kommen, weil es vernünftig und sinnvoll ist. Angenommen, mein Chef verlangt von mir, daß ich um 8 Uhr bei der Arbeit bin, und mein *Natürliches Kind* würde lieber bis mittags schlafen, dann entscheide ich vielleicht, der Chefanweisung zu folgen, da es zu meinem eigenen Vorteil ist, meinen Job zu behalten. Ich bin zu dieser Entscheidung gelangt, nachdem ich Daten in meinem *Erwachsenen-Ich* überprüft und ausgewertet habe und dann überlegte, was für mein *Natürliches Kind* auf lange Sicht am besten ist.

Manche TA-Leute argumentieren, daß wir als Erwachsene das *Angepaßte Kind* benutzen müssen, weil es gesund ist, gegen unvernünftige Erwartungen zu rebellieren und sich mit vernünftigen abzufinden. Ich bleibe jedoch dabei, daß diese Art von Anpassung, wie in obigem Beispiel, eine Funktion des *Erwachsenen-Ich* und nicht des *Angepaßten-Kind-Ich* ist, denn ich gebrauche meinen *Erwachsenen*, um zu entscheiden, ob die Erwartungen vernünftig oder unvernünftig sind. Fügsamkeit geht nur dann vom *Fügsamen Kind* aus, wenn ich etwas einzig und allein deshalb tu, weil irgendein *Eltern-Ich* es will.

Wenn ich neben einer Person sitze, die ich interessant finde und die ich gern kennenlernen möchte, und das *Eltern-Ich* in meinem Kopf sagt: „Sprich nicht mit Fremden!", dann ist es wenig sinnvoll, sich dieser *Eltern*-Anweisung zu fügen, es sei denn, die Umstände zeigten andere Gründe, nicht mit der Person zu sprechen, an. Wenn es keine anderen Gründe gibt, und ich richte mich trotzdem nach der *Eltern*-Anweisung, dann ist das *Fügsames-Kind-Ich*-Verhalten.

Ich signalisiere Ich-bin-nicht-okay-Verhalten, wenn ich im *Fügsamen-Kindheits-Ich* bin. Ich füge mich dem *Eltern-Ich* in meinem Kopf, das mir viele Nicht-Okay-Anweisungen und Botschaften sendet wie „es ist nicht in Ordnung, erwachsen zu werden", „zeige nicht deine Gefühle", „du bist nicht okay", „komm anderen Menschen nicht zu nahe" etc. Wenn ich im *Fügsamen Kind* bin, erlebe ich oft Gefühle wie Verletztsein, Deprimiertsein, Schuld und Verwirrung. Das sind keine Gefühle des *Natürlichen Kindes*. Es sind Ersatzgefühle (darüber werden wir später mehr erfahren). Ich zeige Nicht-Okay-Verhalten durch den Klang meiner Stimme (vielleicht jammernd), durch meinen Gesichtsausdruck (ich sehe vielleicht verletzt oder gekränkt aus), durch meine Körperhaltung und Gestik und durch Redewendungen und Worte wie „wahrscheinlich", „vielleicht", „ich werde versuchen", „ich kann nicht", „ich weiß nicht", „ich bin nicht sicher" usw. Oft werde ich es ablehnen, Blickkontakt herzustellen, und manchmal werde ich mit verhaltener, sehr leiser Stimme sprechen. Wenn ich mich auch manchmal füge, widersetze ich mich doch eigentlich in meinem Kopf: „Du wirst schon sehen, was du davon hast. Ich werde tun, was du willst, aber ich sorge schon dafür, daß es nicht klappt." Äußerlich erscheine ich fügsam, aber verdeckt bin ich rebellisch.

Auch das *Rebellische-Kindheits-Ich* paßt sich entweder dem *Eltern-Ich* in meinem Kopf oder deinem *Eltern-Ich* an. Es paßt sich an, indem es sich weigert, den *Eltern*-Botschaften zu folgen, auch wenn Fügsamkeit sinnvoller wäre. Wenn ich zum Beispiel sehr viel Übergewicht habe und deshalb von meinem *Eltern-Ich* genörgelt und kritisiert werde, rebelliere ich vielleicht dagegen, indem ich noch mehr esse, auch wenn ich nicht wirklich hungrig bin. Trotz der Tatsache, daß Übergewicht meiner Gesundheit und meinem Aussehen schadet und ich das weiß, sagt mein *Rebellisches Kind*: „Ich werde nicht auf dich hören, weil du nicht okay bist." Das *Rebellische Kind* zieht es vor, negativ auf *Eltern*-Anweisungen zu reagieren, auch wenn dieses Verhalten zu den Wünschen des *Natürlichen Kindes* in Widerspruch steht. Ich kann offen rebellieren, indem ich eine negative Einstellung zur Schau stelle und mich störrisch weigere, zu gehorchen, oder ich kann heimlich rebellieren, indem ich vergesse, verwirrt oder durcheinander bin, Arbeiten vor mir herschiebe, Fehler mache, Unfälle habe und Erledigungen ein kleines bißchen anders erledige, als man es von mir haben wollte. Dieses ineffektiv-zornige (passiv-aggressive) Verhalten sagt in Wirklichkeit: „Du kannst mich zu nichts zwingen."

Oft ist das Sich-Verteidigen ein Ausdruck des *Rebellischen-Kindheits-Ich*. Wenn ich im *Rebellischen Kind* bin, sitze ich vielleicht mit verschränkten Armen und Beinen und geradem Rücken da, oder ich sitze krumm auf meinem verlängerten Rücken und bemühe mich, dich nicht anzusehen. Ich benutze Gesten, die anzeigen, daß ich nicht auf dich hören werde, und meine Worte sind kurz und negativ. Ich mag ärgerlich aussehen, und Ärger ist mein vorherrschendes Gefühl.

Da Rebellion erlebt werden muß, bevor man dieses Verhalten aufgeben kann, ist das *Rebellische-Kindheits-Ich* ein wertvoller Teil unserer Persönlichkeit in der Kindheit. Auflehnung ist ein gesundes Verhalten bei dem Versuch, sich von der Mutter zu lösen. Wenn mir erlaubt ist, zu rebellieren, ohne daß ich dafür abgelehnt werde, kann ich den Prozeß des Sich-Lösens fortsetzen und abschließen. Verständnisvolle Eltern, die mit dieser Auflehnung konfrontiert werden, können in fürsorgender Weise sagen: „Ich weiß, du willst das nicht tun, aber du mußt es trotzdem tun." Später, wenn es angebracht ist und keine Gefahr für das Kind darstellt, können die Eltern sagen: „Ich weiß, du willst nicht, und du mußt auch nicht ..." Solche Reaktionen der Eltern erlauben dem Kind, seine Rebellion zu erleben und als Resultat seine Macht zu spüren. Wenn es seine eigene Macht spürt, wird es sich von den Eltern lösen. Wird dem Kind nicht erlaubt zu rebellieren oder lehnt man es wegen seiner Rebellion ab, wird es dazu neigen, in passiv-aggressiver, unwirksamer Weise zu rebellieren: „Jaaaa (stöhn) ich werde den Mülleimer schon ausleeren", sagt das Kind, das weiß, es wird bestraft, wenn es den Mülleimer nicht hinausbringt. Und dann verschüttet es aus Versehen einen Teil des Inhalts auf dem Weg. Das ist heimliche Rebellion oder Auflehnung.

Während der „Wiederaufbereitungsjahre" des Heranwachsenden macht der junge Mensch die gleichen psychologischen Entwicklungsphasen durch, die er in der Kindheit erlebt hat. Die Phasen, die ursprünglich unerledigt bleiben, werden von dem Heranwachsenden wiedererlebt, jedoch stärker. Noch einmal: Wenn Eltern das rebellische Verhalten ihres Kindes nicht zulassen, geht das Kind „in den Untergrund", es vergißt, trödelt, schiebt auf, oder es gibt sich noch mehr Mühe, offen zu rebellieren. Wenn ihm immer noch nicht erlaubt wird, sich aufzulehnen, und es sich deshalb nicht erfolgreich von seinen Eltern lösen kann, wird sich sein aufsässiges Verhalten vielleicht durch sein Erwachsenenleben fortsetzen. Als Erwachsener kommt er oder sie nun zu spät zur Arbeit, vergißt Sachen oder fängt eine Oppositionsbewegung im Betrieb an.

Es ist aber noch nicht zu spät. Eine Lösung dieser Probleme kann auch noch im Erwachsenenleben erreicht werden: Wenn der Betroffene seine Auflehnung ohne Ablehnung erlebt. Er hat dann vielleicht das Gefühl, alles unter Kontrolle zu haben, sieht die Folgen seines rebellischen Verhaltens und erkennt, daß seine eigenen Bedürfnisse dadurch zu kurz kommen. Es ist dann wahrscheinlich, daß er sein rebellisches Verhalten aufgibt. Zum Beispiel bittet mich mein Chef gelegentlich, länger zu arbeiten, und ich lehne jedesmal ab. Es ist nicht, daß ich tatsächlich etwas gegen Überstunden hätte, sondern ich will einfach nicht das tun, was er von mir verlangt. Weil ich meine Aufsässigkeit noch nicht ausgelebt habe, fühle ich einen starken Zwang, zu allem, was er von mir will, „nein" zu sagen. Wenn der Chef meine

Rebellion akzeptiert und nicht mit seinem *Eltern-Ich* an mir herumnörgelt, kann ich die natürlichen Konsequenzen meines Verhaltens erleben (ich werde nicht befördert oder bekomme die gewünschte Gehaltserhöhung nicht). Wenn mir die Konsequenzen nicht zusagen, werde ich vielleicht entscheiden, meine bisherigen Reaktionen auf Anweisungen meines Chefs aufzugeben und mich stattdessen hinter das hermachen, was ich will. Habe ich meine Auflehnung erfolgreich erlebt, kommt eine automatische negative Reaktion auf die Wünsche und Anweisungen von Autoritätspersonen oder auf meine eigenen *Eltern-Ich*-Botschaften nicht länger zustande. Ich verhalte mich spontaner und unabhängiger.

Aus diesem Beispiel läßt sich folgender Schluß ziehen: Wer mit einer Person, die sich in ihrem *Rebellischen-Kindheits-Ich* befindet, umgeht, hat die Aufgabe, in bestimmter, doch fürsorgender Weise „Grenzen zu setzen" und Auflehnung in solchen Situationen zu akzeptieren, in denen dieses Verhalten keinen wirklichen Schaden anrichtet (Dabei ist es egal, ob sich das *Rebellische Kind* in einem Untergebenen, einem Freund, Chef, Partner oder Kind befindet).

John Weiss* hat Wege aufgezeigt, wie ich als Erwachsener rebellisch sein kann, und wie es mir hilft, Rebellion zu erleben, ohne mir und anderen zu schaden. Ich kann — in meinem Kopf — so laut „nein" sagen, wie ich will und dann die Möglichkeiten abwägen und entscheiden, ob ich mich füge. Ich kann laut — nach außen — „nein" sagen, und wenn mir das sinnvoll erscheint, meine Gründe angeben. Ich kann mit bestimmten Personen vereinbaren, daß sie meine Opposition in bestimmter Weise akzeptieren; ich kann zum Beispiel mit dir übereinkommen, daß ich zweimal in der Woche spät zum Essen erscheine. Oder wir können vereinbaren, daß ich sofort zu allem, was du verlangst, „nein" sage. Nachdem ich so schon vorsorglich rebelliert habe und dieses Problem aus dem Weg ist, werde ich nun die Alternativen überdenken und entscheiden, was ich wirklich

* Dr. med. Jonathan Weiss ist Psychotherapeut, Berater, geprüfter Transaktions-Analytiker mit Lehrberechtigung, Mitglied der International Transactional Analysis Association und Klinikleiter des Rocky Mountain Transactional Analysis Institute in Denver, Colorado.

tun will (vielleicht sag ich sogar „ja"!). Dies sind rebellische Verhaltensmuster, die vom *Erwachsenen-Ich* gesteuert werden, die mir aber trotzdem erlauben, meine Macht zu erleben und meine Rebellion aufzugeben, nachdem die Frage der Loslösung von deinem und meinem eigenen *Eltern-Ich* endlich geklärt ist.

Der *Kleine Professor*, über den ich vorhin schon sprach, ist die Intelligenz des *Kindheits-Ich*. Er trifft die sehr wichtigen Entscheidungen über das, was ich mir erlauben darf und was ich besser unterlasse. Der *Kleine Professor* ist intuitiv, kreativ und clever, er manipuliert, er erkennt unmittelbare Zusammenhänge. Er ist die Quelle meiner gefühlsmäßigen Eingebungen. Ich vergleiche ihn mit einer Antenne, die feine, kaum empfindbare, von anderen Leuten ausgestrahlte Impulse aufspürt, Hinweise, die ich vielleicht nicht mit meinem *Erwachsenen-Ich* aufnehmen könnte und deren Wahrnehmen ich nicht erklären kann. Der *Kleine Professor* kann in Verbindung mit meinem *Natürlichen Kind* benutzt werden, wenn ich kreativ oder clever bin oder mich durch eine List aus einer schwierigen Situation befreien will. Der *Kleine Professor* kann zusammen mit meinem *Fügsamen Kind* benutzt werden, um herauszufinden, wie ich am besten mit den mich einengenden *Eltern*-Botschaften klarkomme. Er kann mit meinem *Rebellischen Kind* benutzt werden, um Schlupflöcher und Auswege zu finden, um Ausweichmanöver auszutüfteln, mit denen Fügsamkeit und verantwortliches Handeln vermieden werden können.

Mein *Kleiner Professor* stellt sich auf die Leute ein und findet heraus, wer sie wirklich sind, auch wenn sie glauben, ihre Gefühle gut zu tarnen oder zu verstecken. Er ist der Teil von mir, der schlagfertig und geistesgegenwärtig ist und der gefühlsmäßig zur rechten Zeit das Richtige tut und sagt. Ich erinnere mich in diesem Zusammenhang an die Geschichte von dem riesigen Bayern, der zu einem ziemlich schmächtig aussehenden Verkäufer in der Gemüseabteilung eines Supermarktes sagt: „Mein Freund, ich möchte einen halben Kopfsalat." Worauf der Verkäufer in verhaltener, schüchterner Weise antwortet: „Aber mein Herr, wir dürfen Kopfsalate nicht durchschneiden." „Mann" unterbricht ihn der Bayer grantig, „ich habe gesagt, ich will einen halben Kopfsalat, und ich sage es nicht noch einmal!"

Der Angestellte darauf mit ängstlicher Stimme: „Ich geh und frag den Chef, und wenn der sagt, es wär ihm recht, dann soll es mir auch recht sein." Damit marschiert der kleine Mann in das Büro des Managers, ohne zu bemerken, daß ihm der Bayer gefolgt ist. „Chef, da draußen ist so ein aufgeblasener Mistkerl, der mich wegen einem halben Kopf Salat mies macht" ... Aus den Augenwinkeln sieht er plötzlich den Bayern hinter sich. Während sein *Natürliches Kind* Angst kriegt, sagt sein *Kleiner Professor*: „... Und dieser Herr hier würde gern die andere Hälfte haben." — Am nächsten Tag ruft der Manager den Verkäufer zu sich, lobt ihn für seine clevere Behandlung des Kunden und bietet ihm einen Filialleiterposten in Offenbach an. Der Angestellte erwidert aufgeregt jammernd: „Offenbach? Ich will nicht nach Offenbach gehen." „Warum denn nicht? Sie werden die Filiale dort leiten. Sie werden mehr verdienen und Offenbach ist doch eine schöne Stadt", sagt der Chef. „Schöne Stadt", entgegnet der aufrichtige junge Mann, „alles was es dort gibt, sind Fußballer und Prostituierte". Der Manager darauf erbost: „Na hören Sie mal, meine Frau ist aus Offenbach." Da wendet sich das geängstigte *Kind* des Gemüsemannes an seinen *Kleinen Professor* um Hilfe und der sagt: „Oh wirklich? In welcher Position spielte sie denn?"

Jacqui Schiff vom Cathexis Institut hat hervorgehoben, daß das *Erwachsenen-Ich* und das *Eltern-Ich* im Dienste des *Kindheits-Ichs* stehen[9]. Im wesentlichen hat sie gesagt, daß die Menschen ihr *Erwachsenen-Ich* einschalten, damit es dem *Kindheits-Ich* die Welt verständlich macht, und ihr *Eltern-Ich*, damit es das *Kindheits-Ich* beschützt und versorgt. Ich glaube, der einzige Grund, weshalb der Mensch sein *Fügsames* oder sein *Rebellisches Kind* oder sein *Kritisches-Eltern-Ich* einschaltet, ist der, daß er sein *Natürliches-Kind-Ich* nicht für voll nimmt. Das heißt, er wendet sich, wenn er nicht ausgedrückte Gefühle oder unerfüllte Bedürfnisse hat, alten, bekannten Methoden zu, um mit diesen Problemen fertigzuwerden, auch wenn diese Methoden unwirksam und erfolglos sind. Der Mensch versucht, seine Wünsche zu erfüllen oder seine Gefühle auszudrücken, indem er auf das *Angepaßte Kind* zurückfällt (er wird deprimiert, fühlt sich verletzt, überißt sich, raucht, zieht sich zurück) oder auf das *Kritische-Eltern-Ich* (er hat an allem etwas auszusetzen, beschuldigt, ist sarkastisch). Eine Mutter, die sich ängstigte, weil ihr Sohn von zu Hause fortgelaufen war, hat mir gegenüber dieses Gefühl mit Tränen in den Augen ausgedrückt. Sie sagte: „Wenn er mir wieder unter die Augen kommt, werde ich ihm sagen, wie wütend ich auf ihn bin, weil er mir das angetan hat." Im Grunde war sie nicht gewillt, die Angst ihres *Natürlichen Kindes* und die Besorgnis ihres *Fürsorgenden-Eltern-Ichs* mir gegenüber auszudrücken und gab stattdessen ihrem Zorn durch ihr *Kritisches-Eltern-Ich* Ausdruck. Dies ist für sie ein altes, bekanntes Verhaltensmuster, das ihr oft der Vater vorgemacht hatte. In Zeiten von Streß fällt sie manchmal auf dieses Verhalten zurück, auch wenn es ihre Probleme nicht sehr wirksam gelöst hat.

Das *Erwachsenen-Ich* fängt etwa im ersten Lebensjahr an, sich zu entwickeln und kann schon ab ungefähr dem 30. Lebensmonat wirksam eingesetzt werden. Das *Erwachsenen-Ich* setzt seine Entwicklung durch das ganze Leben fort. Es ist logisch, vernünftig, rational und frei von Emotionen. Es kennt keine Gefühle wie Ärger, Zorn, Freude, Traurigkeit, Angst oder Frustration. Ich kann jedoch, während meine psychische Energie im *Erwachsenen-Ich* genutzt wird, gleichzeitig in anderen Ich-Zuständen Gefühle erleben.

Das *Erwachsenen-Ich* ist Sender und Empfänger von sachlichen Informationen. Die Körperhaltung eines Menschen im *Erwachsenen-Ich-Zustand* ist meistens aufrecht, aber entspannt. Ein im *Erwachsenen-Ich* befindlicher Mensch sitzt gewöhnlich aufrecht da, hält den Kopf aufrecht oder leicht zu einer Seite geneigt. *Erwachsenen-Ich-Worte* sind manchmal vielsilbig; sie beschreiben gewöhnlich, statt rechthaberisch zu sein. Das *Erwachsenen-Ich* übertreibt nicht, noch wertet es ab. Seine Beschreibungen sind meistens zutreffend und genau. Es speichert Daten, rechnet Wahrscheinlichkeiten aus und verarbeitet Informationen. Wenn ich in meinem *Erwachsenen-Ich* bin, vermittelt mein Gesichtsausdruck keine Gefühlsregung: Ich „sehe so aus, als ob ich denke" — was ich auch wirklich tue. Meine Stimme klingt in Lautstärke und Tonhöhe ziemlich ebenmäßig.

Eines der Hauptziele der TA ist es, deinem *Erwachsenen* die Führung über und die Verantwortung für deine ganze Persönlichkeit (deine *Kindheits-* und deine *Eltern-Ich-Zustände*) zu übertragen. Man nennt das „dein *Erwachsenen-Ich* hat die Kontrolle über deine

Persönlichkeit". Wenn mein *Erwachsener* die Kontrolle hat, heißt das, ich denke, bevor ich handle und bin wahrscheinlich wirksam. Es heißt nicht, daß ich wie ein Computer funktioniere und keine Gefühle habe. Ein reifer, emotional gesunder Mensch stellt ein starkes *Natürliches Kind* und *Fürsorgendes-Eltern-Ich*, wie auch ein gut informiertes, tonangebendes *Erwachsenen-Ich* zur Schau.

Eine vernünftige Grundlage für das Treffen von Entscheidungen bezieht den Gebrauch deines *Erwachsenen* mit ein: Tu, was du willst, wenn es dein *Erwachsener* für richtig hält, und tu, was du tun solltest, wenn das deinem *Erwachsenen* recht ist. Wenn du nur das tust, was dein *Kind* will, tust du oft Dinge, die dir später leid tun. Tust du ausschließlich das, was du deinem *Eltern-Ich* zufolge tun solltest, hat dein *Kind* überhaupt nichts davon. Außerdem ist es schwer, etwas zu lernen oder Änderungen zum Besseren vorzunehmen, wenn du *Eltern-Botschaften* ohne Prüfung hinnimmst und immer nur das „Rechte" tust. Manchmal müssen dein *Erwachsener* und dein *Kind* Kompromisse schließen: Wenn du immer das tust, was nach deinem *Erwachsenen* vernünftig ist, hast du nie Spaß.

Der *Eltern-Ich-Zustand* beginnt sich etwa am Ende des ersten Lebensjahres zu bilden und ist ungefähr im Alter von acht oder neun Jahren vollständig geformt, obwohl man weitere *Eltern-Botschaften* in jedem Alter hinzufügen kann. Das *Eltern-Ich* findet sein Modell in den eigenen Eltern und Elternvertretern und wird von anderen Elternfiguren beeinflußt, die eine wichtige Rolle in unserer Kindheit spielten. Es ist wie eine Sammlung von Video-Aufnahmen der Leute, die sich um uns kümmerten und die in unseren ersten Lebensjahren für uns wichtig waren. Das *Eltern-Ich* enthält auch Kindheitsentscheidungen, die wir treffen. Wenn ich zum Beispiel entscheide, daß man Frauen nicht trauen darf, wird mein *Eltern-Ich* diese Einstellung in sich aufnehmen und mein *Kind* in periodischen Abständen daran erinnern. Wir lassen diese *Eltern-Ich-Aufnahmen* ständig wieder ablaufen und werden im Grunde genommen zu unseren eigenen *Eltern*, auch wenn wir nicht mochten, wie sie waren und was sie sagten. Das *Eltern-Ich* ist der Platz, an dem wir unser Wertsystem aufbewahren, alle du solltest, du solltest nicht, du mußt und du darfst nicht sowie die Botschaften über richtig und falsch, gut und schlecht.

Innerhalb des *Eltern-Ich* befinden sich zwei funktionelle *Ich-Zustände*, das *Fürsorgende-* und das *Kritische-Eltern-Ich*. Das *Fürsorgende-Eltern-Ich* ist der Teil meiner Persönlichkeit, der verständnisvoll und fürsorgend mit anderen Menschen umgeht. Er schickt „Du-bist-okay-Botschaften" aus. Dieser Teil meiner Persönlichkeit kann sehr gut in vernünftiger, bestimmter, wirksamer Weise Grenzen setzen. Er will mir und anderen sagen, welche Verhaltensweisen okay und welche nicht okay sind, aber er tut dies in einer Art, die den anderen Menschen nicht einlädt, sich herabgesetzt oder heruntergeputzt zu fühlen. Wenn ich in meinem *Fürsorgenden-Eltern-Ich* bin, klingt meine Stimme beruhigend und meine Gesten sind sanft und teilnehmend. Meine Worte zeigen Verständnis und können trotzdem feste Grenzen setzen. Ich neige dazu, „Tu-das-Botschaften" statt „Tu-das-nicht-Botschaften" zu senden. Zum Beispiel: „Geh' und du bist sicher" statt „renne nicht" (Tu-das-nicht-Botschaften sagen dir, womit du aufhören sollst, aber sie sagen dir nicht, was du stattdessen tun sollst). Mein *Fürsorgendes-Eltern-Ich* unterstützt dich und mich.

Die Botschaft des *Kritischen Eltern-Ichs* heißt: „Du bist nicht okay". Diese Botschaft wird durch Klang der Stimme, Gesichtsausdruck und Gesten, wie auch durch Worte vermittelt. Du wirst bemerken, daß das *Kritische-Eltern-Ich* nicht sagt, dein Verhalten sei nicht okay (wie es das *Fürsorgende-Eltern-Ich* tun würde), sondern es sagt: „*Du* bist nicht okay." Es lädt dich ein, dich selbst nicht okay zu empfinden. Auch mein eigenes *Kritisches-Eltern-Ich* sagt mir, daß ich nicht okay bin.

Das *Kritische-Eltern-Ich* neigt dazu, „tu das nicht" statt „tu das" zu benutzen. Es gebraucht sarkastische Redewendungen, sagt den Leuten, was mit ihnen nicht stimmt, übertreibt und verallgemeinert. Es arbeitet mit Meinungen statt mit Fakten. Das *Kritische-Eltern-Ich* demütigt mein und dein *Kind*. Ärgerlich sein vom *Eltern-Ich* ist du-orientiert („du kommst immer zu spät"). Viele Leute haben *Kritischen-Eltern-Ärger* erlebt und entschieden, daß Ärger schlecht ist, während das wirkliche Übel der Ich-Zustand ist, durch den der Ärger ausgedrückt wird, und nicht die Emotion selbst.

Wenn ich im *Kritischen-Eltern-Ich* bin, ist meine Stimme gewöhnlich lauter und barscher, und ich gestikuliere mit meinem erhobenen

Zeigefinger in deine Richtung. Mein Kopf ist vielleicht zurückgeneigt, so daß meine Nase erhoben ist und ich von oben auf die Leute herabblicke. Ich benutze Worte wie sollte, sollte nicht, richtig, falsch, gut, schlecht, immer, nie. Der Gebrauch dieser Worte bedeutet nicht immer, daß sie aus dem *Kritischen-Eltern-Ich* kommen; sie können auch fürsorglich sein. Wiederum sind zwei oder mehrere Anzeichen notwendig, um den Ich-Zustand zu bestimmen. Wenn ich in einem fürsorglichen, teilnehmenden Ton sage: „Du solltest wirklich nicht so viel rauchen", ist das nicht die Botschaft eines *Kritischen-Eltern-Ichs.*

Das *Kritische-Eltern-Ich* hat auch die Tendenz zu „retten"[10]. „Retten" (in Anführungszeichen) heißt, etwas für jemanden tun, dessen er selbst fähig ist, um ihn gleichzeitig deswegen herabzusetzen, zu mißachten. Oft setzt du dich beim „Retten" selbst herab: Du verleugnest deine eigenen Bedürfnisse, Wünsche und Gefühle. Ein „Retter" mag den Eindruck erwecken, daß er in seinem *Fürsorgenden-Eltern-Ich* ist, weil er jemandem „Gutes tut'; jedoch ist er in Wirklichkeit wegen der begleitenden du-bist-nicht-okay-Botschaft im *Kritischen-Eltern-Ich.* Wenn ich zum Beispiel meinem Sohn bei seinen Hausaufgaben helfe, indem ich sie für ihn mache, „rette" ich ihn (ich tue etwas, was er selber tun kann) und bedeute ihm dadurch gleichzeitig, daß er nicht fähig ist, es selbst zu tun, daß er nicht okay ist. Andererseits ist es keine „Rettung", wenn mein Sohn mich bei den Hausaufgaben um Verständlichmachung eines für ihn neuen Konzeptes bittet und ich es ihm erkläre; keine Herabsetzung ist dabei im Spiel. Wenn ich am Ertrinken bin und um Hilfe rufe, und du ziehst mich heraus, ist das eine reale Rettung. Du hast auf mein Verlangen etwas für mich getan, das ich nicht selber für mich tun konnte. Wieder ist keine Herabsetzung oder Mißachtung damit verbunden, und wir sind beide okay. Es ist schön, etwas für andere zu tun, solange niemand dabei herabgesetzt wird.

Manche „Rettung" sieht, oberflächlich betrachtet, ganz gut aus; man tut dem anderen etwas Nettes, doch wegen der Mißachtung wird sich am Ende der Transaktion einer der Beteiligten, der „Retter", der Errettete oder beide mies fühlen. Sogar die gutartigste „Rettung" kann andere einer Gelegenheit zu wachsen, sich zu entfalten, berauben und zu emotionellen Spielen führen (ein Thema, das wir später behandeln werden).

Als ein reformierter „Retter“ habe ich in mir und in anderen ein interessantes Phänomen bemerkt: Der „Retter“ fühlt sich oft abgewiesen. Als Kind wurden mir gewisse Wünsche und Bedürfnisse nicht erfüllt. Ich entschied, daß mich die anderen wirklich erst schätzten und akzeptierten, wenn ich etwas für sie tat. Ich hatte einen Vater, der mir vormachte, wie und was ein „Retter“ ist. Es trifft häufig auf „Retter“ zu, daß ihnen jemand zeigt, wie es geht. Ich heiratete jemanden, der „Rettung“ zu brauchen schien. Obwohl ich solch eine gute, hilfreiche Person war, wurde ich weder geschätzt noch akzeptiert, so daß ich das Spiel „Ist das der Dank, den ich bekomme nach allem, was ich für dich getan habe?“ spielte. Das Resultat: Ich fühlte mich alleingelassen und abgewiesen, wie am Anfang — ein Opfer. Wie es oft beim Spiel „Retten“ geschieht, war die Reihenfolge der Rollen, die ich spielte, „Opfer“, „Retter“ und wieder „Opfer“. Wir werden über diesen Ablauf im Zusammenhang mit dem Karpmanschen „Drama-Dreieck“ sprechen. Auf „Spiele“ wird im Kapitel 5 näher eingegangen.

Die drei wirksamen Ich-Zustände stimulieren wirksame Ich-Zustände in anderen Menschen, jedoch sind sie, Gott sei dank, dabei nicht immer erfolgreich, weil die reagierende Person ihre Reaktion selbst bestimmen kann. Ich kann zum Beispiel wählen, auf eine Person im *Rebellischen Kind* verständnisvoll zu reagieren, von meinem *Fürsorgenden-Eltern-Ich* aus. Allgemein gesprochen stimulieren jedoch *Rebellisches* und *Fügsames Kind* das *Kritische-Eltern-Ich,* obwohl das *Fügsame Kind* auch wiederum eine *Fürsorgende-Eltern-Reaktion* hervorrufen kann. Das *Kritische-Eltern-Ich* stimuliert eine *Rebellische-* oder eine *Fügsame-Kind-Reaktion.* Im Klartext heißt das: Ein Vorgesetzter, der im *Kritischen-Eltern-Ich* auftritt, fordert Schwierigkeiten geradezu heraus.

Okay-Sein stimuliert Okay-Sein. Nicht-Okay-Sein stimuliert Nicht-Okay-Sein. Beispiel: Wenn eine Person dich irgendeiner Sache beschuldigt und du reagierst, indem du dich verteidigst oder die Anschuldigung von dir weist, sendest du unbeabsichtigte Reize an einen erfüllunghemmenden Ich-Zustand in dieser Person. Du antwortest dem gleichen Ich-Zustand, der dich beschuldigte; deshalb wird die Person in ihrem *Kritischen-Eltern-Ich* bleiben, und die Unterhaltung wird weiter von den gleichen Ich-Zuständen geführt. Wenn du andererseits einen Augenblick verweilst und das, was der andere sagt, dir selbst verdeutlichst *(Erwachsenen-Ich-Verhalten)* und für seine Bemerkungen Verständnis zeigst *(Fürsorgendes-Eltern-Ich),* würde ihn dies einladen, in einen wirksamen Ich-Zustand zu wechseln.

Ein Mensch, der sich gut mit anderen versteht, benutzt im täglichen Umgang mit der Familie, mit Freunden und Kollegen meistens die drei wirksamen Ich-Zustände. Dieser Mensch hat es gelernt, die Gehirnzellen, die bei Transaktionen mit anderen und für das eigene Wohlbefinden eine positive Rolle spielen, in Gang zu setzen und die schädlichen abzustellen. Er hat auch gelernt, wie er Reize an den gleichen, erfüllungvermittelnden Ich-Zustand in anderen Personen senden kann, und wie er es vermeidet, die erfüllunghemmenden Ich-Zustände in anderen zu reizen. Dieser Mensch hat eines der Hauptziele der Transaktions-Analyse erreicht: Er stimuliert Okay-Sein, indem er Transaktionen zwischen den drei wirksamen Ich-Zuständen pflegt und fördert.

Wie pflege und fördere ich Okay-Transaktionen?

Ich habe bereits eine Transaktion als einen intern und extern zwischen Ich-Zuständen stattfindenden Austausch von Reiz und Reaktion beschrieben. Ein Ziel der Transaktions-Analyse ist es, Okay-Komplementär-Transaktionen (sich gegenseitig ergänzende oder parallel zueinander verlaufende Transaktionen) herbeizuführen, das heißt, Transaktionen zwischen

Natürlichem-Kind-Ich und *Natürlichem-Kind-Ich*
Fürsorgendem-Elter-Ich und *Natürlichem-Kind-Ich*
Erwachsenen-Ich und *Erwachsenen-Ich*
Fürsorgendem-Eltern-Ich und *Fürsorgendem-Eltern-Ich.*

Es gibt vier Typen von Transaktionen. Zwei, die offen, erkennbar ablaufen und zwei, die versteckte psychologische Botschaften in sich tragen. Die offenen, erkennbaren Transaktionen sind entweder komplementär oder gekreuzt; die anderen beiden sind verdeckte und, wie ich sie nenne, Übertragungs-Transaktionen. Eric Berne hat Kommunikationsregeln für die ersten drei Transaktionstypen aufgestellt, und ich werde meine eigene Regel für den vierten Typ hier wiedergeben: In einer Komplementär-Transaktion kann die Kommunikation unendlich lange fortgesetzt werden. In einer gekreuzten Transaktion wird die Verständigung unterbrochen. In einer verdeckten Transaktion wird die Kommunikation auf zwei Ebenen geführt, auf offener, sozialer und auf psychologischer, verdeckter Ebene; die Reaktion erfolgt auf die psychologische, verdeckte Botschaft. In der Übertragungs-Transaktion findet die Kommunikation auf sozialer und psychologischer Ebene statt, weil der Empfänger auf eine *eingebildete* psychologische Botschaft reagiert. Mit anderen Worten, die Botschaft wird auf sozialer Ebene gesendet, jedoch vom Empfänger verzerrt aufgenommen, und er reagiert darauf, als ob es eine Botschaft auf der psychologischen Ebene wäre.

Transaktionen, die zwischen den wirksamen Ich-Zuständen stattfinden, nenne ich Okay-Transaktionen, und Transaktionen, die einen oder mehrere der schädlichen Ich-Zustände betreffen, nenne ich Nicht-Okay-Transaktionen. In einer Okay-Transaktion bin ich okay und du bist okay: Die Bedürfnisse, Wünsche, Gedanken, Meinungen und Gefühle von uns beiden werden berücksichtigt.

Komplementär-Transaktionen finden zwischen zwei beliebigen Ich-Zuständen statt. Der Ich-Zustand, der stimuliert wird, ist auch der, der reagiert. Wenn eine Komplementär-Transaktion bildlich dargestellt wird, verlaufen die Pfeillinien, die Stimulus und Reaktion darstellen, parallel zueinander:

Es gibt Okay- und Nicht-Okay-Komplementär-Transaktionen. Die ersten befassen sich mit den drei wirksamen Ich-Zuständen und finden zwischen

Natürlichem Kind und *Natürlichem Kind*
Natürlichem Kind und *Fürsorgendem-Eltern-Ich*
Erwachsenen-Ich und *Erwachsenen-Ich*
Fürsorgendem-Eltern-Ich und *Fürsorgendem-Eltern-Ich*

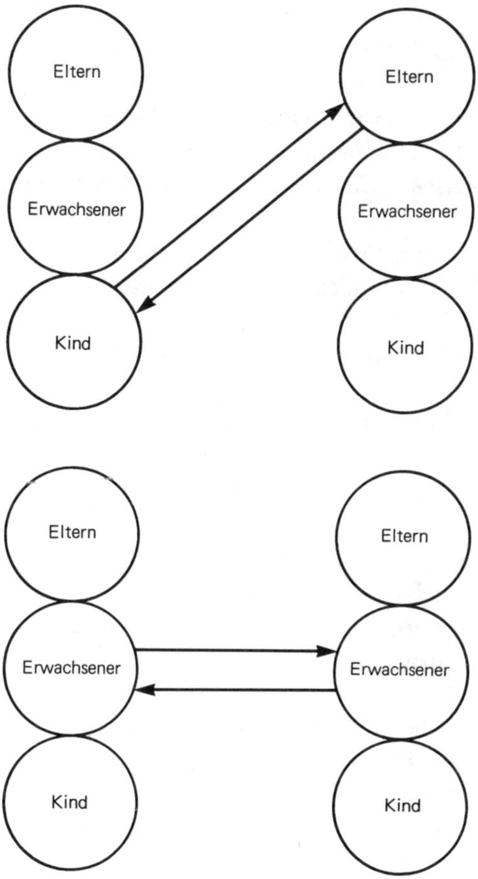

Abb. 2: Parallele Transaktionen

statt. Zu bemerken ist, daß es selten vorkommt, daß ein *Erwachsenen*-Stimulus sich an einen anderen Ich-Zustand als das *Erwachsenen-Ich* richtet. In einer Nicht-Okay-Komplementär-Transaktion kommt der Reiz oder die Reaktion oder beides aus einem schädlichen Ich-Zustand:

Fügsames Kind	an	*Fürsorgendes-Eltern-Ich*
Fügsames Kind	an	*Kritisches-Eltern-Ich*
Fügsames Kind	an	*Fügsames Kind*
Rebellisches Kind	an	*Kritisches-Eltern-Ich*
Rebellisches Kind	an	*Rebellisches Kind*
Kritisches-Eltern-Ich	an	*Kritisches-Eltern-Ich.*

Diese Transaktionen sind nicht okay, weil ein oder beide Ich-Zustände sagen: „Ich bin nicht okay — du bist nicht okay oder andere sind nicht okay“. Ein Beispiel von Nicht-Okay-Transaktionen zwischen *Fügsames-Kind-Ich* und *Fürsorgendem-Eltern-Ich* sind:

Fügsames-Kind-Ich: „Ich kann nichts richtig machen.“ (Ich bin nicht okay)
Fürsorgendes-Eltern-Ich: „Aber natürlich kannst du, Liebes.“ (Ja, du bist okay)
Fügsames-Kind-Ich: „Nein, was ich auch anfange, es geht immer schief!“ (Nein, ich bin nicht okay)
Fürsorgendes-Eltern-Ich: „ Aber du versuchst doch wirklich immer dein Bestes...“ usw.

Eine andere Nicht-Okay-Komplementär-Transaktion findet zwischen *Kritischem-Eltern-Ich* und *Kritischem-Eltern-Ich* statt:

Kritisches-Eltern-Ich:„Peter macht seine Arbeit schlampig!“ (Peter ist nicht okay)
Kritisches-Eltern-Ich: „Ja, das macht er wirklich; er bringt immer alles durcheinander.“ (Er ist nicht okay.)

Zu bemerken ist, daß in dieser Transaktion zwei Personen über eine dritte in einer voreingenommenen Weise sprechen. Könnten wir ihre Stimmen hören und auch ihre Gesichter sehen, wäre es klar, daß sie sagen „Peter ist nicht okay“. Führten sie eine sachliche Diskussion über Peters Leistungen, wäre es eine *Erwachsenen-Erwachsenen*-Transaktion.

Hier sind einige Okay-Komplementär-Transaktionen:

Fürsorgendes-Eltern-Ich: „Peter ist wirklich ein feiner Kerl."
Fürsorgendes-Eltern-Ich: „Das ist er ganz gewiß."
Natürliches Kind: „Hilfst Du mir mal?"
Fürsorgendes-Eltern-Ich: „Ja, gerne."
Fürsorgendes-Eltern-Ich: „Du siehst müde aus, laß mich deinen Rücken massieren."
Natürliches Kind: „Danke, das würde gut tun."
Natürliches Kind: „Ich mag dich."
Natürliches Kind: „Oh, danke."
Erwachsenen-Ich: „Wie spät ist es?"
Erwachsenen-Ich: „Es ist 3 Uhr 27."

So lange es bei Komplementär-Transaktionen bleibt, wird sich das Thema der Unterhaltung nicht ändern. In dem folgenden Nicht-Okay-Austausch sind zum Beispiel zwei schädliche Ich-Zustände verwickelt:

Kritisches-Eltern-Ich: „Halt den Mund!"
Rebellisches Kind: „Brauch ich nicht!"
Kritisches-Eltern-Ich: „Brauchst du sehr wohl!"
Rebellisches Kind: „Brauch ich nicht!"

Die Transaktionen blieben komplementär, und das Thema blieb das gleiche, obwohl sich das *Kritische-Eltern-Ich* und das *Rebellische-Kind-Ich* nicht einig sind. Diese Art von Austausch kann unendlich lange fortgesetzt werden, bis einer von beiden sich entscheidet, eine Transaktion zu kreuzen und das Thema wechselt. Und es wird lauter, je länger der Dialog sich hinzieht. Dies ist ganz eindeutig eine Serie von Nicht-Okay-Komplementär-Transaktionen: Zwei schädliche Ich-Zustände sind darin verwickelt, und die Meinungsverschiedenheiten werden nicht beseitigt.

Manchmal verwechseln die Leute Komplementär-Transaktionen mit dem Geben und Erhalten von Komplimenten. Obwohl in einer Komplementär-Transaktion ein Kompliment gemacht oder empfangen werden kann, haben solche Transaktionen gewöhnlich nichts mit Komplimenten zu tun (wie obiges Beispiel zeigt). Komplementär heißt Ergänzung; es wird etwas Unvollständiges ergänzt, etwas

Unvollkommenes vervollkommnet. Komplementär-Transaktionen sind ergänzende Transaktionen. Sie schließen einen Kreislauf. Die Reaktion kehrt zu dem Ich-Zustand zurück, der den Reiz aussandte.

Bei der Förderung von Okay-Transaktionen bemühen wir uns, einen Ich-Zustand zu streicheln, von dem wir glauben, daß er Okay-Verhalten einlädt oder unterstützt. Wenn wir einen Nicht-Okay-Zustand streicheln, rufen wir eine Nicht-Okay-Reaktion hervor. Wenn zum Beispiel eine Person zu spät bei der Arbeit erscheint, und wir tadeln sie aus unserem *Kritischen-Eltern-Ich,* dann sprechen wir mit ihrem *Rebellischen Kind* (wir streicheln ihr *Rebellisches Kind*); deshalb ist zu erwarten, daß das rebellische Verhalten in der einen oder anderen Form weiterbesteht. Wenn wir andererseits sachlich bestimmt aus dem *Fürsorgenden-Eltern-Ich* Grenzen setzen, sprechen wir mit ihrem *Natürlichen Kind* und werden eher gehört und akzeptiert, statt fortdauernd Rebellion herauszufordern. Achte auf den Unterschied zwischen:

Kritisches-Eltern-Ich: „Sam, sehen Sie zu, daß Sie pünktlich sind, sonst fliegen Sie!“ (In schroffem Ton gesagt.)

und

Fürsorgendes-Eltern-Ich: „Sam, es ist wichtig, daß Sie pünktlich sind. Bitte sehen Sie zu, daß Sie es schaffen.“ (In ruhigem, sachlichen Ton gesagt.)

Ich beeile mich zu erwähnen, daß Sam wahrscheinlich weiterhin Murks macht, wenn ich ihn immer nur streichle, wenn er etwas vermasselt. Auch wenn ich ihm vom *Fürsorgenden-Eltern-Ich* gegenübertrete, ist es unwahrscheinlich, daß sein *Natürliches Kind* oder sein *Erwachsener* meine Konfrontation hört. Wird Sam nur für Nicht-Okay-Verhalten gestreichelt, wird er eine Abwehrhaltung einnehmen und von seinem *Rebellischen Kind* reagieren, egal woher der Reiz kommt. Denk daran: Was du streichelst, ist, was du bekommst. Wenn du Okay-Verhalten willst, streichle Okay-Ich-Zustände.

Bestimmte Ich-Zustände stimulieren gewöhnlich bestimmte andere Ich-Zustände: *Fürsorgendes-Eltern-Ich* neigt zum Beispiel dazu, das *Natürliche Kind* zu stimulieren. Es kann auch das *Fügsame Kind* stimulieren. Oder, wenn es sich an das *Eltern-Ich* eines anderen Menschen wendet, reizt es möglicherweise das *Fürsorgende-Eltern-Ich,* wie in dem Dialog, in dem Peter ein „netter Kerl" ist. Indem du „auf die Melodie" achtest, erkennst du, an wen der Stimulus gerichtet ist. Ist es ein kleines Kind, das zu einem anderen kleinen Kind spricht? Ist es ein kleines Kind, das zu einem Elternteil spricht? Ist es ein Elternteil, der zu einem anderen Elternteil spricht? Ist es ein Elternteil, der zu einem kleinen Kind spricht? Oder ist es ein Erwachsener, der zu einem anderen Erwachsenen spricht? Sehr oft wird erst klar, wohin der Reiz gesendet wurde, wenn man die Reaktion hört. Zum Beispiel fragt eine Person: „Hilfst du mir mal?" Und die andere antwortet mit beruhigender Stimme: „Sicher, gerne." Obwohl der Reiz vom *Erwachsenen-Ich* an *Erwachsenen-Ich* zu gehen schien, kam eine *Fürsorgende-Eltern-Reaktion*; deshalb ist es wahrscheinlich, daß der Reiz in Wirklichkeit von einem *Kind*-Zustand ausging.

Natürliches Kind stimuliert gewöhnlich *Natürliches Kind* oder *Fürsorgendes-Eltern-Ich. Erwachsenen-Ich* stimuliert *Erwachsenen-Ich.* Allgemein haben die wirksamen Ich-Zustände eine starke Tendenz, die wirksamen Ich-Zustände anderer zu reizen. Desgleichen kann man davon ausgehen, daß die schädlichen Ich-Zustände sehr wahrscheinlich einen schädlichen Ich-Zustand in einem anderen Menschen stimulieren:
Kritisches-Eltern-Ich stimuliert *Fügsames* oder *Rebellisches Kind.*
Rebellisches Kind stimuliert *Kritisches-Eltern-Ich.*
Fügsames Kind stimuliert *Fürsorgendes-* oder *Kritisches-Eltern-Ich.*
Zwei *Kritische Eltern* können sich zusammentun und über eine dritte Partei oder die ganze Welt herziehen.

Es ist wichtig zu erkennen, daß die Person, die einen Reiz empfängt, die alleinige Herrschaft und Kontrolle über die Reaktion besitzt. Obwohl bestimmte Ich-Zustände dazu neigen, bestimmte Ich-Zustände in anderen zu stimulieren und auch oft dabei Erfolg haben, ist ein stimulierter Ich-Zustand nicht verpflichtet, zu reagieren. Der Empfänger hat die Wahl, ob er von dem gereizten Ich-Zustand aus reagiert.

Einer deiner Ich-Zustände reizt vielleicht einen meiner Ich-Zustände, weil ich ein bestimmtes Reaktionsmuster entwickelt habe. In meinem Gehirn befinden sich von mir entwickelte, festgelegte Verhaltensschablonen; deshalb brauche ich nicht bei jedem Reiz, den ich empfange, über meine Reaktion nachzudenken. Ich habe einige ziemlich standardisierte Reaktionen auf bestimmte Stimuli gespeichert, und ich kann einfach „auf automatisch" schalten, wenn ich will, und dadurch Zeit und Energie sparen. Meine Standardreaktionen mögen wirksam sein oder nicht; einige funktionieren, andere nicht. Wenn mein *Erwachsener* das Sagen hat, kann ich, wenn ich will, den Stimulus, den ich empfange, untersuchen und dann entscheiden, ob mein gewöhnliches Reaktionsmuster unter den gebenen Umständen für mich wirksam ist. Wenn du mir deshalb eine Botschaft von deinem *Kritischen-Eltern-Ich* sendest, die wahrscheinlich mein *Fügsames* oder mein *Rebellisches Kind* reizt, kann ich bestimmen, ob ich vom stimulierten Ich-Zustand reagiere oder eine andere Reaktion wähle. Es ist auch möglich, daß deine *Kritische-Eltern-Botschaft* keinen meiner *Angepaßten-Kind-Ich-Zustände* reizt. Vielleicht höre ich die Botschaft mit meinem *Erwachsenen-Ich* und bemerke deinen Gesichtsausdruck und den Klang deiner Stimme gar nicht. Oder vielleicht bin ich abgelenkt, mit etwas beschäftigt und achte nicht auf deine Botschaft. Vielleicht mißdeute ich deine Botschaft. Wie dem auch sei, dein *Kritisches-Eltern-Ich* neigt nur dazu, mein *Angepaßtes Kind* zu stimulieren; wenn es das tut, liegt trotzdem keine Notwendigkeit vor, meinerseits mit dem angepeilten Ich-Zustand zu reagieren. Wie wir sehen werden, steht es mir frei, die Transaktion zu kreuzen, indem ich von dem Ich-Zustand meiner Wahl reagiere.

In einer gekreuzten Transaktion findet die Kommunikation zwischen drei oder vier Ich-Zuständen statt. Eine gekreuzte Transaktion unterbricht gewöhnlich die Kommunikation; d.h. entweder wechselt das Thema oder der Austausch bricht ab. Wenn ich eine Transaktion kreuze, streichle ich (sende ich einen Stimulus an) einen anderen Ich-Zustand, als den, von dem ich zuvor den Stimulus empfing. Die Pfeile in dem Diagramm verlaufen nicht parallel und sind gewöhnlich gekreuzt.

Es gibt Okay- und Nicht-Okay-Kreuztransaktionen. Es ist zum Beispiel okay, absichtlich eine Transaktion zu kreuzen, wenn jemand im *Rebellischen* oder *Fügsamen Kind* oder im *Kritischen-Eltern-Ich* ist. Glücklicherweise kann ich versuchen, einen deiner wirksamen Ich-Zustände zu wecken, wenn ich bemerke, daß du dich in einem schädlichen Ich-Zustand befindest. Um das zu erreichen, muß ich die

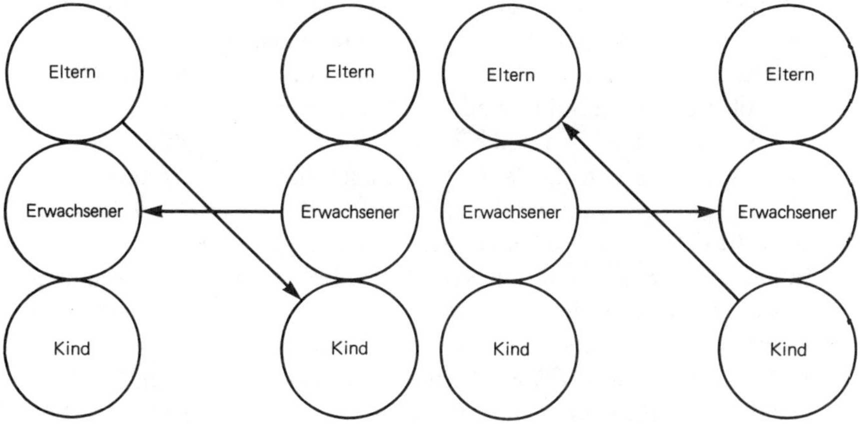

Abb. 3: Gekreuzte Transaktionen

Transaktion kreuzen. Du hast mir zum Beispiel einen Reiz von deinem *Kritischen-Eltern-Ich* geschickt; ich kann entscheiden, die Transaktion zu kreuzen, indem ich deinem *Erwachsenen* von meinem *Erwachsenen* aus antworte. Ziel des Kreuzens von Transaktionen aus einem effektiven Ich-Zustand heraus ist es, Okay-Komplementär-Transaktionen zu schaffen, so daß sachliche Informationen ausgetauscht, Arbeiten erledigt, Konflikte gelöst, Gefühle auf konstruktive Weise ausgedrückt werden können, positives Streicheln ausgetauscht werden kann und vieles mehr. Okay-Komplementär-Transaktionen helfen, uns klar zu verständigen und Aufgaben zuverlässig und effektiv zu erledigen. Und die Kreuz-Transaktion ist ein Mittel, Komplementär-Transaktionen zu schaffen.

Eine Faustregel, die mir hilfreich erscheint, ist diese: Wenn andere Leute in ihrem *Kindheits-Ich-Zustand* sind, kannst du aus deinem *Kindheits-Ich* heraus kreuzen; wenn andere in ihrem *Eltern-Ich* sind, kannst du aus deinem *Eltern-Ich* heraus kreuzen. Damit meine ich, daß du ihr *Fügsames* oder *Rebellisches Kind* durch einen Stimulus von deinem *Natürlichen Kind* an ihr *Natürliches Kind* umleiten kannst. Ihr *Eltern-Ich* kannst du durch einen Stimulus von deinem *Fürsorgenden Eltern-Ich* an ihr *Natürliches Kind* umleiten. Wenn das *Natürliche Kind* des anderen gehört und verstanden wird, ist das eine Einladung, auf *Fürsorgendes-Eltern-Ich, Erwachsenen-Ich* oder *Natürliches Kind* umzuschalten. Wird die Einladung befolgt, hast du dein Ziel, eine Okay-Komplementät-Transaktion zu schaffen, erreicht.

Theoretisch kannst du eine Transaktion von jedem effektiven Ich-Zustand aus kreuzen und damit die Wahrscheinlichkeit vergrößern, daß ein effektiver Ich-Zustand der anderen Person antwortet. Ich habe jedoch die Erfahrung gemacht, daß nicht alle Kreuztransaktionen in jeder Situation gleich gut funktionieren. Zusätzlich zu der vorher erwähnten Faustregel gibt es andere Möglichkeiten. Wenn man es zum Beispiel mit einem *Kritischen-Eltern-Ich* zu tun hat, kann man die Transaktion von seinem *Erwachsenen-Ich* aus kreuzen oder man kann anfangen, Verständnis zu zeigen (von seinem *Fürsorgenden-Eltern-Ich*) und dann auf *Erwachsenen-Ich* übergehen. Deine Aufgabe ist es, des anderen *Erwachsenen-Ich* so zu stimulieren, daß er als Reaktion darauf denkt. Ich habe festgestellt, daß die andere Person gewöhnlich dann im *Kritischen-Eltern-Ich* bleibt, wenn ich auf einen *Kritischen-Eltern-Reiz* mit meinem *Natürlichen Kind* reagiere. Das *Erwachsenen-Ich* ist eine zweite Möglichkeit, Transaktionen zu kreuzen, die von einem *Fügsamen Kind* angefangen wurden. Ich habe bemerkt, daß eine Reaktion vom *Fürsorgenden-Eltern-Ich* die andere Person einlädt, weiter im *Fügsamen Kind* zu bleiben. Der einzige Ich-Zustand, der dauerhaft schlecht auf das *Erwachsenen-Ich* reagiert, ist das *Rebellische Kind*, und in diesem Falle ist eine *Fürsorgende-Eltern-Reaktion* die zweite Möglichkeit zu der *Natürlichen-Kind-Reaktion*.

Das folgende sind einige Beispiele von wirksam gekreuzten Transaktionen:

Kritisches-Eltern-Ich: (ärgerlich) „Sie haben schon wieder alles vermasselt. Jetzt haben wir den ABC-Auftrag verloren!“
Fürsorgendes-Eltern-Ich: (verständnisvoll) „Ich kann verstehen, weshalb Sie sich so ärgern. Das war ein wichtiger Auftrag.“
Erwachsener: „Möchten Sie die Gründe hören, die man für den Wechsel zur Konkurrenz angab?“

Fügsames Kind: (seufzend) „Ich werde diesen Bericht nie rechtzeitig fertigkriegen.“

Natürliches Kind: (grinsend) „Na dann können wir ja wenigstens unsere Kaffeepause machen."
oder
Erwachsener: „Was brauchen Sie, damit Sie es doch schaffen?"

Eine weitere wichtige Faustregel ist: Wenn der Stimulus mit Ärger oder Kritik zu tun hat, reagiere zuerst von deinem *Fürsorgenden-Eltern-Ich.* Im *Fürsorgenden-Eltern-Ich* kannst du Verständnis zeigen und mitteilen, daß du des anderen Gefühle und Meinung anerkennst. Besonders, wenn jemand durch sein *Natürliches Kind, Kritisches-Eltern-Ich* oder *Rebellisches Kind* Ärger ausdrückt und seine gegensätzliche, kritische Meinung verkündet, ist es wirksam, vom *Fürsorgenden-Eltern-Ich* zu reagieren. Dadurch erfährt des anderen *Kind,* daß du Anteil nimmst oder zumindest verstehst, und dadurch wird die Chance vergrößert, daß Bereitschaft entsteht, die Angelegenheit zu klären oder den Ärger zu beenden. Die Person wird wahrscheinlich auf *Fürsorgendes-Eltern-Ich* umschalten oder auf *Erwachsenen* oder *Natürliches Kind.* Umgekehrt ist anzunehmen, daß sie sich weiter verärgert fühlt und ihre Meinung auf andere Weise wiederholt, wenn du ihre Gefühle oder Ansichten nicht anerkennst oder einfach mit deinen eigenen Standpunkten konterst. Anzuerkennen heißt nicht notwendigerweise zuzustimmen. Es ist oft schon wirksam, des anderen Gefühle oder Ideen in deinen eigenen Worten einfach noch einmal zu wiederholen und damit zu zeigen, daß du hörst, was der andere mitzuteilen versucht. (Mit dieser Idee werden wir uns noch ausführlicher in Kapitel 7 befassen.) Nach dem ersten Respons vom *Fürsorgenden-Eltern-Ich* kannst du dann auf dein *Erwachsenen-Ich* umschalten und das *Erwachsenen-Ich* des anderen streicheln.

Einfühlungsvermögen ist Macht. Wenn du die Gefühle des anderen verstehst, egal, ob du diese Gefühle für gerechtfertigt oder angebracht hältst, und wenn du des anderen Ansicht verstehst, egal, ob du damit einverstanden bist oder nicht, und wenn du dein Verstehen dem anderen signalisierst, wird diese Person viel eher deine Einladung zu Okay-Komplementär-Transaktionen annehmen. Während es keine Garantien dafür gibt, daß andere Personen auf deine Einladungen reagieren werden, wenn du in einem der Situation angemessenen Ich-Zustand bleibst und es vermeidest, ihre weniger effektiven Ich-Zustände zu streicheln, ist es sehr gut möglich, daß diese Personen umschalten wollen, um die Transaktionen zu entkreuzen und sich weiter mit dir zu verständigen. Wenn sie nicht umschalten, kannst du von dir aus die Transaktion jederzeit abbrechen, ohne die Personen zurückzuweisen. Häufig sind sie bereit, die Ich-Zustände später zu wechseln.

Wenn du erfolgreich Transaktionen kreuzt, indem du von einem deiner Okay-Ich-Zustände antwortest, wirst du schließlich Okay-Komplementär-Transaktionen schaffen. Gekreuzte Transaktionen können auch destruktiv sein, wenn ein Stimulus des *Erwachsenen, Natürlichen Kindes* oder *Fürsorgenden-Eltern-Ichs* vom *Kritischen-Eltern-Ich, Rebellischen* oder *Fügsamen Kind* beantwortet wird. Ein typisches Nicht-Okay-Kreuz ergibt sich, wenn eine *Erwachsenen-Frage* nach Information („Ist das Essen schon fertig?") fälschlicherweise als ungeduldiges Jammern des *Fügsamen Kindes* oder als Nörgeln des *Kritischen-Eltern-Ichs* gedeutet und dementsprechend beantwortet wird. Ganz offensichtlich werden Reize nicht immer im Sinne des Senders aufgenommen. Warum nicht? Ein hauptsächlicher Grund dafür ist das Phänomen der Übertragung, bei der eine Person alte Gefühle aus der Vergangenheit in die Gegenwart überträgt. Ich nenne es eine Übertragungs-Transaktion, wenn ich eine Transaktion kreuze, indem ich dir antworte, als ob du jemand anderes wärst (Mutter, Vater usw.), und dabei die gleichen alten Gefühle, die ich ihnen gegenüber hatte, in die gegenwärtige Situation mit dir übertrage. In dieser Art von gekreuzter Transaktion verdreht und mißdeutet der Empfänger den empfangenen Reiz.

Eine typische Übertragungs-Transaktion entsteht, wenn ein Vorgesetzter seinen Angestellten in sein Büro bittet (vom *Erwachsenen*), um sich einen Augenblick mit ihm zu unterhalten. Obwohl der Chef nur eine *Erwachsenen-Frage* stellen will, nimmt der Angestellte den Chef so wahr, als ob er aus seinem *Kritischen-Eltern-Ich* spricht; deshalb kommt er ängstlich in das Chefzimmer *(Fügsames Kind)* oder geladen und innerlich kochend *(Rebellisches Kind)*. Er erwartet, daß der Chef etwas tut, was dem überhaupt nicht in den Sinn kommt, oder er reagiert auf den Chef, als ob der Kritik üben will, was er auch nicht vorhat. Der Angestellte bringt alte Gefühle aus der Vergangenheit ins Spiel, Gefühle, die seine Wahrnehmung dessen, was hier und jetzt vorgeht, trüben. Er mag deshalb auch auf die leichteste Kritik oder den schwächsten Hinweis seines Chefs überreagieren. Er empfindet den Chef so, als ob er irgendeine Autoritätsperson aus seiner Vergangenheit (Vater, Mutter, Lehrer etc.) wäre und reagiert somit in seinen Transaktionen mit dem Chef unangemessen. Wenn der also fragt: „Ist das Schmitt-Angebot schon rausgegangen?" (eine einfache Frage nach Information vom *Erwachsenen*) deutet der Angestellte dies vielleicht als Nörgeln: „Wann um Himmels Willen wirst du endlich mit dem Angebot soweit sein?" oder als Kritik: „Warum in aller Welt hast du das Angebot noch nicht raus?" oder „Man kann sich nicht auf dich verlassen, daß du tust, was du tun sollst, deshalb kontrolliere ich dich." Solche Falscheinschätzungen ergeben sich durch Trübung des *Erwachsenen-Ich-Zustandes* des Angestellten. Das *Erwachsenen-Ich* ist getrübt, wenn es *Kind-* oder *Eltern-Ansichten* oder *-Einstellungen* als Tatsachen akzeptiert. Trübungen sind folgendermaßen dargestellt:

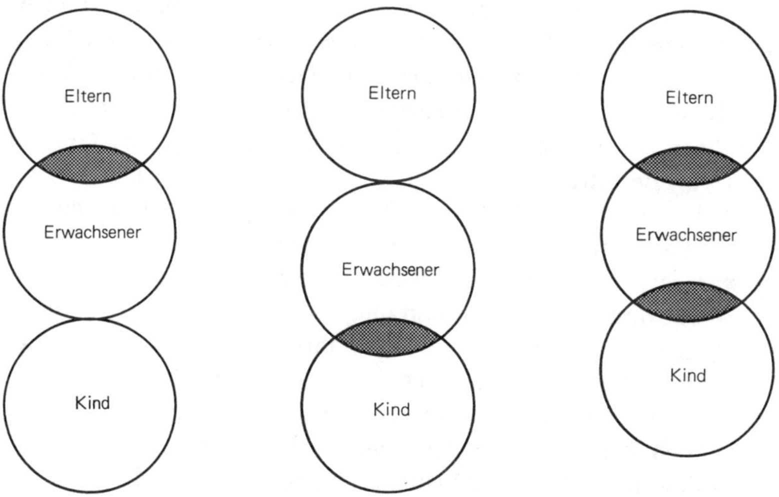

Der *Erwachsene* wird vom *Eltern-Ich* getrübt

Der *Erwachsene* wird vom *Kind* getrübt

Der *Erwachsene* wird vom *Eltern-* und vom *Kind-Ich* getrübt

Abb. 4: Trübung

Wenn ein *Erwachsenen-Reiz* einen getrübten Bereich in des Empfängers *Erwachsenen-Ich* erreicht, kann erwartet werden, daß die Reaktion aus dem an der Trübung beteiligten Ich-Zustand kommt, anstatt aus dem *Erwachsenen-Ich-Zustand* selbst. Die meisten Menschen haben zumindest einige Trübungszonen in ihrem *Erwachsenen-Ich*. Deshalb sind Übertragungs-Transaktionen sehr häufig, und sie verursachen, wie man sich vorstellen kann, eine Menge Ärger in den zwischenmenschlichen Beziehungen. Wenn ich merke, daß ich die Wirklichkeit mit Übertragungs-Transaktionen verzerre, ist das bereits ein großer Schritt hin zu meinen Fähigkeiten, angemessen auf deine Stimuli zu reagieren und unsere Transaktionen okay zu gestalten und okay zu erhalten.

Trübungen beeinträchtigen oft die Fähigkeit eines Menschen, wahrzunehmen, was wirklich vorgeht und eine Person oder ein Problem objektiv einzuschätzen. Ein Mensch, der beispielsweise negative Erfahrungen mit einem Mitglied oder Mitgliedern einer Minderheitsgruppe gemacht hat, kann die Entscheidung treffen, daß alle Personen, die zu dieser Gruppe gehören, genauso sind. Voreingenommenheit ist eine *Eltern-Trübung* des *Erwachsenen*. Eine *Kind-Trübung* des *Erwachsenen* hat oft mit ungelösten Gefühlen zu tun. Habe ich zum Beispiel ungelöste, unerledigte Gefühle von Ärger oder Angst gegenüber einem oder beiden Elternteilen, führen solche Gefühle leicht zur Beeinträchtigung meiner Fähigkeit, die Wirklichkeit zu sehen. Es ist, als ob ich einen sehr empfindlichen Punkt in meiner Psyche habe, der, wenn bloßgelegt, dazu neigt, übertrieben auf das, was vorgeht, zu reagieren oder es zu verzerren. Wenn ich meinen Vater als sehr dominierend empfand und mich als Kind entweder rebellisch oder fügsam verhielt, werde ich wahrscheinlich die gleichen Gefühle von Ärger und Angst jedem Menschen gegenüber empfinden, der jetzt Autorität über mich besitzt. Infolgedessen neige ich in vielen Situationen, bei der Arbeit oder sogar mit meinem Partner, zum Verzerren dessen, was mir die Leute sagen. Ich sehe sie so, als ob sie mein Vater oder meine Mutter wären, und ich reagiere mit den gleichen Gefühlen, die ich als kleines Kind meinen Eltern gegenüber hatte. Phobien, unnatürliche, irrationale Ängste, sind im wesentlichen *Kind-Trübungen* des *Erwachsenen*. Wahnvorstellungen und

Sinnestäuschungen stellen ernste Trübungen des *Erwachsenen-Ich-Zustandes* dar.

Transaktions-Analyse bietet eine Anzahl von Möglichkeiten und Wege, das *Erwachsenen-Ich* zu „enttrüben“. Manche kommen in der Therapie vor, und einige können, wie du sehen wirst, Do-it-yourself-Projekte sein.

Berne hat festgestellt, daß verdeckte Transaktionen auf beiden Ebenen stattfinden, der sozialen und der psychologischen; das heißt, auf einer offenen und einer versteckten Ebene. Während die Kommunikation auf beiden Ebenen stattfindet, wird die eigentliche Reaktion durch die psychologische Botschaft ausgelöst. Ein irreführender Reiz wird gesendet. Wenn eine Mutter zum Beispiel weiß, daß ihr Sohn sich an der Keksdose im anderen Zimmer zu schaffen macht und zu ihm hinüberbrüllt: „Was machst du da drüben, Tommy?“ stellt sie anscheinend eine Frage *Erwachsenen* an *Erwachsenen*, aber gleichzeitig lädt sie Tommy ein, von ihrem *Eltern-Ich* an Tommys *Kind-Ich*, sie anzulügen. Tommy reagiert, indem er sagt: „Nichts“, was nach außen wie eine *Erwachsenen-Erwachsenen-Reaktion* aussieht, auf psychologischer Ebene jedoch eine Reaktion von seinem *Kind* an ihr *Eltern-Ich* ist (Die verdeckte Transaktion ist oftmals ein Signal für den Beginn eines psychologischen Spiels, wie „jetzt hab ich dich endlich“ oder „tritt mich“, wie wir in Kapitel 5 sehen werden). Mutter kommt herein, „ertappt“ Tommy und wird böse auf ihn, weil er sie angelogen hat. Tommy hat es so arrangiert, daß er einen „Tritt bekommt“. Diese destruktive versteckte Transaktion endete mit einem Spiel. Manche sind harmloser, wie zum Beispiel die Transaktion, die sich ergibt, wenn ein Mann eine Frau in seine Wohnung einlädt, „um ihr seine Schallplattensammlung vorzuführen“. An der Oberfläche ist es ein *Erwachsenen-Erwachsenen-Stimulus* (eine Einladung, Musik anzuhören), und unter der Oberfläche ist es ein *Kind-Kind-Stimulus* (eine Laß-uns-zusammen-ins-Bett-gehen-Botschaft). Die Frau reagiert aus ihrem *Erwachsenen-Ich*, indem sie sagt: „Okay, das hört sich interessant an“, während unter der Oberfläche von ihrem *Kind-Ich* die Antwort kommt: „Ich bin interessiert.“ Diese verdeckten Botschaften werden durch Gesten, Gesichtsausdruck, Umstände, Wahl des richtigen Zeitpunkts usw. gesendet. Sogar diese gesellschaftlich akzeptierte Art von verdeckter Transaktion kann zu Problemen führen, denn die psychologische Botschaft kann später abgestritten werden („ich habe nie so etwas gesagt"). Jede verdeckte Transaktion kann der Anfang eines psychologischen Spiels sein. Im großen und ganzen sind verdeckte Transaktionen ineffektiv und laden die Leute ein, auf destruktive Art miteinander umzugehen. Ich kann verdeckte Transaktionen verhindern, wenn ich bereit bin, meine Gefühle offen auszudrücken, wenn ich um das bitte, was ich gerne möchte, und wenn ich offen und ehrlich auf verdeckte Reize, die mir gesandt werden, reagiere. Indem ich das tu, kann ich Okay-Komplementär-Transaktionen und aufrichtige Kommunikation anregen.

Wie kann ich meine eigenen Ich-Zustände wechseln?

Ein Wechsel des Ich-Zustandes kann häufig durch die einfache *Entscheidung*, einen anderen Ich-Zustand einzuschalten, herbeigeführt werden. Diese Entscheidung wird jedoch nur getroffen, wenn es spürbare Anzeichen dafür gibt, daß ein Wechsel wünschenswert ist. Solches Wahrnehmen spürbarer Anzeichen wird dadurch möglich, daß, obwohl vielleicht der größte Teil unserer Energie in einem Ich-Zustand eingesetzt ist, die anderen Ich-Zustände zur gleichen Zeit nicht ganz inaktiv sind. Wenn ich zum Beispiel im *Natürlichen Kind* bin, könnten mein *Fürsorgendes-Eltern-Ich* und mein *Erwachsener* aufpassen und sich bereithalten, einzugreifen, wenn es notwendig würde. Wenn ich die Ich-Zustände wechsle, begebe ich mich aus einem Zustand des Lebens in einen anderen; das heißt, ich kann angenehme statt schlechter Gefühle empfinden oder denken statt fühlen, zu jedem beliebigen Zeitpunkt. Die Fähigkeit, Ich-Zustände nach eigenem Willen zu wechseln, ist für jeden wertvoll. Wie viele Vertreter rutschen zum Beispiel in eine negative Gemütsverfassung, wenn sie einen Auftrag nicht an Land ziehen konnten und fahren fort, bei ihren nächsten Kundenbesuchen schlecht abzuschneiden? Der Grund, weshalb sie sich schlecht fühlen, ist, daß sie sich in ihr *Angepaßtes Kind* oder *Kritisches-Eltern-Ich* begeben oder dort bleiben. Wenn sie lernen, Ich-Zustände nach eigenem Willen zu wechseln, können sie mit ihren nächsten Kunden sehr gut klarkommen, trotz der früheren Enttäuschungen.

Mein Ziel beim Wechseln von Ich-Zuständen ist es, in *Natürliches Kind, Erwachsenen-Ich* oder *Fürsorgendes-Eltern-Ich* zu gelangen, was immer der jeweiligen Situation angemessen ist. Wie ich in welchen Ich-Zustand gelange, hängt davon ab, welchen Ich-Zustand ich persönlich vorziehe. Manche Leute finden, daß sich selbst zu umsorgen hilft. Andere ziehen es vor, logisch zu werden, um in den gewünschten Ich-Zustand zu wechseln. Um Ich-Zustände aus eigener Willenskraft zu wechseln, ist es notwendig, zu denken. Du willst vielleicht den Ich-Zustand, in dem du dich befindest, identifizieren. Oder du möchtest nur merken, daß du ein Gefühl empfindest oder dich in einem im Moment unerwünschten Ich-Zustand befindest. Diese Wahrnehmungen sind Teil des Denkprozesses, und wenn du denkst, aktivierst du automatisch dein *Erwachsenen-Ich*, dein *Erwachsener* wird Vorsitzender deiner Persönlichkeit. Er ist der Verantwortliche, und er kümmert sich selbst um eine Situation oder er beobachtet, während *Fürsorgendes-Eltern-Ich* oder *Natürliches Kind* sich mit der Situation befassen.

Die einfachste Methode, Ich-Zustände zu wechseln, ist, laut mit dir selbst zu reden, wenn du allein bist. Wenn du deine eigenen Gedanken wirklich ausgesprochen hörst, fallen dir die Verzerrungen in deinem Denken viel eher auf. Dieser Prozeß macht das *Fürsorgende-Eltern-, Erwachsenen-* und *Natürliche-Kind-Ich* auch viel mächtiger und realer für dich. Läßt es sich nicht einrichten, daß du laut Selbstgespräche führst, genügt auch ein Dialog in deinem Kopf, mit „Bruder Innerlich", oder du schreibst deine Gedanken nieder und schaust sie dir an. Kannst du deine Gedanken sehen oder hören, als ob sie von einem anderen kommen, hilft dir das, Klarheit in dein Denken zu bringen und zwischen dem, was du denkst und was du fühlst zu unterscheiden. Dies ist eine Methode, deinen *Erwachsenen* zu enttrüben, so daß *Eltern-Ich-* und/oder *Kindheits-Ich-Botschaften* nicht mit *Erwachsenen-Ich-Informationen* und der Fähigkeit, Probleme zu lösen, vermischt bleiben.

Ein Mensch kann durch das Denken an irgend etwas in seinen *Erwachsenen-Zustand* überwechseln. Während ich beispielsweise auf dem Zahnarztstuhl sitze und auf diese grauenvolle Betäubungsspritze, vor der sich mein *Kind* so fürchtet, warte, stelle ich mir mathematische Aufgaben. Diese zu lösen, zwingt mich, in meinem *Erwachsenen-Zustand* zu bleiben, so daß ich weniger Gelegenheit habe, meine *Kindheits-Angst* zu erleben. Ich glaube, die Angst vor dem Schmerz existiert im *Kindheits-Ich*, und wenn ich denke (was eine Funktion meines *Erwachsenen* ist), fühle ich die Angst nicht in dem gleichen Maße. Bei einer internen Transaktion kann ich die *Eltern-Ich-Kommentare* oder sogar die *Kind-Gefühle* von einem *Erwachsenen,* logischen Gesichtspunkt aus einschätzen, um zu entscheiden, ob sie echt sind. Eine andere Methode, die ich hilfreich fand, ist die, zurückzuverfolgen, wann ich das Gefühl zum ersten Mal empfand, wie ich anfing, es zu fühlen, was ich tat oder nicht tat, und was ich jetzt machen muß, um mit den wie auch immer gearteten unerwünschten Gefühlen, die ich empfinde, fertig zu werden. Gerate ich in mein *Angepaßtes Kind* und fühle ich mich unzulänglich, ist es mir eine Hilfe, gewissermaßen aus mir herauszusteigen und mir zu sagen: „Da ist ein kleines Kind in mir drin, das sich ganz unsicher fühlt. Es braucht Unterstützung von dem *Erwachsenen* in mir." Dann sage ich mir ein paar aufmunternde Worte oder spreche verständnisvoll mit meinem *Kind* über seine Gefühle. Empfinde ich Angst, sage ich meinem *Kind*, daß es schon recht ist, Angst zu haben und daß ich trotz Angst doch gleichzeitig effektiv sein kann. Ich beschließe vielleicht sogar, für mein körperliches Wohl zu sorgen, indem ich ein heißes Bad nehme. Ich kann entscheiden, mir ein warmes Getränk zu bereiten, so eines, das ich als Kind wohltuend empfand; oder ich esse zur nächsten Mahlzeit meine Lieblingsspeise. Es gibt unzählige Wege, wie ich meinem *Kind* helfen kann, sich besser zu fühlen, und dann kann ich mit dem, was ich zu tun habe, weitermachen.

Mit ein wenig Übung kannst du lernen, Ich-Zustände zu identifizieren, deine eigenen und die anderer, und die Art von Transaktionen zu stimulieren, die deine Bedürfnisse befriedigen und mit denen das, was zu tun ist, wirksam erledigt wird.

Kapitel 3

Weshalb braucht der Mensch Streicheleinheiten?

Es gibt vier Arten von Streicheleinheiten

Man kann nicht genug betonen, wie wichtig Streicheln in unserem Leben ist. Jedes menschliche Wesen hat ein angeborenes Bedürfnis nach Stimuli von anderen menschlichen Wesen. Wir alle brauchen Beachtung, ob wir die Notwendigkeit erkennen oder nicht: Es läuft darauf hinaus, daß die meisten emotionellen Probleme durch den Mangel an positivem Streicheln entstehen.

Eine vor Jahren von Dr. Rene Spitz[11] erarbeitete berühmte Studie zeigt klar, daß Neugeborene *physisches* Streicheln zum Überleben brauchen: Wenn man Babys nicht berührt, werden sie sterben. Mit unserem Älterwerden schwächt sich dieses Bedürfnis ab, ohne jedoch ganz zu verschwinden. Wir lernen, durch nichtkörperliches Streicheln zu überleben, und das noch immer gewünschte und benötigte körperliche Streicheln durch irgendeine Art von Aufmerksamkeit zu ersetzen. Mit anderen Worten: Ob ich dir eine runterhaue, dir sage, daß ich dich hasse oder dich mag, dir einen Kuß gebe oder dich anschaue, ich gebe dir damit Beachtung, die von deinem *Natürlichen Kind* gebraucht wird.

Es gibt vier Arten von Streicheln:
positiv bedingtes,
positiv bedingungsloses,
negativ bedingtes,
negativ bedingungsloses.

Das Wort „bedingt" heißt, ich streichele *Verhalten* („das hast du gut gemacht", „ich mag, wie du dein Haar kämmst" etc.). „Bedingungslos" bezieht sich darauf, jemanden als Person zu streicheln

(„ich liebe dich“, „ich hasse dich“, nicht zuzuhören, wenn jemand mit dir spricht, eine Person stirnrunzelnd anzuschauen, wenn sie den Raum betritt). *Bedingtes Streicheln ist für Tun, bedingungsloses ist für Sein.*

Beispiele für positives bedingtes Streicheln sind: „Du leistest gute Arbeit“, „ich mag dein Haar“, „das ist ein wunderschöner Pullover, den du da trägst“, „du spielst fabelhaft Tennis“. Beispiele für bedingungslos positives Streicheln sind ein Lächeln, wenn du den Raum betrittst, ein freundschaftlicher Klaps, jemanden um seine Meinung bitten, „ich liebe dich“ sagen. Ein negativ bedingtes Streicheln ist, wenn ich dir sage, was mir an deinem Verhalten nicht gefällt: „Die Arbeit hast du nicht gut gemacht“, „du machst immer Fehler!“ „dein Haar ist zu lang“, „deine Tischmanieren sind grauenhaft“. Beispiele für negativ bedingungsloses Streicheln sind unflätiges Titulieren, jemanden mitten in einem Satz zu unterbrechen, nicht reagieren, wenn man angesprochen wird und sagen: „Ich mag dich nicht.“

Im menschlichen Zusammenleben gibt es einen Platz für positiv bedingtes Streicheln und für positiv bedingungsloses Streicheln, denn beides führt zu Okay-Gefühlen für den Sender wie für den Empfänger, und es befriedigt das *Kindheits-Ich-Bedürfnis* nach Streicheln. Es gibt auch einen Platz für *konstruktives* negativ bedingtes Streicheln. Wir können davon lernen, und es benutzen, um anderen zu helfen, ihre schädlichen Verhaltensmuster zu ändern. Konstruktives negativ bedingtes Streicheln geht vom *Fürsorgenden-Eltern-Ich, Erwachsenen-* oder *Natürlichen-Kind-Ich* aus. Als Reaktion auf dein Zu-spät-zu-einer-Verabredung-Kommen kann ich zum Beispiel von meinem *Natürlichen Kind* sagen: „Ich bin wütend auf dich, weil du so spät kommst.“ Von meinem *Erwachsenen-Ich* kann ich sagen: „Weißt du, daß du 45 Minuten Verspätung hast? Wirst du das nächste Mal pünktlich sein?“ Ich kann von meinem *Fürsorgenden-Eltern-Ich* sagen: „Sei bitte pünktlich.“ Weil dieses negative Streicheln *bedingt* ist, (ich spreche über dein Verhalten, nicht über dich als Person) und weil es von einem meiner effektiven Ich-Zustände kommt, ist es leichter für dich, es zu akzeptieren.

Destruktives negativ bedingtes Streicheln kommt gewöhnlich vom *Kritischen-Eltern-Ich* oder vom *Rebellischen Kind*. Als Reaktion auf die gleiche Situation sagt das *Kritische-Eltern-Ich* vielleicht: „Tust du niemals das, was du versprichst zu tun? Du bist *nie* pünktlich". Das *Rebellische Kind* mag sagen: „Ich werde nie wieder auf dich warten! Ich bin immer pünktlich und du kommst immer zu spät!" Das ist schwerer zu akzeptieren, weil es von einem meiner ineffektiven Ich-Zustände kommt. Es kann in der Tat ein negativ *bedingungsloses* Streicheln daraus werden, wenn meine Stimme und mein Gesichtsausdruck dir anzeigen, daß du als Person nicht okay bist. Es ist klar, daß ich mich vergewissern muß, daß mein negatives Streicheln bedingt ist und daß es von meinem *Fürsorgenden-Eltern-, Erwachsenen-* oder *Natürlichen-Kind-Ich* kommt, wenn ich dir helfen will, dein Verhalten zu ändern.

Es gibt keinen Platz für negativ bedingungsloses Streicheln, da dessen Botschaft lautet: „Du bist nicht o.k., bist schlecht, unwichtig, wertlos." Negativ bedingungsloses Streicheln ist höchstgradig destruktiv und besitzt keinen ausgleichenden sozialen Wert irgendeiner Art; und doch fordern viele Menschen solches Streicheln heraus, und viele sind bereit, es zu verabreichen. Erkenne ich die Wichtigkeit des Streichelns, werde ich nach positivem Streicheln für mich selbst streben, positives oder konstruktiv negatives Streicheln geben und negativ bedingungsloses weder annehmen noch geben.

Warum sind die Menschen auf negatives Streicheln aus, und warum nehmen sie es an?

Erinnern wir uns: Streicheln ist Streicheln. In Verbindung mit unseren Überlebensbedürfnissen kommt es wirklich nicht darauf an, ob Streicheln negativ oder positiv ist — jedes Streicheln wird dem Ganzen zuaddiert, und irgendein Streicheln ist immer noch besser als überhaupt keines. Der Mensch kann seinen Streichelbedarf durch negatives Streicheln, positives Streicheln oder durch eine Kombination dieser beiden befriedigen. Habe ich nicht gelernt, wie ich genügend positive Streicheleinheiten bekomme, werde ich negative herausfordern. Werde ich nicht genügend gestreichelt, wenn ich meine Sache gut mache, werde ich dazu neigen, Sachen falsch zu machen, um dafür gestreichelt zu werden.

Die meisten von uns handeln immer noch nach Entscheidungen, die wir als Kinder über das Streicheln trafen. Jeder von uns gewöhnte sich an ein bestimmtes Streichelniveau, eine bestimmte Mischung von positiver und negativer Beachtung. Wir können unsere Entscheidungen jedoch ändern und unser Verlangen nach negativem Streicheln aufgeben. Und wir können auch aufhören, die Anzahl der positiven Streichelwerte, die wir beziehen, zu beschränken. Im allgemeinen wird sich die Neigung, negatives Streicheln zu suchen, verringern, wenn der Mensch positives Streicheln akzeptiert, gibt und verlangt. Wenn der Mensch andererseits daran gewöhnt ist, negativ gestreichelt zu werden und das Geben und Annehmen positiven Streichelns lieber mißachtet, wird er fortfahren, negatives Streicheln herauszufordern und zu akzeptieren, um seinen Streichelbedarf zu decken.

Zwischen den allgemeinen Streichelmustern ihrer frühen Familienbeziehungen und wie die Menschen positives und negatives Streicheln später akzeptieren, besteht gewöhnlich ein direkter Zusammenhang. Wurde dem Menschen im Kindesalter viel positive Beachtung geschenkt, hat er eine größere Chance, positives Streicheln zu akzeptieren und negatives abzuweisen — und umgekehrt. Er ist jedoch nicht lebenslang auf diese Streichelökonomie, die er als Kind erlebte, festgelegt. Beispielsweise kann ein Kind, das in einer Familie mit negativen Streichelzuteilungen aufwächst, die Entscheidung treffen, andere nicht so zu behandeln, wie es selbst von Papa und Mama behandelt wird. Wenn es einmal selbst Kinder hat, wird es viel besser im Geben von positiven Streichelzuwendungen sein, als seine Eltern ihm gegenüber waren, denn *es hat die Entscheidung getroffen,* die Streichelökonomie zu ändern.

Unternehmen und Familien können eine positive oder eine negative Streichelmentalität haben. Die Beschäftigten streicheln sich zum Beispiel regelmäßig gegenseitig auf sarkastische Weise. In demselben Betrieb kommt es selten vor, daß Vorgesetzte positiv streicheln; gewöhnlich verteilen sie negative Streicheleinheiten.

In unserer Kultur finden sich viele ungeschriebene Gesetze und Mythen über das Streicheln. Eine dieser Mythen ist, daß es nicht genügend positives Streicheln gibt, um für alle zu reichen. Es scheint tatsächlich eine Streichelknappheit zu herrschen, die jedoch künstlich, durch Regeln erzeugt ist, die vorschreiben, wer wen und unter welchen Umständen streicheln darf. Es scheint eine regelrechte Angst zu existieren, daß die Streichelvorräte erschöpft werden könnten, wenn zu großzügig damit umgegangen wird (Natürlich wird positives Streicheln nie aufgebraucht!). Es ist gegen die Regeln, etwas Nettes über sich selbst oder etwas Nettes direkt über jemand anderen zu sagen. Es ist okay, sarkastisch zu sein oder sich selbst herabzusetzen. Die Regeln besagen, daß es nicht okay ist, positives Streicheln haben zu wollen, und daß es nicht okay ist, Streicheln abzulehnen, das du nicht haben wolltest. Das trifft in Familien und im Geschäftsleben wie auch in gesellschaftlichen Beziehungen zu. Menschen, die sich an diese Regeln halten, fühlen sich oft ganz schön hilflos, weil sie denken, daß sie zu nehmen haben, was ihnen gegeben wird, und daß sie nicht geradeheraus nach dem fragen dürfen, was sie gerne hätten. Wenn du deine Bedürfnisse und Wünsche nicht gerade ausdrückst, wirst du es auf krumme Weise tun, außerhalb deiner *Erwachsenen-Wahrnehmung*. Aller Wahrscheinlichkeit nach stehst du, wenn du dich nach dem ungeschriebenen Streichelgesetz richtest, am Ende mit negativen statt mit positiven Streicheleinheiten da.

Wenn Menschen die Bedürfnisse ihres *Natürlichen Kindes* nach Streicheln (zu bekommen, was sie wollen, auszudrücken, was sie fühlen) als unwichtig abtun, werden sie häufig essen, trinken, rauchen, einkaufen, Spiele spielen, sich abkapseln, niedergeschlagen sein, krank werden usw. Kurzum, sie benutzen krumme, indirekte, oft unwirksame Methoden, um das zu kriegen, was sie haben wollen oder um auszudrücken, wie sie fühlen. Diese alten Methoden wurden in der Kindheit erlernt, wenn die Bedürfnisse und Wünsche des *Natürlichen Kindes* nicht erfüllt wurden.

Wenn du feststellen willst, ob du vielleicht dein *Natürliches Kind* mißachtest, schlage ich vor, du machst eine gedankliche oder schriftliche Notiz jedesmal, wenn du nach einer Zigarette greifst, an den Kühlschrank gehst oder dir einen Drink mixt. Frag dich einfach nur: „Was will ich haben, oder was fühle ich, das ich nicht gerade ausdrücke?" Mehr als einmal wirst du feststellen, daß ein Wunsch oder ein Gefühl mißachtet worden ist. Wenn du dich um das bemühst, was du willst oder sagst, wie du dich fühlst, statt dich mit einer der oben erwähnten Verhaltensweisen zu beschäftigen, wirst du deine Wünsche und Bedürfnisse viel zufriedenstellender erfüllen und deine Gefühle ausdrücken. Menschen, die essen, statt Streicheln zu bekommen, Gefühle auszudrücken oder andere Bedürfnisse oder Wünsche zu erfüllen, haben oft „schwerwiegende" Gewichtsprobleme. Als ich TA-Theorie in einem bekannten Schlankheits-Institut lehrte, hat man diesem Punkt rasch zugestimmt. Ich bin überzeugt, daß Gewichtsabnahme oft nur vorübergehend ist, weil die Menschen noch keine neue Methode entwickelt haben, Gefühle auszudrücken und Wünsche erfüllt zu bekommen. Folglich kehren sie zu ihrem alten Verhalten und zu ihrem alten Gewicht zurück.

Die Streichelregeln sind noch strikter und komplexer, wenn es sich um *körperliches* Streicheln handelt. Zweifellos kannst du dutzende von Regeln dafür aufzählen, wer wen, wann, wo, wie und warum berühren darf. Daraus ergibt sich, daß nur wenige Menschen soviel körperliches Streicheln erhalten, wie sie gern haben möchten. Die meisten ersetzen deshalb dieses Zukurzkommen durch andere Arten von Streicheln und fühlen sich dennoch so, als ob irgendetwas in ihrem Leben fehlt. Sie werden sich vielleicht selbst streicheln, indem sie zuviel essen, trinken oder rauchen. Viele Leute kaufen etwas, um sich selbst oder andere zu streicheln. Statt andere zu streicheln, schenken sie ihnen materielle Dinge. Wir leben in einer Gesellschaft, in der Essen, Trinken, Rauchen und Einkaufen okay ist und es wenige „Tu's-nicht"-Gebote in diesem Zusammenhang gibt. Deshalb versuchen viele von uns, eigene Bedürfnisse auf diesen Gebieten zu erfüllen, statt in den befriedigenderen Bereichen, in denen viel mehr Verbote bestehen.

Warum lehnen die Menschen positives Streicheln ab?

So absurd es auch klingen mag, in unserer Kultur ist es unhöflich, positives Streicheln einfach *anzunehmen;* den meisten Menschen wurde beigebracht, Streicheln auf die eine oder andere Weise abzulehnen. Wenn man ihnen zum Beispiel ein Kompliment macht, bleibt eine Resonanz darauf häufig ganz aus (manchmal wird darauf reagiert, indem rasch das Thema gewechselt wird) oder es wird abgestritten: „Oh, ich habe das wirklich nicht so gut gemacht wie ich eigentlich hätte können..." Diese Art von Erwiderung soll höflich, bescheiden und beinahe patriotisch sein.

Statt ein Streicheln „einsinken" zu lassen, fängt der Mensch häufig sofort an, über eine Erwiderung nachzudenken, mit der er „sich revanchieren kann". Diese Art von Erwiderung schwächt das Streicheln ab, so daß es wenig Befriedigung für beide Parteien gibt. Es ist traurig, aber wahr, daß die Mehrzahl der Menschen es schafft, durch Abschwächen, Dementieren und Ablenken das Annehmen vieler positiver Streicheleinheiten zu vermeiden, obwohl sie dieses Streicheln will und braucht.

Andererseits wurde den meisten Menschen beigebracht, daß sie negatives Streicheln *annehmen müssen*. Es ist gewöhnlich einfach zu erkennen, wenn Menschen negatives Streicheln annehmen — sie sehen ärgerlich, verletzt, gekränkt, defensiv aus — und man merkt, daß solche Zuwendungen große Wirkung bei ihnen erzielen. Die meisten dieser negativen Streichelgaben sind nicht konstruktiv und werden vom Empfänger weder gewollt noch benötigt. Warum also werden sie dann angenommen? Claude Steiner legt nahe, daß es viel vernünftiger ist, positives Streicheln zu akzeptieren und negatives abzulehnen. Ich muß dem zustimmen — es ist viel sinnvoller, meine Batterie positiv zu laden als negativ zu entladen. Ganz sicher haben wir Möglichkeiten, Streichelgaben zu filtern, sonst hätten wir keinen Erfolg im Fernhalten positiven Streichelns und würden das Negative nicht mit voller Wucht in uns eindringen lassen. Durch Üben können wir lernen, die alten Streichelregeln zu wechseln, Filterungsprozesse umzukehren und uns positivem Streicheln zu öffnen, während wir das negative Streicheln abprallen lassen. Wir können auch negatives Streicheln, das für uns hilfreiche Informationen enthält, verwenden: Wir können die Informationen hereinlassen und benutzen, doch jede Einladung, sich schlecht zu fühlen, die mitgesendet wird, lassen wir draußen. Wenn wir das Streicheln auf diese Weise untersuchen und filtern, haben wir die Möglichkeit, von negativem Streicheln zu lernen, ohne ärgerlich, gekränkt oder defensiv zu werden. Wir vermeiden dadurch, daß wir für uns nützliche Informationen oder Erkenntnisse über die Rückwirkung unseres Verhaltens verpassen. Gesunde Okay-Menschen tun von Zeit zu Zeit Nicht-Okay-Dinge. Sie sind bereit, Kritik zu akzeptieren; sie filtern und benutzen sie für ihre Weiterentwicklung.

Wie kann ich positives Streicheln akzeptieren und andere dazu bringen, es von mir anzunehmen?

Wenn du eine positive Streichelzuwendung erhältst, laß sie einen Augenblick lang „einsinken" und sag dann einfach „danke!" Wenn du das Streicheln fühlst, wirst du sicherlich lächeln. Achte einmal darauf, wie ein Kind positives Streicheln annimmt: Ein spontanes Strahlen und ein Ausdruck der Freude erscheint gewöhnlich auf seinem Gesicht. Das trifft auch auf Erwachsene zu — ein Lächeln und ein „Dankeschön" sind meistens deutliche Anzeichen dafür, daß eine Zuwendung angenommen wurde. Machst du jemandem ein Kompliment, und er oder sie dreht und wendet sich, um es abzuweisen, bitte die Person einfach, das Kompliment anzunehmen. Das kann in lockerer Weise vom *Kindheits-Ich* geschehen: „Mensch, ich habe dir gerade ein Kompliment gemacht und du nimmst es nicht an!" Oder: „Bitte, nimm mein Kompliment entgegen."

Du kannst auch negatives Streicheln auf humorvolle Art ablehnen. Ich habe kürzlich in Gegenwart einer Dame gesungen und sie reagierte darauf, indem sie mich fragte: „Was hast du mit dem Geld gemacht?" Ich fragte: „Was für Geld?" Und sie erwiderte: „Das Geld, das dir deine Mutter für den Gesangunterricht gegeben hat." Statt mich schlecht zu fühlen, grinste ich und bemerkte: „Ich dachte, du hättest ein besseres Ohr für Musik."

Wie kann ich mehr positives Streicheln erhalten?

Es gibt vier Wege, Streicheln zu erhalten: Etwas leisten, Streicheln verlangen, andere streicheln, sich selbst streicheln. Wenn du etwas „leistest", tust du etwas, das darauf abzielt, irgendeine Art von Lob oder Kompliment hervorzulocken. Eine Leistung wird dir oft ein positiv bedingtes Streicheln einbringen. Zum Beispiel lehre ich gern TA, weil ich einen Dienst leiste, und außerdem macht es mir sehr viel Spaß, für meine gute Arbeit als Lehrer gestreichelt zu werden. Es scheint mir so, als ob die meisten Menschen die größte Anzahl von positiven Zuwendungen durch Leistung erhalten. Manchmal wird das jedoch übertrieben. Sie tun Dinge, nur um Streichelzuwendungen zu erhalten, nicht weil es ihnen Spaß macht, und sie verbringen schließlich einen großen Teil ihrer Zeit damit, Dinge zu tun, die ihnen eigentlich keine Freude bereiten.

Wenn du Streichelzuwendungen möchtest und sie nicht bekommst, rate ich dir, sie zu verlangen. Mach das so präzise wie möglich; zum Beispiel: (Angestellter zum Chef) „Wie fanden Sie meinen letzten Bericht?“ Oder: „Was mache ich Ihrer Meinung nach am besten?“ Wenn ich meine Schüler einlade, auf diese Weise Streicheln zu verlangen, gibt es gewöhnlich einen Hagel von Einwänden wie „ja, aber...“ und „das könnte ich niemals...“ und „du wirst dein Streicheln schon kriegen, aber man wird es gar nicht so meinen“ und „wozu soll das gut sein, wenn man erst darum bitten muß“. Zuerst einmal: Wenn ich etwas haben möchte und es nicht bekomme, verlier ich nichts, wenn ich darum bitte, sondern kann höchstens gewinnen. Wenn meine Bitte abgelehnt wird (und beachte, ich sagte *meine Bitte,* nicht *ich,* denn ich behalte mir das exklusive Recht vor, mein Okay-Sein als Person selbst zu definieren), habe ich nichts verloren. Um Streicheln zu bitten, ist oft schwierig, da die Menschen Angst haben, zurückgewiesen zu werden. Es ist wichtig, sich daran zu erinnern, daß das *Ablehnen einer Bitte* nicht bedeutet, *du* bist abgelehnt. Wenn du von einer Ich-bin-okay-Grundposition aus bittest, und die andere Person reagiert nicht in der von dir gewünschten Weise, bist du doch immer noch okay. Du stehst nicht schlechter da als vorher. Es ist jedoch viel wahrscheinlicher, daß eine Anfrage aus der Ich-bin-okay-Position die Reaktion hervorbringen wird, die du haben möchtest; die Chancen stehen ziemlich gut, daß du gewinnst, wenn du gewillt bist, positives Streicheln zu verlangen. In Verkaufsorganisationen ist dies vielleicht das größte Problem, das Verkäufer haben: Sie neigen zu der Befürchtung, daß sie persönlich abgelehnt werden könnten, wenn sie um einen Auftrag bitten. In Wirklichkeit lehnt die andere Person nur die Bitte oder den Vorschlag ab. Sie kann nicht dich ablehnen.

Es gibt eine Begründung für die weitverbreitete Befürchtung, daß Streicheln auf Verlangen nicht aufrichtig gemeint ist. Sie beruht wahrscheinlich darauf, daß sich der Empfänger bei vielen dieser Streichelgaben nicht so richtig wohl fühlt und sie schwer anzunehmen sind, weil sie vom *Angepaßten Kind* des anderen kommen. Manche Leute streicheln, nicht weil sie es vom *Natürlichen Kind* oder vom *Fürsorgenden-Eltern-Ich,* „wollen", sondern weil sie streicheln „sollten". Sie haben Anweisungen von ihrem *Eltern-Ich* oder vom *Eltern-Ich* einer anderen Person, und ihr *Angepaßtes Kind* befolgt diese Anweisungen. Es ist kein Wunder, daß solches Streicheln als unaufrichtig ankommt. Manche Leute sind zum Beispiel sehr darauf bedacht, Geschenke zu machen, die ungefähr soviel kosten, wie Geschenke, die sie erhielten. Oder sie machen Geschenke, weil es die entsprechende Jahreszeit ist, und nicht, weil sie wirklich den Wunsch haben, jemandem etwas zu schenken. Jedesmal, wenn mein *Natürliches Kind* beim Schenken nicht dabei ist, verliert das, was ich gebe und wie es angenommen wird, an Bedeutung. Gewöhnlich wählte ich Geschenke einzig und allein danach aus, was meiner Meinung nach dem anderen gefallen würde, egal, ob ich das Geschenk selbst mochte oder nicht. Ich entdeckte, daß wir beide, der Empfänger und ich, viel mehr Freude an einem Geschenk hatten, wenn ich zuerst prüfte, ob ich wirklich etwas schenken wollte und dann gründlich überlegte, welches Geschenk nicht nur ihm, sondern auch mir Freude machen würde. Hast du Bedenken, daß du einen unaufrichtigen Respons von jemandem hervorlockst, kannst du um eine Streichelzuwendung bitten, indem du sagst: „Ich möchte wirklich wissen, wo du stehst. Wirst du mir bitte ehrliche Antworten auf die Fragen geben, die ich dir jetzt stellen werde?" Dann äußere deine Fragen.

Manchmal fühlst du dich nicht richtig wohl, wenn du positiv gestreichelt wirst, weil du es einfach nicht gewöhnt bist, gestreichelt zu werden oder weil du noch auf *Eltern-Botschaften* hörst, die dir sagen: „Nimm kein positives Streicheln an, es ist nicht höflich" oder „Du verdienst es nicht" oder „Du solltest kein Streicheln für diese

Leistung annehmen, denn sie ist nicht hundertprozentig" usw. Ich lade dich ein, das Annehmen und Genießen von positivem Streicheln zu üben.

Ein anderer Grund dafür, daß man sich bei manchen Streichelzuwendungen „nicht wohl fühlt" ist, daß sie das sind, was Claude Steiner als „Plastic Fuzzies" (unechtes Streicheln) bezeichnet.[12] An der Oberfläche mag dieses Streicheln gut aussehen und sich auch angenehm anfühlen, es enthält jedoch etwas Negatives, das wir nicht akzeptieren wollen. Eine unechte Streichelgabe ist wie eine Pille mit Zuckerüberzug. Wir schlucken sie vielleicht, um dann festzustellen, daß sie einen schlechten Geschmack hinterläßt. Wenn ich zu einer Frau sagen würde: „Mensch, du denkst wirklich wie ein Mann", könnte das unechtes Streicheln sein. Es enthält einen Anflug von Kritik (Frauen sind nicht so klug wie Männer; du bist eine Frau; schade, aber du machst deine Sache trotzdem ganz gut, Liebes), die sie vielleicht nicht annehmen will. Wenn dem so ist, kann sie diese Streichelzuwendung „filtern". Sie kann den Teil, der ihr gefällt, annehmen („Mensch, du bist wirklich nicht auf den Kopf gefallen!") und lehnt es ab, den Teil anzunehmen, der ihr nicht gefällt. Du brauchst kein Streicheln anzunehmen, das du nicht willst, auch wenn es ein positives Streicheln ist. Du hast die Wahl, nur das anzunehmen, was dir gefällt, was gut für dich ist. Wenn dir jemand ein unechtes Streicheln anbietet, und ein Teil davon gefällt dir, kannst du diesen Teil annehmen und den Rest wegwerfen.

Ein guter Grund, Streicheln zu verlangen, ist der, daß es helfen kann, eine knappe Streichelökonomie zu beleben; d.h. es ist eine weitere Möglichkeit, mehr Streichelwerte in Umlauf zu bringen. Wenn du anderen vormachst, daß es okay ist, positives Streicheln zu verlangen und anzunehmen, wird dein Beispiel Schule machen. Es ist wahrscheinlich, daß als Resonanz auf dein Beispiel die Menschen in deiner Umgebung anfangen, mehr positives Streicheln zu verlangen, zu bekommen und zu akzeptieren. Wenn du Streicheln großzügig gibst, erhalten dadurch die anderen von dir die Erlaubnis, dich zu streicheln (Ich habe zum Beispiel oft Frauen, mit denen ich ausging, Komplimente über ihren hervorragenden Geschmack in bezug auf Männer gemacht). Auch hier wird die Erlaubnis erteilt, indem du ein

Beispiel des Verhaltens gibst, das du erwartest. Wenn du Zuwendungen gibst, einfach nur weil du dazu Lust hast, werden die anderen gewöhnlich darauf reagieren, indem sie das gleiche tun.

Wie ich bereits sagte, ist das Geben von Streichelzuwendungen eine Möglichkeit, Streichelzuwendungen zu erhalten. Ich will damit jedoch nicht vorschlagen, ausschließlich zu dem Zweck zu streicheln, um Streicheln als Gegenleistung zu erhalten. Die Menschen spüren das häufig instinktiv und reagieren nicht wie erwartet. Streicheln, das gegeben wird, nur um zurückgestreichelt zu werden, ist wirklich ein unechtes Streicheln und nicht aufrichtig gemeint. Wenn du Leute jedoch streichelst, weil du es wirklich aufrichtig meinst, wirst du oft von ihnen geeignetes Streicheln empfangen.

Wenn du Leute streichelst, führst du ihnen vor, daß es auch für sie okay ist, umgekehrt dich zu streicheln. Ein Vorbild sein ist die überzeugendste Art, Erlaubnis zum Streicheln zu erteilen. Ich habe bemerkt, daß Eltern oder die führenden Leute eine Firma, die bereit sind, ihrer Belegschaft offenes Streicheln zu geben, dadurch eine Atmosphäre schaffen, in der sie von den Menschen ihrer Umgebung wieder positiv gestreichelt werden. Die Leute haben Positives über andere zu sagen, und es fällt ihnen leicht, ernsthafte Komplimente zu machen, die echte Anerkennung finden.

Die vierte Möglichkeit, gestreichelt zu werden, ist, dich selbst zu streicheln, in deinem Kopf und auch durch laut ausgesprochene Zuwendungen. Ich merke oft, daß manche Leute anfangen zu lachen oder spöttisch grinsen, wenn ich laut etwas Nettes über mich selbst sage. Ich verletzte die Streichelregeln, und das ist beinahe schon ein Sakrileg. Ich tröste mich mit dem, was der berühmte Rabbi Hillel vor mehreren hundert Jahren sagte: „Wenn ich nicht für mich bin, wer wird für mich sein? Wenn ich nur für mich bin, was bin ich dann schon? Und wenn nicht jetzt, wann dann?“ Ich weiß, daß es okay ist, mich selbst zu streicheln. Das nervöse Lachen, das ich manchmal von Leuten höre, die erst anfangen, TA kennenzulernen, stammt von der Erkenntnis, daß es vielleicht doch okay ist, mit diesen alten Regeln zu brechen und anzufangen, die Streichelgaben zu erhalten, die sie wollen und brauchen. Ihrem *Kind* macht es vielleicht einen Riesenspaß, mit anzusehen, wenn einer gegen die Regeln verstößt. Auch hier mache ich den anderen neue Verhaltensweisen vor; von denen ich überzeugt bin, daß sie auch bei ihnen wirken werden.

Wenn ich nette Dinge über mich selbst sage, ist es nicht nötig, jemand anderen herabsetzend zu behandeln. Sage ich etwas Nettes über mich, stellt das eine gewöhnliche Form von Angeberei dar, die eigentlich anstößig ist; Beispiel: „Wenn *ich* Transaktions-Analyse lehre, tue ich es auf die *richtige* Weise." Achte bitte auf die hierin angedeutete *andere-sind-nicht-okay*-Botschaft. Wenn ich mich jedoch auf ehrliche und richtige Weise streichle („Wenn ich Transaktions-Analyse lehre, leiste ich gute Arbeit"), dann erregt das keinen Anstoß, ausgenommen bei den *Kritischen Eltern* bestimmter Leute. Ich denke, es ist wert, wiederholt zu werden, daß viele Menschen ihr Leben mit dem vergeblichen Bemühen verbringen, sich an anderer Leute *Kritische Eltern* anzupassen: „Was werden *sie* denken?" Das *Kritische-Eltern-Ich* in meinem Kopf und das *Kritische-Eltern-Ich* anderer Leute wird mich definitionsgemäß *nie* akzeptieren, weshalb ich beschlossen habe, mir um die abträglichen Persönlichkeitsteile anderer Menschen oder um meine eigenen keine Sorgen zu machen. Wenn ich mit jemanden eine Beziehung eingehe, wünsche ich mir, daß mich diese Person aus ihrem *Natürlichen Kind* mag, aus ihrem *Erwachsenen* denkt, daß ich klug bin und aus ihrem *Fürsorgenden-Eltern-Ich* einfühlsam ist. Ich mache mir keine Sorgen darüber, daß ich von dem Teil dieser Person angenommen werde, der mich sowieso nie akzeptieren wird. Das bedeutet nicht, daß ich konstruktive Kritik an meinem Verhalten von dem *Kritischen-Eltern-Ich* dieser Person nicht annehmen würde; ich würde jedoch mein eigenes Filtersystem benutzen, um zu entscheiden, ob die Kritik begründet ist. Im wesentlichen werde ich die *Kritischen-Eltern-Anteile* „aussieben" und nur die sachliche *Erwachsenen-Information,* die in der Kritik enthalten ist, einlassen. Ich bin es mir selbst schuldig, objektiv auf alle Arten von Hinweisen, die für mich nützlich sind, zu hören und zu reagieren, ungeachtet ihrer Herkunft.

Wie bereits erwähnt, kann ich mich auch selbst in meinem Kopf streicheln. Mein *Fürsorgendes-Eltern-Ich* kann unterstützende, schmeichelhafte und tröstende Zuwendungen an mein *Natürliches Kind* richten, jederzeit, ganz besonders dann, wenn mein *Kind* Streicheln gut gebrauchen kann. Wenn ich mich schlecht fühle, kann ich zu mir sagen: „Da ist ein kleines Kind in dir drin, dem etwas wehtut, oder das wirklich Streichelhunger hat; darum gib ihm, was es braucht“. Ich kann mich darauf aufmerksam machen, das mein *Fürsorgendes-Eltern-Ich* entwickelt wurde, damit es sich um *mich* kümmert, am Anfang, und daß es jetzt immer noch zu diesem Zweck gebraucht wird. Eine meiner ausgiebigsten Streichelquellen war und ist mein eigenes *Fürsorgendes-Eltern-Ich*. Ich erinnere mich an eine Situation, in der ich mich entschlossen hatte, einem bekannten Trans-aktions-Analytiker vor tausend Menschen zu begegnen. Mein kleines *Kind* hatte Angst und brauchte das Gefühl der Sicherheit; so sagte ich von meinem *Fürsorgenden-Eltern-Ich* Dinge wie „Du wirst es gut machen. Du verstehst mit Leuten umzugehen.“ Bei diesen und anderen beruhigenden Botschaften fühlte sich mein geängstigtes *Kind* besser und mein Treffen war erfolgreich.

Ich bitte dich eindringlich, deinen *Erwachsenen* zu benutzen, um die Streichelregeln zu untersuchen und zu entscheiden, welches Streicheln du behalten möchtest, und welches du nicht beachtest. Du wirst sicherlich überrascht sein festzustellen, wie oft es okay ist, zu streicheln und gestreichelt zu werden, zu berühren und berührt zu werden. Warum umarmst du nicht deinen Sohn oder deinen besten Freund? Warum gibst du nicht jemandem bedingungsloses Streicheln, wenn dir danach ist? Warum sagst du nicht nette Dinge über dich, laut? Wenn du deinen *Erwachsenen* einschaltest, um dein Verhalten zu leiten und aufhörst, schädlichen Streichelregeln zu folgen, kannst du das positive Streicheln, das du gibst und erhältst, vervielfachen. Bereitet es dir Schwierigkeiten, positives Streicheln zu verlangen, zu akzeptieren und zu geben, kannst du durch Übung die richtigen Verhaltensweisen erlernen. Auch wenn es dir anfangs komisch vorkommen mag, und du ein Gefühl hast, „nicht Du“ zu sein, wird dir dieses Verhalten bald zur zweiten Natur werden. Die Ergebnisse des Gebens, Annehmens und Verlangens von Streicheln sind sehr positiv. Indem du diese Dinge tust, wirst du andere einladen, das gleiche zu tun.

Kapitel 4

Warum tun die Menschen immer und immer wieder das gleiche?

Wir alle haben schon Leute getroffen, die etwas „fast" schaffen oder die wieder und wieder versagen oder die nicht wirklich anfangen zu leben, bis sich etwas ganz Bestimmtes ereignet (zum Beispiel „wenn die Kinder mit ihrer Ausbildung fertig sind, werden wir uns ein schönes Leben machen"), oder Leute, die aussehen, als ob sie sich unbedingt selbst zerstören wollen. Sie folgen alle ihrem Skript, ihrem Lebensdrehbuch, das sie als Kind verfaßten. Obwohl sie wenig oder keine bewußte Wahrnehmung von diesen Lebensplänen haben, führen sie sie dennoch eindeutig aus.

Was ist ein Lebensdrehbuch oder Skript?

Ein Lebensdrehbuch ist ein nicht zufriedenstellender, in der frühen Kindheit unter elterlichem Einfluß entwickelter Lebensplan, der das Verhalten des Einzelnen in seinen wichtigsten Lebensfragen steuert. Häufig kann die Handlung dieser Lebensdrehbücher (Skripts) in Märchen oder Geschichten gefunden werden. Wie Märchen, so können auch Lebensdrehbücher glücklich, tragisch oder uninteressant ablaufen und ebensolche Konsequenzen haben. Ich sehe Skripts als unbefriedigende Lebenspläne an, auch wenn sie ein Happy End haben, denn sie sind das Ergebnis von Entscheidungen, die anhand von unvollständigen und oft falschen Informationen getroffen wurden. Diese Entscheidungen werden vom *Angepaßten Kind* in Verbindung mit einem pfiffigen *Kleinen Professor,* der leider relativ schlecht informiert ist, getroffen; deshalb sind Skriptentscheidungen, die in der Kindheit überleben bedeuteten, im Erwachsenenleben gewöhnlich nutzlos oder schädlich. Hier ist ein Beispiel einer Skriptentscheidung, die in der Kindheit vielleicht von Vorteil war: Wenn ich geschlagen wurde, weil ich als Kind Ärger zeigte und deshalb beschloß, keinen Ärger mehr zu zeigen, war das zu der Zeit ganz klar eine vernünftige Entscheidung. Als Erwachsener ist es jedoch für mich schädlich, meinen Ärger herunterzuschlucken, und es ist nicht mehr gefährlich, dieses Gefühl zum Ausdruck zu bringen; deshalb ist es für mich wichtig, diese Entscheidung, die ich als kleines Kind traf, zu ändern. Hauptziel der Transaktions-Analyse ist es, Skriptentscheidungen zu erkennen und vom *Erwachsenen* und *Natürlichen Kind* zu ändern, so daß das Verhalten autonom ist, statt vom Drehbuch aufgezwungen zu sein.

Es gibt zwei Kategorien von destruktiven *Eltern-Botschaften:* „Tu‘s-nicht“-Botschaften, auch *Einschärfungen* genannt, und „Tu‘s-Botschaften, *Antreiber* genannt. Häufig unterstützen die Antreiber die Einschärfungen oder aber sie stehen im Widerspruch zu ihnen; Antreiber werden auch oft als *Gegeneinschärfungen* bezeichnet. Kinder entscheiden, ob sie die Einschärfungen und Antreiber befolgen, dagegen rebellieren oder sie notgedrungen ignorieren sollen, und das sind die Skriptentscheidungen, die die Grundlage für ihren Lebensplan bilden. Kinder identifizieren sich oft mit einer Person in einer erfundenen oder wahren Geschichte und benutzten sie als Vorbild dafür, wie sie ihren Skriptentscheidungen der Drehbuchhandlung, folgen.

Nach der Wahl der Drehbuchhandlung folgt als nächster Schritt die Wahl der Mitwirkenden, die für die Handlung des Stückes geeignet sind. Wenn ich zum Beispiel eine Skriptentscheidung getroffen habe, nie einer Frau nahe zu kommen, werde ich dazu neigen, Frauen auszusuchen, die auch keine Nähe suchen. Ich tu das instinktiv mit meinem *Kleinen Professor* und habe vielleicht wieder wenig oder keine bewußte Wahrnehmung von dem, was ich tu. Vielleicht denke ich, ich suche eine Frau, die eine Bindung wünscht — und sie glaubt wahrscheinlich dasselbe —, und dennoch hat jeder von uns beiden eine Person gefunden, die jedem von uns hilft, drehbuchgemäß fortzufahren. Eine andere Möglichkeit, eine „Sei-nicht-nah“-Skriptentscheidung beizubehalten, würde die sein, Leute auszuwählen, die „nicht zu haben“ sind. Ich war zum Beispiel einmal von Frauen angetan, die außerhalb wohnten oder die schwer zu erobern waren. Natürlich waren die Chancen, mit diesen Frauen in engere Beziehung zu kommen, von vornherein begrenzt.

Ich spiele mit den Mitwirkenden meines Stückes psychologische Spiele, um meine wie auch immer gearteten Skriptentscheidungen zu untermauern. Die Spiele enden mit schlechten Gefühlen und angeknacksten Beziehungen, die alle Teil meines Lebensplanes sind (Spiele werden ausführlicher in Kapitel 5 behandelt). Ich setze meine Mitwirkenden so ein, daß sie mir beim Sammeln meiner bevorzugten Arten von schlechten Gefühlen helfen. Das Sammeln von skriptuntermauernden Gefühlen nennt man in der TA-Sprache *Rabattmarkensammeln.* Diese Gefühlsrabattmarken sind Punktegutscheine, die man sammeln und dann gegen eine Prämie (einen Volltreffer) eintauschen kann. Wenn ich einmal eine Anzahl von Sammelkarten voll habe, kann ich sie einlösen gegen das Recht, etwas zu tun, was ich vor langer Zeit schon zu tun beschlossen hatte (mich scheiden lassen, allein sein, einen Wutanfall kriegen, etc.) Mit einer ausreichend großen Sammlung kann ich meine Rabattmarken gegen einen „Gratis"-Nervenzusammenbruch, -Selbstmord oder -Mord eintauschen.

Wie werden mir meine Kenntnisse über Lebensdrehbücher als Manager oder Vorgesetzter helfen?

Die Menschen neigen dazu, ihre Lebensdrehbücher in Unternehmen wie auch in der Familie durchzuspielen. Sie suchen sich die Art von Firma und die Art von Vorgesetzten oder Chefs, die es ihnen erlaubt, sich weiter laut ihren Lebensdrehbüchern zu verhalten. Wenn zum Beispiel ein Mensch sich als Verlierer fühlt und daran glaubt, daß er niemals akzeptiert wird, ist es wahrscheinlich, daß er solch einen Betrieb oder solch einen Chef wählt, der ihn nicht anerkennt. Er wird eine Position annehmen, in der er voraussichtlich „beweisen" wird, daß er ein Verlierer ist. Auch Personalchefs selektieren lieber Arbeitnehmer auf der Basis ihres eigenen Skriptdenkens und ihrer Skriptentscheidungen. Das sieht man an dem Beispiel des Personalchefs, der glaubt, daß Frauen kindisch sind, und der deshalb bei Einstellungen nur bereit ist, Frauen für untergeordnete Posten in Betracht zu ziehen. Wenn Menschen bestimmte Personen auswählen, um ihr Skript fortführen zu können, hilft das gewöhnlich auch den Auserwählten, ihr Skript beizubehalten.

Skripts entstehen innerhalb der Familien. Firmen besitzen viele der Elemente, die man auch in einer typischen Familie findet. Innerhalb von Betrieben und sogar innerhalb von einzelnen Abteilungen gibt es *Eltern-Figuren,* die positive und destruktive Botschaften senden, und dann gibt es die Kinder, die folgsam die Botschaften annehmen oder dagegen rebellieren. Untergebene treffen oft Entscheidungen, die ihnen nicht zum Vorteil gereichen und benehmen sich dann innerhalb der Firmenstruktur diesen Entscheidungen entsprechend. Elemente wie Geschwisterrivalität, psychologische Spiele und Rabattmarkensammeln existieren in Unternehmen ebenso wie in Familien. Man kann sogar sagen, daß Unternehmen selbst ihre eigenen Drehbücher haben. *Eltern-Botschaften* stammen nicht selten von den Gründungsvätern der Firma und werden Generation um Generation von Abteilung zu Abteilung weitervererbt. Wenn wir die häufigsten Typen von destruktiven *Eltern-Botschaften* behandeln, werden wir sehen, wie diese Botschaften auch in Unternehmen existieren.

Was sind die häufigsten Einschärfungen?

Im folgenden sind elf der elementaren destruktiven Einschärfungen[13] aufgeführt zusammen mit Verhaltensformen, die sich oft ergeben, wenn die Einschärfung angenommen wird. Nach meiner Erfahrung hat der Durchschnittsmensch drei bis fünf dieser Einschärfungen bekommen, und zwei oder drei davon befolgt er.

Die erste dieser Einschärfung ist ganz einfach „tu nicht“. Diese Einschärfung wird einem kleinen Kind durch fortgesetzte „Tu-nicht“-Reaktionen der Eltern vermittelt, die in ihm den Eindruck erwecken, daß sehr wenig von seinem Verhalten okay ist. Wenn das Kind beschließt, sich nach diesen Einschärfungen zu richten, wird es schließlich einen großen Anteil *Fügsames-Kind-Verhalten* zeigen; es wird

Angst davor haben, Entscheidungen zu treffen, bestimmt zu sein, sich durchzusetzen, usw.

Häufig erhalten Beschäftigte wiederholte „Tu-nicht"-Botschaften, die in ihnen das Gefühl erzeugen, wenig an ihrer Arbeit sei akzeptabel. Sie werfen gewissermaßen das Handtuch, geben auf und erklären sich blindlings bereit, ihnen Aufgetragenes zu erledigen, auch wenn es vielleicht keinen Sinn ergibt. Diese Angestellten haben Angst davor, bestimmt und kreativ zu sein und ihre eigenen Gedanken auszudrücken.

Die „Sei-nicht"-Einschärfung ist ein Ergebnis von Zurückweisung in verbaler und averbaler Form. Körperliche Mißhandlung spielt dabei oft eine wesentliche Rolle. Wenn das Kind beschließt, dieser Einschärfung zu folgen, wird es später, als Erwachsener, Verhalten an den Tag legen, das ihn töten kann, langsam oder schnell; zum Beispiel übermäßiges Trinken, Essen oder Rauchen, rücksichtsloses Fahren, gefährliche Freizeitaktivitäten. Er wird die falschen Leute für eine Konfrontation oder einen Streit aussuchen. Ein anderes Zeichen dafür, daß jemand entschieden hat, einer „Sei-nicht"-Einschärfung zu folgen, ist das Treffen einer weiteren Entscheidung, nämlich sein Leben nicht zu genießen: „Vielleicht ist es okay, am Leben zu sein, so lange ich nur nicht wirklich richtig lebe." Der *Kleine Professor* kommt zu dieser Entscheidung, keinen Spaß am Leben zu haben, um seine Eltern gewissermaßen zu besänftigen, denn er glaubt, daß sie „sei nicht" zu ihm sagen. Gleichzeitig kommt er damit seinem *Natürlichen-Kind-Wunsch,* zu leben, nach. Manche Menschen, die dieser Einschärfung folgen, scheinen Angst zu haben, zuzugeben, sogar sich selbst, daß es überhaupt irgendeine gute Seite an ihrem Leben gibt. Sie schaffen es, unglücklich und unzufrieden zu sein, egal was kommt, und haben Schwierigkeiten, irgendwelche positiven Gefühle in sich zu erkennen. Wenn es ihnen einmal zu gut geht, werden sie möglicherweise nervös und befürchten das Schlimmste, bis sie es einrichten können, daß wieder etwas passiert oder schief geht. Ein Teil in diesen Personen ist überzeugt, daß der kleinste Funke von Lebensfreude eine echte Bedrohung ihres Überlebens darstellt, sie haben jedoch keine bewußte Wahrnehmung dieser Überzeugung und ihrer Herkunft. Sie leben weiter ein fades, freudloses Leben: „Es genügt und ist okay, daß ich am Leben bin, solange ich es nicht genieße." Manche Menschen rechtfertigen ihren Anspruch zu leben damit, daß sie elterlichen Antreibern „sei perfekt", „arbeite sehr schwer", „sei nett zu anderen", usw. folgen, damit ihre Eltern es nicht bereuen, sie in die Welt gesetzt zu haben. Weil sie diesen Antreibern folgen, als ginge es ums nackte Überleben, ist es sehr schwierig für sie, damit aufzuhören, solange sie keine Neuentscheidung getroffen haben, der Sei-nicht-Einschärfung nicht länger zu folgen. Nehmen wir zum Beispiel an, jemand ist ein „Arbeitssüchtiger" (workaholic), um seinen Anspruch auf Leben zu rechtfertigen. Wenn ihm sein Therapeut hilft, weniger zu arbeiten (ohne vorher das Problem der Sei-nicht-Einschärfung anzusprechen) wird der Betreffende vielleicht sehr depressiv und sogar selbstmordgefährdet werden. Wenn du einer Sei-nicht-Einschärfung folgst, ist es sehr wichtig, dieses Sei-nicht-Problem zuerst zu klären. Deine anderen Neuentscheidungen werden dann viel einfacher sein.

Die „Sei-nicht-Du"-Einschärfung bedeutet oft, „Du hättest eigentlich ein Mädchen/Junge werden sollen". Einem Jungen wird beispielsweise ein Mädchenname gegeben, und man ermuntert ihn, eine Rolle zu übernehmen, die im Grunde genommen eine stereotype Frauenrolle war, wie Hausarbeit verrichten, sich um andere kümmern, passiv und sanft zu sein, statt wild und grob, etc. Später bekommt er oft zu hören, daß Papa und Mama eigentlich lieber ein kleines Mädchen gehabt hätten, statt eines kleinen Jungen. Nach Ansicht der Gouldings kann in Familien, in denen es nur Mädchen oder nur Jungen gibt, das erste Mädchen Papas kleiner Junge und der jüngste Bub Mamas kleines Mädchen werden. Kinder, die entscheiden, dieser Einschärfung zu folgen haben später vielleicht sexuelle Schwierigkeiten, wie Angst vor geschlechtlicher Vereinigung, Homosexualität, Impotenz, usw. Diese Einschärfung schließt auch die Frage mit ein, ob ich einmal das bin, was ich sein will oder was du willst. Wenn ein Kind beschließt, der Sei-nicht-du-Einschärfung zu folgen, wird es vielleicht die Rolle akzeptieren, die es nach dem Willen einer anderen Person spielen soll, oder es wird eines anderen Leben leben. Es ist womöglich „Papas kleiner Engel", oder ein Abklatsch von Mama, dessen Aufgabe es ist, das zu tun, was Mama einst tun wollte und nicht konnte. Von Wilhelm Schmidt jr. wird eigentlich meistens erwartet, daß er wie sein Vater ist. Menschen, die dem „Sei-nicht-Du" folgen, empfinden gewöhnlich das vage Gefühl, daß irgendetwas nicht stimmt, daß mit *ihnen* etwas nicht stimmt, etwas falsch ist, daß sie im falschen Körper, im falschen Beruf, in der falschen Partnerschaft sind. Sie haben wahrscheinlich Zweifel darüber, wer sie sind und was sie eigentlich wirklich wollen. Sie versuchen unablässig, sich auf irgendeine Weise zu ändern, gehen von Guru zu Guru und von Gruppe zu Gruppe auf der Suche nach jemand oder etwas, von dem sie ein Gefühl der Identität und Integration ableiten können. Sie zeigen *Fügsames-* und *Rebellisches-Kind-Verhalten,* in dem Versuch, entweder wie jemand anderes oder nicht wie jemand anderes zu sein. Sie haben oft keine Ahnung von den Bedürfnissen, Wünschen und Gefühlen ihres *Natürlichen Kindes* oder beobachten sie mit Mißtrauen. Wer der „Sei-nicht-Du"-Einschärfung folgt, hat es schwer, sich selbst zu erkennen, zu akzeptieren und zu lieben, und ohne Selbstliebe ist es schwierig, andere zu lieben. Das Annehmen dieser Einschärfung kann deshalb ein frustrierendes Leben fördern.

In vielen Unternehmen ist es üblich, die Beschäftigten aufzufordern, die Arbeiten so zu erledigen, wie sie immer gemacht oder vom Vorgänger erledigt wurden. Sie werden entmutigt, oder man hält sie davon ab, Eigeninitiative zu entwickeln und die alten eingefahrenen Gleise zu verlassen. Im Grunde genommen wird ihnen gesagt: „Sei nicht Du, mach die Arbeit so, wie sie immer getan wurde." Beschäftigte, die diese Einschärfung annehmen, neigen zu Mangel an Initiative und schaffen es nicht, notwendige Veränderungen durchzusetzen.

Die Einschärfung „sei kein Kind" wird oft dem ältesten Kind in einer Familie gegeben, wenn ein oder beide Elternteile ungeduldig auf das Heranwachsen dieses Kindes warten, damit es bei der Pflege und Aufzucht der anderen Geschwister helfen kann. Dieses Kind wird ermuntert, die Aufgaben und die Verantwortung eines Erwachsenen zu übernehmen und man entmutigt es, zu spielen, Spaß zu haben und Kind zu sein. Leuten, die dieser Einschärfung zu folgen beschlossen haben, fällt es schwer, zu spielen, sich zu amüsieren, Urlaub zu machen, und ganz allgemein das Leben zu genießen. Sie neigen dazu, ihre *Kindheits-Ich-Zustände* nicht zu benutzen.

Allzuoft wird den Leuten gesagt, daß sie, wenn sie bei der Arbeit sind, nicht herumalbern sollen und keinen Spaß oder echte Freude an ihrer Arbeit zu haben brauchen. Es wird erwartet, daß sie mit Ernst bei der Sache sind und keine Zeit mit Gesprächen und Unterhaltungen unter Kollegen verschwenden sollen, weil derartiges Verhalten der Erledigung der Aufgaben abträglich ist. Meiner Meinung nach erzeugt die Gelegenheit, sein *Natürliches Kind* am Arbeitsplatz gestreichelt zu bekommen, die Energie, die die Leute brauchen, um ihre Aufgabe effektiv zu erledigen. Leider herrscht die „Sei-kein-Kind"-Einschärfung in vielen Unternehmen vor, und der Austausch von energiespendenden Streichelzuwendungen ist ernsthaft beeinträchtigt.

Die „Werd-nicht-erwachsen"-Einschärfung wird oft dem jüngsten Kind in der Familie gegeben, wenn das Verhältnis der Eltern zueinander zu wünschen übrig läßt. Wieder ohne sich dessen bewußt zu sein, behandeln ein oder beide Elternteile das Kind wie ein hilfsbedürftiges Kleinkind; sie verwöhnen es und tun viel mehr Dinge für das Kind als notwendig, damit es abhängig und unselbständig bleibt und damit es, so hoffen sie, die beiden Eltern nie miteinander allein läßt, indem es weg zur Schule geht, usw. Die „Werd-nicht-erwachsen"-Einschärfung tut sich häufig in Schulphobien kund und in einer echten Krise im Alter von etwa 19 Jahren, wenn es endgültig Zeit wird, das Zuhause zu verlassen, um auf eine auswärtige Schule oder Ausbildungsstätte zu gehen. Ein typisches Produkt hieraus ist das Muttersöhnchen, das noch mit 45 zu Hause wohnt, einerseits von Mutter abhängig, andererseits sich um Mutter kümmernd.

Viele Menschen werden innerhalb von Betrieben eingeladen, nicht erwachsen zu werden. Sie erfahren die Kleinkindbehandlung, erhalten sehr präzise, detaillierte Anweisungen, wie sie ihre Arbeit ausführen sollen und werden nicht animiert, Entscheidungen zu treffen und Verantwortung zu übernehmen. Mancher Vorgesetzte befürchtet, entbehrlich zu werden und seinen Job zu verlieren, wenn seine Leute erwachsen und innerhalb der Unternehmensstruktur unabhängig und selbständig werden. In Wahrheit nimmt das Potential und die Effizienz des Vorgesetzten beträchtlich zu, wenn er seinen Leuten hilft, so unabhängig und selbständig zu werden, wie es für die erfolgreiche Abwicklung ihrer Aufgaben notwendig und ratsam ist.

„Komm mir nicht zu nahe“ ist eine Einschärfung, die durch Eltern vermittelt wird, die Intimitäten vermeiden. Sie haben kein Verlangen, dem Kind gefühlsmäßig oder körperlich nahe zu sein und kommen sich gegenseitig auch nicht nah. Das Kind wird dann große Schwierigkeiten beim Aufbau enger Beziehungen zu anderen Menschen und beim Austausch von Ideen und intimen Gefühlen haben.

Am Arbeitsplatz werden Leute leider zu oft eingeladen, niemandem nahe zu kommen. Es ist eine vorherrschende Meinung, daß Vorgesetzte nichts von ihrem Privatleben oder von ihren persönlichen Gefühlen und Gedanken mit anderen teilen sollten, damit sie nicht verwundbar werden und ihren Aufgaben als Vorgesetzter immer gewachsen sind. Von Vorgesetzten wird deshalb erwartet, daß sie dem „Sei-stark“-Antreiber folgen und alles für sich behalten. Diese irrige Ansicht hält die Leute auf Distanz und schafft eine sterile Atmosphäre, in der der persönliche Einsatz der Beschäftigten für ihre Arbeit, ihren Betrieb und für ihre Kollegen gering ist. Letztlich leidet das Betriebsergebnis. Natürlich ist es notwendig, daß die Leute ihren *Erwachsenen* benutzen um zu entscheiden, welche Art von Informationen sie an wen, und unter welchen Umständen weitergeben. Gesunde Menschen besitzen ein Filtersystem, das ihnen gestattet, angemessen engen Kontakt mit anderen zu pflegen.

„Fühle-nicht“-Einschärfungen sind das Resultat negativer Reaktionen auf jede Art von Zurschaustellung *Natürlicher-Kind-Gefühle* wie Ärger, Trauer, Freude oder Angst. In manchen Familien jedoch ist das „Fühle nicht“ spezifiziert; danach ist es okay, bestimmte Gefühle zu empfinden, während es nicht okay ist, andere, von der Familie nicht anerkannte Gefühle, zu fühlen. Das Kind, das sich entscheidet, dieser Einschärfung zu folgen, hat Schwierigkeiten, einige oder alle vier Grundgefühle auf gesunde Art und Weise auszudrücken. Die „Fühle-nicht-Einschärfung wird häufiger kleinen Jungen bezüglich Gefühlen von Angst, Traurigkeit und Zärtlichkeit gegeben, während kleine Mädchen keine Wut oder sexuelle Gefühle empfinden sollten. Jungs neigen dazu, die akzeptablen Gefühle von Wut zu zeigen, wenn sie Angst haben, während Mädchen sich verletzt fühlen und weinen, wenn sie eigentlich wütend sind.

„Fühle nicht" ist vielleicht die häufigste Einschärfung, die ich in Betrieben beobachte. Aus irgendeinem Grund wird Denken sehr hoch bewertet, und es scheint die einzige menschliche Regung zu sein, die man akzeptiert. Viele Vorgesetzte sind das Abbild einer unbezwingbaren Festung und besitzen eine irrige Vorstellung von Stärke. Sie glauben, daß man sie für stark und mächtig hält und ihnen folgt und sie respektiert, wenn sie sich stark geben, d.h. wenn sie ihren Zorn, ihre Trauer, Angst und Unsicherheit nicht zeigen. Ich glaube hingegen, daß ihre Macht noch erheblich zunehmen würde, wenn sie diese menschlichen Schwächen ihren Mitarbeitern gegenüber zum Ausdruck brächten. Die Abwertung oder Mißachtung von Gefühlen führt zu Ineffektivität innerhalb eines Unternehmens.

Die „Denk-nicht"-Einschärfung wird kleinen Kindern vermittelt, insbesondere kleinen Mädchen, wenn man sie nicht ermuntert, ihre Ideen mitzuteilen und auch einmal allein etwas herauszufinden. Von diesen Kindern wird nicht erwartet, daß sie vernünftig, logisch oder informiert sind: Es wird von ihnen nicht erwartet, daß sie ihren *Erwachsenen-Ich-Zustand* entwickeln. Kinder, die dieser Einschärfung folgen, sind häufig durcheinander, verwirrt, und wenn eine Situation Denken erfordert, neigen sie dazu, Gefühle zu zeigen, statt ernsthaft an einer Lösung zu arbeiten. Nach Steiner entscheiden Alkoholiker häufig, einer „Denk-nicht"-Einschärfung zu folgen, indem sie trinken, um nicht zu denken[14].

Die „Denk-nicht"-Einschärfung herrscht in vielen Organisationen vor, wenn die Führungspersonen nur zu sich selbst und ihrer eigenen Denkfähigkeit Vertrauen haben. Sie sind nicht gewillt, Verantwortung zu übertragen und ihre Untergebenen einzuladen, bei der Lösung von Problemen und dem Treffen von Entscheidungen ihren eigenen Kopf anzustrengen. Ich finde, es ist immer noch ziemlich selten, daß man Frauen in Topmanagement-Positionen antrifft. Natürlich hatten Frauen, aus historischer Sicht, nicht zu denken und wurden nicht für fähig befunden, wichtige Entscheidungen zu treffen und große Verantwortung zu tragen. Unternehmen, die ihre Beschäftigten einladen zu denken, sind erfolgreiche Unternehmen.

„Schaff's nicht" ist eine häufige Einschärfung, die vermittelt wird, wenn das Kind für Versagen Streichelzuwendungen erhält, und wenn es dem Kind nicht erlaubt ist, Erfolg zu erleben. Zum Beispiel wird ein Kind, das versucht, eine leichte Aufgabe zu bewältigen, kein Erfolgserlebnis haben, wenn es mitten in seiner Anstrengung angehalten wird oder wenn es Hilfe bekommt. Es wird ausgelacht, wenn es stolpert und hinfällt oder es bekommt negatives Streicheln für eine schwache Leistung. Der „Schaff's-nicht"-Mensch verhält sich häufig so, daß er kurz vor einem Erfolg aufgibt oder versagt oder wirklich eine gute Leistung bringt und dennoch das Gefühl hat, daß sie nicht gut genug ist und besser sein sollte. „Schaff's nicht" ist nicht notwendigerweise eine Anweisung zu versagen; einige, die dieser Einschärfung folgen, betätigen sich in einer teilnahmslosen Weise und kommen im Leben gerade so über die Runden. Obwohl sie nicht eindeutig in irgendeiner bestimmten Angelegenheit versagt haben, ist ihr Leben für sie trotzdem nicht befriedigend. Der Antreiber „sei perfekt" geht oft mit der Einschärfung „schaff's nicht" einher. Der Antreiber begünstigt Versagen und Frustration, weil es fast unmöglich ist, Erfolg im Perfekt-Sein zu haben.

Bei der Ausübung von Kontroll- und Aufsichtsfunktionen in einem typischen Unternehmen streicheln die Chefs ihre Untergebenen hauptsächlich für die Fehler, die ihnen unterlaufen. Fehler ernten Aufmerksamkeit; d.h. wenn ein Fehler gemacht worden ist oder sich ein Mißerfolg einstellt, scheint dies der geeignete und akzeptierte Moment zu sein, mit dem Untergebenen zu sprechen. Man redet nicht mit ihm, wenn er seine Aufgaben ordnungsgemäß und zufriedenstellend erledigt und wenn alles klappt. Die Moral der Geschichte scheint zu sein: Willst du die Aufmerksamkeit deines Chefs erregen, dann sei nicht erfolgreich oder tüchtig.

Ich sehe auch oft Beispiele, wie Untergebene eingeladen werden, zu versagen, indem man ihnen Aufgaben überträgt, die sie nicht übernehmen wollen oder für deren Ausführung ihnen die Fähigkeiten fehlen und die dann, wenn sie diese Verantwortung doch übernehmen, nicht wirksam unterstützt werden.

Die „Hab-keine-eigenen-Bedürfnisse"-Einschärfung wird häufig von dem Elternteil übertragen, der für sein Kind lebt. Er überarbeitet sich, opfert sich auf und sagt selten, was er will. Er verkörpert im wesentlichen zuerst den „Retter" und wird schließlich zum „Opfer".

Dem Kind wird das Stillen seines Verlangens oft verwehrt, wenn es nicht sogar offen getadelt wird, weil es etwas begehrt. Die Leute, die dieser Einschärfung folgen, sind oft „Retter", und werden schließlich, wie die meisen „Retter", zu „Opfern". Die gezeigte Fürsorge dieser Menschen kommt aus dem *Fügsamen Kind*, weil sie eigentlich hegen und pflegen „sollten". Sie haben gewöhnlich keine Ahnung von ihren Bedürfnissen und wissen nicht, was sie wollen. Sollten sie tatsächlich ihre Bedürfnisse oder Wünsche kennen, werden sie nur selten direkt deren Erfüllung verlangen. Sie fühlen sich gewöhnlich schuldig, weil sie Wünsche und Bedürfnisse haben und halten sich für selbstsüchtig.

Allzuoft versäumen Betriebe, auf die Wünsche und Bedürfnisse ihrer Beschäftigten einzugehen. Alles konzentriert sich auf die Bedürfnisse des Unternehmens, und die berechtigten Wünsche und Beschwerden der Beschäftigten bleiben unberücksichtig. Die *Natürlichen-Kind-Bedürfnisse* der Mitarbeiter nach einem anständigen Arbeitsplatz, Essen, Ruhepausen, Ruheräumen werden oft vernachlässigt.

Unternehmer, die bereit sind, die Bedürfnisse ihrer Belegschaft zu berücksichtigen, mit zusätzlichen Vergünstigungen, angemessenen Gehältern und vernünftiger Arbeitszeit, wie auch mit positiver Anerkennung, haben zufriedenere, kreativere und einsatzfreudigere Arbeitnehmer. Das wirkt sich wiederum positiv auf das Betriebsergebnis aus.

„Sei nicht normal" ist eine lebensgefährliche Einschärfung, die Kindern durch das Streicheln ihres unberechenbaren, sprunghaften oder bizarren Verhaltens vermittelt wird. Ganz allgemein wird eine „Sei-nicht-normal"-Einschärfung verstärkt, wenn ein Kind sich extrem, unnormal verhalten muß, um Aufmerksamkeit zu erlangen. Ich erinnere mich an ein Kind, das seinen Helm aufzusetzen und mit dem Kopf an die Wand zu rennen pflegte. Dieses Verhalten brachte ihm durch das Lachen seiner Eltern Streicheleinheiten ein. Eine „Sei-nicht-normal"-Einschärfung wird oft noch durch das elterliche Beispiel bizarren Verhaltens verstärkt, wie auch dadurch, daß die Eltern das Benehmen des Kindes tolerieren und es ermuntern, sich weiter extrem zu verhalten. Die Toleranz, die eine Familie ihren Mitgliedern bezüglich Verrücktheiten zeigt, führt häufig dazu, daß das Kind glaubt, schließlich auch verrückt zu werden, genau wie Mama, Tante oder Opa; es bildet sich vielleicht ein, daß so etwas erblich ist. Menschen, die eine „Sei-nicht-normal"-Entscheidung getroffen haben, zeigen oft stark neurotisches oder psychotisches Verhalten.

Ungefähr zwei von drei Einschärfungen kommen von dem Elternteil des anderen Geschlechts, während der gleichgeschlechtliche Elternteil das Verhalten vormacht. Mama schaut zum Beispiel stirnrunzelnd den Jungen an, weil er weint; Papa zeigt dem Jungen, wie er sein Gefühl der Traurigkeit verstecken kann, indem er sich stoisch gibt. Natürlich ergibt das einen Sinn, denn Mama, die sich entschieden hatte, daß Männer keine Gefühle zeigen sollten, hat sich einen Mann zur Heirat ausgesucht, der keine Gefühle zeigt.

Wie erscheinen diese Einschärfungen im Skript eines Menschen?

Zur Veranschaulichung habe ich ein paar Fallbeispiele erfunden, die sich aus dem, was ich über Leute gelesen, was ich gesehen oder von anderen über sie gehört habe, zusammensetzen. Der erste Patient ist ein junger Mann von 18, der wegen seiner Selbstmorddrohungen zu einem Psychiater überwiesen wurde. Die soziale Vorgeschichte enthüllte, daß seine Eltern hoch in ihren Vierzigern waren, als er zur Welt kam. Durch die Art und Weise, wie man ihn von früher Kindheit an behandelte und auf ihn reagierte, wurde ihm mitgeteilt, daß er eigentlich nicht erwünscht war (eine Sei-nicht-Einschärfung). Seine Eltern verbrachten wenig Zeit mit ihm und bei einigen Gelegenheiten wurde er körperlich mißhandelt. Später, als er gesprochene Botschaften verstehen konnte, sagte man ihm, daß er seit seiner Geburt nichts als ein einziges Ärgernis war (Letzteres kann, nebenbeigesagt, als Anweisung aufgenommen werden, weiter Ärger zu machen). Irgendwann während seiner Grundschuljahre entschied er, einmal durch Selbstmord zu enden (Drehbuchentscheidung), denn er glaubte, daß es das war, was seine Eltern eigentlich von ihm wollten. Er nahm sich vor, ihrem Wunsch nachzukommen. — Manchmal beschließen Menschen sich zu töten, aus einer Rebellenposition heraus, in der sie etwa denken: „Ich werde mich umbringen und es euch schon zeigen. Und dann werde ich mitansehen, wie unglücklich ihr seid." Ich behaupte, daß der junge Mann diese Entscheidung in der Grundschule getroffen hat, weil seine Krankengeschichte zu erkenne gibt, daß er einen echten Selbstmordversuch unternommen hatte, als er im sechsten Schuljahr war. Während seiner gesamten Teenagerjahre blieb er, hauptsächlich durch die Art und Weise, wie er mit Menschen umging, praktisch ohne Freunde und allein. Er verabredete sich zum Beispiel mit jemandem und hielt dann die Verabredung nicht ein. Oder sagte zur falschen Zeit den falschen Leuten die falschen Worte und bezog dann Prügel oder wurde auf andere Weise abgewiesen (das Tritt-mich-Spiel). Am Ende fühlte er sich niedergedrückt, einsam und verletzt. Er häufte diese schlechten Gefühle über eine Zeitspanne von mehreren Jahren an, er sammelte Rabattmarken, und unternahm dann einen weiteren ernstgemeinten Versuch, sich zu töten, seine Gefühlsrabattmarken einzulösen.

In einem anderen Fall suchte eine junge Frau, die sich in einer Krise befand, die Hilfe eines psychiatrisch geschulten Sozialarbeiters. Das Problem, das sie schilderte, war, daß ihr gerade eine Rechnung über einen größeren Betrag, den sie in einem Kaufhaus ausgegeben hatte, zugegangen war. Als sie die Geschichte erzählte, gab sie zu verstehen, daß sie sich sehr über sich selbst ärgerte, weil „das ein weiterer Grund ist, meinen Mann zu vertreiben". Als sie gefragt wurde, wie das denn funktioniere, sagte sie: „Wenn ich eine Menge Geld ausgebe, wird mein Mann sehr wütend auf mich und droht mir, mich zu verlassen" (ein Psychospiel). Auf die Frage, warum sie ihren Mann denn vertreiben wolle, erwiderte sie, daß sie nicht sicher war, doch glaubte, daß es etwas mit einer Entscheidung zu tun haben könnte, die sie im Alter von 12 Jahren, kurz nach dem plötzlichen Tod ihres Vaters, getroffen hatte. Sie hatte ihren Vater geliebt und ihm vertraut und er hatte sie verlassen. Sie entschied deshalb, niemals wieder Männern zu vertrauen (Skriptentscheidung). Im Verlauf der weiteren Gespräche ließ sie erkennen, daß sie als Teenager und junge Erwachsene bei Rendezvous' und Bekanntschaften einen Mann, der warm und freundlich war, aus ihr unbekannten Gründen nicht mochte; wenn ein Mann jedoch hochnäsig und undurchschaubar war und nicht zu seinem Wort stand, fühlte sie sich aus unerklärlichem Grund zu ihm hingezogen. Gewiß, sie gingen eine Zeitlang zusammen, und sie machte eine Enttäuschung und Zurückweisung nach der anderen durch. Der Mann sagte ihr, daß er eine enge Beziehung wolle und dann beschwerte er sich, daß sie zu eng wurde. Andererseits lud sie ihn ein, seine Gefühle zu zeigen, und wenn er es tat, zog sie sich von ihm zurück (das Psychospiel „Hilfe-Vergewaltigung!"). Schließlich heiratete sie einen Mann, der nicht sehr gebefreudig und fürsorgend und ganz allgemein in Bezug auf ihr Benehmen nicht sehr tolerant war. Sie hatte einen ganzen Berg schlechter Gefühle in sich aufgestaut. An diesem Punkt während der Gespräche wurde klar, daß beide auf eine Scheidung zusteuerten, weil sie so weit war, ihre Rabattmarkensammlung gegen eine Gratis-Scheidung einzulösen.

Als Resultat von Entscheidungen, die wir als sehr junge Menschen trafen, sind viele von uns in schwächere Versionen ähnlicher Lebensdrehbücher verstrickt.

Soll das heißen, ein fünfjähriges Kind kann mein Leben dirigieren?

Die meisten Menschen folgen einem Lebensdrehbuch, das von einem kleinen Kind entwickelt wurde. Das erklärt viele der gegensätzlichen, unlogischen, treibenden, gewalttätigen, zwanghaften und selbstzerstörerischen Verhaltensformen. Die Mehrzahl der Menschen wird von ihrem Skript angetrieben. Ein Ziel der Transaktions-Analyse ist es, Skripts zu ändern und ein autonomes statt ein Skript-getriebenes Leben zu führen.

Skriptentscheidungen werden irgendwann zwischen dem dritten und dem sechzehnten Lebensjahr getroffen. Ich betone, daß die Entscheidungen *von mir getroffen* werden, für mich, und *nicht* von meinen Eltern. Diese Betonung ist von höchster Wichtigkeit, weil die Erkenntnis, daß die Entscheidungen meine eigenen sind, mir die Macht gibt, diese Entscheidungen zu ändern, statt beharrlich mit ihnen zu leben und meine Eltern für mein Los verantwortlich zu machen. Wie bereits erwähnt, werden Drehbuchentscheidungen von meinem *Angepaßten Kind* getroffen zusammen mit meinem *Kleinen Profes-*

sor. Die Entscheidungen sind meine eigenen und stellen eine Widerspiegelung meiner einzigartigen Persönlichkeit dar, was eine Erklärung für die Tatsache ist, daß innerhalb einer Familie ein Kind ein hartgesottener Krimineller und ein anderes ein erfolgreicher Geschäftsmann sein kann.

Jacqui Schiff hebt hervor, daß diese Skriptentscheidungen, obwohl sie ursprünglich vom *Angepaßten Kind* und *Kleinen Professor* getroffen wurden, später in des Kindes eigenen *Eltern-Ich-Zustand* integriert werden. Als ein Resultat dieser Integration erinnert das *Eltern-Ich* das *Kindheits-Ich* regelmäßig an diese Entscheidungen. Übrigens ist dies ein Beispiel einer *Eltern-Komponente*, die von dem Betreffenden selbst, statt von Elternfiguren, beigesteuert wird.

Entscheidungen werden oft getroffen, um zu überleben. Jedes kleine Kind will, daß es geliebt oder, wenn nicht geliebt, doch wenigstens so versorgt wird, daß es überleben kann. Kinder werden deshalb fast alles tun, damit man sich um sie kümmert, auch wenn es bedeutet, daß sie destruktive Botschaften befolgen müssen. Es ist bemerkenswert, daß diese Entscheidungen häufig die solidesten sind, die ein Kind unter den gegebenen Umständen treffen kann: Wenn mein Vater mich verprügelt, weil ich Gefühle zeige, ist es verdammt gewitzt von mir, aufzuhören, Gefühle zu zeigen. Das Problem dabei ist jedoch, daß ich mich weiter an diese frühen Entscheidungen halte, sogar in meinem Erwachsenenleben. Würdest du einen Fünfjährigen fragen, wie du dein Leben leben sollst? Nach der Skripttheorie hat derselbe Fünf- oder Sechsjährige immer noch das Sagen.

Meine Eltern waren großartig. Warum sollte ich destruktive Skriptentscheidungen getroffen haben?

Es ist wichtig festzustellen, daß wir uns, obwohl TA sich hauptsächlich auf die Nicht-Okay-Botschaften, die Eltern ihren Kindern übermitteln, konzentriert, doch des Umstandes bewußt sind, daß die meisten Eltern auch viele Okay-Botschaften aussenden, und daß das Übermitteln von Nicht-Okay-Botschaften nicht absichtlich geschieht. *Die Einschärfungen werden außerhalb des Erwachsenenbewußtseins der Eltern, von Mamas und Papas Angepaßtem Kind gesendet.* Es sind oft die gleichen Einschärfungen, die Mama und Papa einst von ihren eigenen Eltern erhielten. Eine Mutter mag zum Beispiel nicht wollen, daß ihr kleiner Junge weint, weil sie in ihrer Kindheit entschieden hatte — aufgrund von Programmierung durch ihre Eltern —, daß kleine Jungen nicht weinen sollten. Sie liebt ihren Sohn und würde nicht im Traum daran denken, ihm weh zu tun; doch sobald er zu weinen anfängt, runzelt sie vielleicht die Stirn oder schimpft mit ihm oder schickt ihn auf sein Zimmer, weil sie fest glaubt, daß er nicht weinen sollte. Der Junge empfängt eine Weine-nicht-Einschärfung, die verallgemeinert werden kann zu einer Zeig-keine-Gefühle-Einschärfung, einer Botschaft, die sie ihm nicht bewußt oder absichtlich gesendet hätte. Mit anderen Worten: Die gesunden, wirksamen Ich-Zustände in Mama und Papa senden keine destruktiven Botschaften an ihre Sprößlinge. Die meisten Eltern kümmern sich wirklich liebevoll um ihre Kinder und bemühen sich ehrlich, innerhalb der Grenzen ihres eigenen Lebensdrehbuches so gute Eltern zu sein wie möglich. Das Problem besteht darin, daß Einschärfungen durch die generelle, vorherrschende Einstellung vermittelt werden, die ein oder beide Elternteile dem Kind gegenüber während der ersten dreißig Lebensmonate haben, und daß diese Einstellung oft von Nicht-Okay-Botschaften bestimmt wird, die von Generation auf Generation weitergereicht werden, zum Teil außerhalb der bewußten Wahrnehmung der Eltern. Deshalb haben die meisten von uns, trotz der liebevollen Fürsorge, die wir als Kinder empfingen, destruktive Drehbuchentscheidungen getroffen, die unser Erwachsenenleben so lange stören, bis wir diese Entscheidung untersuchen und ändern.

Einfach durch das Wegschieben eines Kindes, das bei seiner Mutter sein will, wird eine Stör-mich-nicht-Botschaft gesendet. Wenn sich das Wegschieben öfter ereignet, vielleicht weil die Mutter überarbeitet oder mit den dringenderen Ansprüchen eines neuen Babys beschäftigt ist, könnte das Kind es als Sei-nicht-Einschärfung deuten. Ich beeile mich hinzuzufügen, daß sehr wenige Eltern wirklich wollen, daß sich ihr Kind umbringt; es geht hier hauptsächlich darum, wie der junge Mensch die elterliche Reaktion ihm gegenüber *wahrnimmt* und deutet und welche Entscheidungen *er* als Resultat seiner Wahrnehmung trifft.

Warum geben die Leute ihre Drehbücher nicht einfach auf, wenn sie erwachsen werden?

Die Menschen halten lieber an ihren Skripts fest, weil sie sich beim Ablehnen von Einschärfungen, d.h. wenn sie ihre Skriptentscheidungen ändern, unbehaglich fühlen. Auch wenn sie eine Menge *Erwachsenen-Informationen* haben, dahingehend, daß sie diesen alten Einschärfungen nicht länger zu folgen brauchen, lassen sich ihre *Eltern-Ich-Zustände* nicht davon überzeugen. Wenn Leute sich Einschärfungen widersetzen, berichten sie oft, daß ihre *Eltern-Botschaften* an Stärke und Zahl zunehmen oder daß sie sich schuldig fühlen oder Angst haben, oder daß sie alle diese unangenehmen Gefühle auf einmal erleben. Das *Fügsame Kind* beginnt, die gleichen Ängste oder Spannungen zu empfinden, die es spürte, als es die ursprüngliche Entscheidung, dieser Einschärfung zu folgen, traf. Wegen dieses unangenehmen Gefühls kehren die Leute oft zu ihrem angepaßten Verhalten zurück. Eine Frau, die einer „Hab-keine-eigenen-Wünsche"-Einschärfung folgte, hatte zum Beispiel beschlossen, zur Abwechslung einmal Golf zu spielen, statt ihren heranwachsenden Sohn zu seinen wöchentlichen Tennisspielen zu chauffieren. Als sie zum Golfplatz fuhr, hörte sie ihr *Eltern-Ich sagen*: „Was für eine Mutter bist du? Wie konntest du das deinem Jungen antun?" Sie fühlte sich augenblicklich so schuldig, daß sie umdrehte und wieder nach Hause fuhr.

Ein Grund, weshalb Psychotherapie zum Zeitpunkt der Neuentscheidung so nützlich ist, liegt darin, daß sie ein äußerliches mächtiges *Eltern-Ich* anbietet, das gegen die internen *Eltern-Botschaften* schützt. Wenn du Einschärfungen ablehnst, ist es häufig eine Hilfe, Ich-Zustände zu wechseln und dein geängstigtes *Kind* zu trösten, logisch zu sein oder deine Freunde um Verständnis und Unterstützung zu bitten.

Mir gefällt mein Drehbuch nicht, wie kann ich es ändern?

Skripts sind das Resultat von Entscheidungen, und *alles was einmal entschieden wurde, kann neuentschieden werden*. Einer der Hauptgründe, weshalb ich mein eigenes Skript kennen sollte ist, daß ich dann in der Lage bin, Drehbuch-Neuentscheidungen zu treffen. Da *ich* die Entscheidungen ursprünglich traf, ist es auch an *mir*, sie zu ändern. Glücklicherweise kann ich meine Entscheidungen in jedem Alter ändern. Meine nächste Aufgabe wird es sein, mir für die Durchführung der Änderungen Hilfe zu holen. Wenn ich mich zum Beispiel entschließe, damit anzufangen, meine Gefühle zu zeigen, wird es für mich wichtig, Vorbilder oder Beratung oder Therapie zu haben, damit ich lerne, wie ich Gefühle wirksam ausdrücke. Ein Phänomen, das mir als Therapeut auffiel, ist, daß ein Klient, sobald er anfängt, Gefühle zu zeigen, er dies vorwiegend aus seinem *Angepaßten Kind* und seinem *Kritischen-Eltern-Ich* tut. John Weiss hat gesagt: „Es ist so, als ob man einen Wasserhahn, der lange Zeit nicht benutzt wurde, aufdreht. Was zuerst herauskommt, ist möglicherweise Schmutz und Schutt. Nach einiger Zeit jedoch fängt das Wasser an, klar zu laufen." Mach dir deshalb keine Sorgen, wenn die ersten Gefühle, die herauskommen, keine Okay-Gefühle sind. — Du hast also damit begonnen, deinen Gefühlen zu erlauben, frei zu fließen und wie beim Entwickeln jeder Fertigkeit, ist *das Anfangen* der wichtigste Schritt. Ich werde nie Tennis spielen lernen, wenn ich nicht auf einen Platz gehe und anfange, Tennis zu spielen. Während ich meine Schläge übe, wird es mir öfter und öfter gelingen, den Ball über statt in das Netz zu schlagen. Wenn ich täglich übe und einen Trainer zur Seite habe, der mir mit meinem Timing etc. hilft, werde ich bald in der Lage sein, den Ball zurückzuschlagen, auch wenn mir erfahrene Spieler gegenüberstehen, die meine Schwachstellen kennen. Schließlich werde ich gut koordiniert und automatisch spielen, ohne darüber nachdenken zu müssen. Verhalten durch Transaktions-Analyse zu ändern, ist ein ähnlicher Prozeß.

Es gibt viele Wege, Skript-Neuentscheidungen zu treffen. Viele Menschen haben es ohne Hilfe getan; d. h. sie haben Jobs gewechselt, beendeten destruktive Verbindungen, änderten schädliches Verhalten und schädliche Einstellungen, ohne äußere Unterstützung durch eine Therapie. Es besteht jedoch wenig Zweifel, daß es wirksamer und in einigen Fällen sogar absolute Notwendigkeit ist, psychotherapeutische Hilfe zu suchen. Das trifft besonders dann zu, wenn Leute mit wenig oder keinem Erfolg versucht haben, destruktives Verhalten zu ändern. Bitte kein Mißverständnis: Psychotherapie ist *nicht* ausschließlich etwas für Psycho-Keramiks (Leute mit einem Sprung in der Schüssel). Sogar *ich*, so schwierig es zu glauben sein mag, war 18 Monate lang in Psychotherapie. Es war wie das Atmen frischer Luft und die beste Investition meines Lebens.

TA hat das Konzept des Wechselns in das *Hier-und-Jetzt* von der Gestalt-Psychologie ausgeborgt. Wenn du dein Denken und/oder dein Fühlen und/oder dein Verhalten, was du sagst oder tust, änderst, änderst du im wesentlichen deine Drehbuchentscheidungen. Wenn ich mich zum Beispiel erinnere, „*ich* ärgere mich" statt „*du* ärgerst mich" zu sagen, ist anzunehmen, daß ich mich erleichtert fühle, statt verärgert zu bleiben. Einfach nur, weil ich meinen *Erwachsenen* benutze, mich daran zu erinnern, meine Worte zu ändern, ändere ich mein Verhalten, was in einer Änderung meiner Gefühle resultiert. Diese Reihenfolge bewegt sich entgegengesetzt zu meinen „Zeig-keine-Gefühle"-Einschärfungen. Jedesmal wenn ich mich einer Einschärfung erfolgreich widersetze, wird sie schwächer.

Ein wirksames Hilfsmittel für den, der eigene Drehbuchentscheidungen auf dem Do-it-yourself-Wege ändern will, ist das von Dr. John Dusay[15] entwickelte *Egogramm*. Das Egogramm ist eine grafische Darstellung der Verteilung psychischer Energie auf die einzelnen Ich-Zustände einer Person. Hier ist solch ein Egogramm:

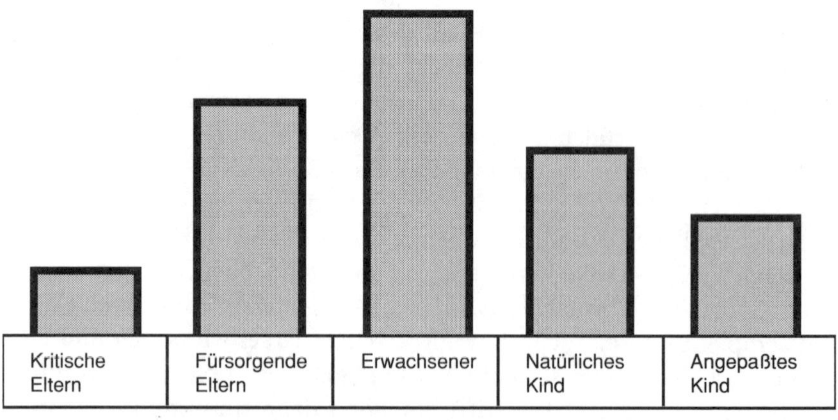

Abb. 5: Beispiel für ein Egogramm nach Dusay

Wie man sieht, verbringt diese Person die meiste Zeit in ihren drei wirksamen Ich-Zuständen und nur wenig in ihren schädlichen. Sie ist wahrscheinlich in der Lage, viele Dinge zu erledigen, hat Spaß am Leben und sorgt in angemessener Weise für sich selbst und andere. Es gibt kein einzelnes richtiges oder bestes Egogramm — es gibt Spielraum für eine ganze Anzahl individueller Variationen unter Menschen, die eine Ich-bin-okay-du-bist-okay-Grundposition innehaben, und diese Unterschiede tragen dazu bei, die Menschen so interessant und einzigartig zu machen.

Eine kritische, voreingenommene, kindliche Person, wie sie manchmal in Theaterstücken oder Romanen dargestellt wird, hat vielleicht ein Egogramm, das so aussieht:

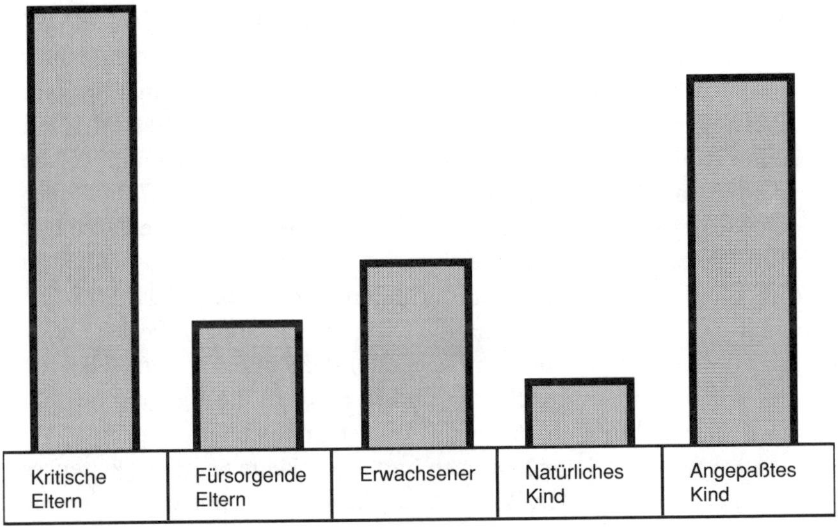

Abb. 6: Egogramm nach Dusay mit hohem Anteil „Kritisches-Eltern-Ich"

Diese Person steckt so viel Energie in ihr *Kritisches-Eltern-Ich* und *Angepaßtes Kind*, daß sie wenig Energie für ihr *Fürsorgendes-Eltern-,*

Erwachsenen- und *Natürliches-Kind-Ich* übrig hat. Sie verbringt deshalb sehr wenig Zeit in diesen Ich-Zuständen. Die psychische Energie, mit der der Mensch seine Ich-Zustände betreibt, ist nicht unbegrenzt. Das Egogramm veranschaulicht die Tatsache, daß, wer eine Menge Energie in einen Ich-Zustand pumpt, nicht mehr so viel für andere Ich-Zustände zur Verfügung hat. Dr. Dusay hat festgestellt, daß sich das Egogramm von Menschen, die in der Therapie Besserung zeigen, verändert, sobald sie ihre psychische Energie in ihre wirksamen Ich-Zustände umleiten.

Jeder der gelernt hat, Egogramme zu deuten, ist in der Lage, überraschend genaue Egogramme von Freunden und Bekannten zu zeichnen. Mit genau meine ich, daß dieses Egogramm denen sehr ähnlich sein wird, die andere Leute von der gleichen Person zeichnen, und sogar dem, das die Person von sich selbst anfertigt. Es ist leicht und macht Spaß, Egogramme zu zeichnen, weil es auf Intuition ankommt und nicht auf speziell durchgeführte, sorgfältig auf Milimeterpapier übertragene Messungen. Die eigentliche Höhe der Balken spielt keine Rolle; es geht darum, welche Ich-Zustände hoch und welche niedrig sind. Die genauesten Egogramme zeichnet der *Kleine Professor.* Sie geben die Beobachtungen wieder, die das *Kind* gemacht hat. Wenn du ein Egogramm anfertigst, ist es deshalb besser, es schnell zu tun, ohne zu zögern und ohne darüber nachzudenken. Das hilft zu gewährleisten, daß die Information wirklich von deinem *Kleinen Professor* kommt, statt von deinen *Eltern* oder deinem *Erwachsenen.* Ich fordere dich auf, hier anzuhalten und jetzt sofort die Egogramme von zwei oder drei Leuten, die du gut kennst, zu zeichnen.

Aller Wahrscheinlichkeit nach hattest du keine Schwierigkeiten zu entscheiden, welche Ich-Zustände die hervorstechendsten und welche weniger auffällig in jeder Person waren, obwohl du vielleicht eine Minute gebraucht hast, um zu entscheiden, was an zweiter, dritter oder vierter Stelle kam. — Nachdem du nun einige Übung hast, wie wäre es mit einem Egogramm von dir selbst?

Bist du zufrieden mit dem, was dein Egogramm zeigt? Oder würdest du lieber die Zeit verringern, die du in deinem *Kritischen Eltern-Ich* und *Angepaßten Kind* verbingst? Wenn du das willst, brauchst du nur die Zeitspanne vergrößern, die du in deinen effektiven Ich-

Zuständen verbringst; mit anderen Worten: Du mußt sie bewußt öfter benutzen. Weil du nur eine begrenzte Menge psychischer Energie besitzt, wird dadurch automatisch Energie von den schädlichen Ich-Zuständen, die du nicht benutzen willst, abgezogen. Dafür zu sorgen, daß du *Fürsorgende Eltern, Erwachsenen* und *Natürliches Kind* regelmäßig benutzt, ist viel leichter als zu versuchen, deine schädlichen Ich-Zustände nicht zu benutzen. Du kannst deine eigene Therapie entwickeln, indem du deine wirksamen Ich-Zustände trainierst und dadurch dein Egogramm änderst.

Wie kannst du deine wirksamen Ich-Zustände entwickeln?

Eine Möglichkeit, Übungen für deine Ich-Zustände zu entwickeln, ist das Beobachten von Menschen mit einem außergewöhnlich hohen *Fürsorgenden-Eltern-Ich, Erwachsenen* oder *Natürlichen Kind.* Was tun diese Menschen, das darauf hinweist, daß sie diese Ich-Zustände benutzen? Was hast du gerne als kleines Kind getan? Würde irgendetwas ähnliches heute deinem *Natürlichen Kind* gefallen?

Ein Mann, dessen Egogramm ein hohes *Erwachsenen-Ich*, aber ein sehr niedriges *Fürsorgendes-Eltern-Ich* und *Natürliches Kind* zeigte, bemerkte, daß zwei Leute, die er kannte, und die ein hohes *Fürsorgendes-Eltern-Ich* hatten, auch ausgezeichnete Köche waren. Er selbst hatte keine Ahnung vom Kochen und so bestanden seine Mahlzeiten zu Hause aus Tiefkühl- und Dosenkost. Er beschloß, einen Kochkursus zu besuchen, um sein *Fürsorgendes-Eltern-Ich* zu trainieren. Zu seiner Überraschung machte ihm der Kursus Spaß. Er führte dazu, daß er viel bessere Mahlzeiten für sich bereitete und somit viel fürsorgender zu seinem *Natürlichen Kind* wurde. Er entdeckte bald, daß es ihm auch Spaß machte, für andere Leute zu kochen, und er fing an, Freunde zu sich einzuladen, um mit ihnen zu speisen. Das führte zu Einladungen seitens seiner Freunde und somit auch zu mehr Spaß für sein *Natürliches Kind.* Der Kochkursus, der eigentlich nur als Übung für sein *Fürsorgendes-Eltern-Ich* angefangen worden war, diente auch dazu, seinen *Erwachsenen* zu stärken, der Interesse daran fand, etwas über Ernährung, Nahrungsmittelkunde und das Drum und

Dran der Speisenzubereitung zu lernen; und schließlich war er gut für das *Natürliche Kind* dieses Mannes, das nicht nur die vermehrte Fürsorge genoß, sondern auch Freude an den kreativen Aspekten des Kochens und den geselligen Aktivitäten, die davon ausgingen, fand. Somit hat eine relativ geringe Veränderung in des Mannes Aktivitäten, nämlich die Teilnahme an einem Kochkursus, zu einer beachtlichen Veränderung seines Egogramms und zur Verbesserung verschiedener Aspekte seines Lebens geführt.

Kapitel 5

Wie geht das Pyschospiel?
Wie spielt man „Krumme Tour“?

Du hast von Psychospielen gehört, die die Leute spielen. Im folgenden werden sie erklärt.

In Eric Bernes Buch „Spiele für Erwachsene“[16], erläutert er sein Konzept von den Psychospielen und beschreibt einige, denen wir häufig in unserer Gesellschaft begegnen. Ein Psychospiel ist eine Serie von Transaktionen, oft sich wiederholend, mit einem voraussagbaren Ausgang, einem versteckten Motiv und einer „Belohnung“ in Form von schlechten Gefühlen für den, der das Spiel beginnt, wie auch in vielen Fällen für den Mitspieler. Zweck und Ziel eines Psychospieles ist es, Bedürfnisse und Wünsche erfüllt zu bekommen und Gefühle auszudrücken. Dieses Ziel an sich ist okay; Psychospiele sind jedoch ein schädlicher und krummer Weg, dieses Ziel zu erreichen. Sie sind fast immer destruktiv. Auch fördern Spiele das Lebensdrehbuch und verstärken die Drehbuchentscheidungen. Da Psychospiele nicht mit *Erwachsenen-Bewußtheit* gespielt werden, merkt der Initiator selten, daß er zu einer „krummen“ Transaktion einlädt oder daß er gleichzeitig etwas auf der sozialen, offenen Ebene und etwas anderes auf der psychologischen, verdeckten Ebene sagt.

Psychospiele haben ihren Ursprung eindeutig in der Kindheit. Wenn ein Kind das, was es will und braucht, nicht auf geradem Wege bekommt, wird es oft auf Spiele verfallen, als Mittel, seine Bedürfnisse zu befriedigen. Menschen spielen oft die gleichen Spiele, die sie als Kind geübt hatten und in denen sie gut waren, im Erwachsenenleben. Ich, zum Beispiel, konnte mein Spiel „Ich Armer“ bis zu meinem fünften Schuljahr zurückverfolgen. Ich machte eine Staatsaktion aus dem Umstand, daß ich in einer ärmlichen Nachbarschaft lebte und dafür immer gestreichelt wurde. Im Erwachsenenleben hatte ich die Neigung, über zu lange Arbeitsstunden zu klagen, worauf ich dann auch hier eine Menge teilnahmsvolle Streichelzuwendungen bekam.

Kinder lernen manchmal Psychospiele von ihren Eltern. Sie beobachten, wie Vater und Mutter miteinander umgehen. In anderen Fällen lernen Kinder intuitiv, welche Spiele mit Vater, Mutter und Geschwistern zu spielen sind. Wenn sie merken, daß die Spiele ihnen zu Streichelzuwendungen verhelfen, werden sie darin bestärkt, diese Spiele fortzusetzen.

Psychospiele basieren auf Mißachtungen. Wie wir noch sehen werden, sind für ein Spiel *zwei* Mißachtungen erforderlich. Die Mißachtung mag sich auf deine eigenen Bedürfnisse, Wünsche oder Gefühle beziehen oder auf die eines anderen, oder auf ein Problem oder eine Situation. Zum Beispiel kann ein Spiel durch eine völlig vernünftige Bitte, die zur falschen Zeit geäußert wird, ausgelöst werden. Wie oft lädt ein Mann seine Frau zu Intimverkehr ein, wenn sie reizbar, müde oder sehr beschäftigt ist? Das Ergebnis ist, daß er abgewiesen wird und sich enttäuscht (verfolgt) fühlt. Er wird es kaum bemerken, daß er ein „Tritt-mich-Spiel“ angefangen hat, indem er das Vorhandensein eines Problems mißachtete. Mißachtungen werden durch Handlungen wie auch durch Worte vermittelt: Ein Lächeln oder ein verführerisches Manöver kann ebenso leicht eine Mißachtung ausdrücken, wie etwas, das gesagt wird.

Ein Spiel kann nicht begonnen werden ohne eine Mißachtung auf der Seite des ersten Spielers, und ein Spiel kann sich nicht entwickeln, wenn sich die zweite Person weigert, zu mißachten. Es gibt also selten einen „Verfolger“ oder einen „Retter“ ohne ein „Opfer“, das mitmacht. Jedes Spiel hat sechs Stufen:

1. Der *Schwindel* (CON),
   das ist der Versuch, jemanden hereinzulegen.
2. Der *wunde Punkt* (Gimmick),
   das ist die Schwachstelle eines Menschen.
3. Die *Reaktion* (Response).
4. Die *überraschende Wende* (Switch).
5. Die *Verwirrung* (Cross-up).
6. Die *Belohnung* in Form von schlechten Gefühlen (Pay off).

Hier ist ein typisches Spiel:

Sekretärin: „Ich muß heute länger arbeiten, Herr Schmidt."

Das hört sich wie ein *Erwachsenen-Stimulus* auf der sozialen Ebene an. Gleichzeitig jedoch macht sie mit ihrem Gang, ihren Augenbrauen, dem Klang ihrer Stimme ein paar suggestive Gesten oder vermittelt in anderer Weise eine sexuelle Botschaft auf der psychologischen Ebene („Laß uns miteinander schlafen"). Wenn die Sekretärin sich nicht bewußt ist, daß sie diese Botschaft gesendet hat, mißachtet sie einige ihrer eigenen sexuellen Gefühle. Wenn sie sich dessen bewußt ist und keine Absicht hat, der Botschaft Taten folgen zu lassen, mißachtet sie Herrn Schmidt (erste Mißachtung).

Diesen offenen und verdeckten Stimulus nennt man „Schwindel". Der unbewußte, hintergründige Bestandteil ist ein heimlicher Stimulus von *Kind* zu *Kind*, *Eltern* zu *Kind* oder *Kind* zu *Eltern*. In unserem Falle ist es ein *Kind-Kind-Stimulus* „laß uns miteinander schlafen".

Chef: „Ich muß auch länger arbeiten."

Das ist eine Reaktion auf den offenen Stimulus. Das Spiel wird nicht weitergehen, bis Herr Schmidt auch auf den verdeckten Stimulus reagiert. Er wird wahrscheinlich darauf reagieren, denn hier haben wir die Stufe 2 des Psychospiels, den „wunden Punkt", die Schwachstelle des Herrn Schmidt, die die Sekretärin intuitiv spürt und die darin besteht, daß der Chef nicht genügend sexuelle Selbstkontrolle besitzt.

Der „Schwindel" zusammen mit dem „wunden Punkt" ruft eine „Reaktion" (Stufe 3) auf den heimlichen Stimulus hervor; der Chef denkt: „Ich würde gern mit dir ins Bett gehen." Und er macht eine unmißverständliche offene Geste. Dies ist die zweite Mißachtung, ohne die das Spiel nicht stattfinden würde. Herr Schmidt reagiert auf eine verdeckte Botschaft, ohne sich, die Sekretärin und die Situation zu berücksichtigen.

Sekretärin entrüstet: „Also Herr Schmidt, Sie schockieren mich. Weil ich eine Sekretärin bin, heißt das noch lange nicht, daß ich ein Sexobjekt bin."

Diese Stufe des Psychospiels nennt man „überraschende Wende“ (Stufe 4). Die Sekretärin verleugnet nun ihren früheren heimlichen Stimulus.

Chef überrascht und verwirrt: „Es tut mir leid Frau Johns. Ich betrachte Sie ganz bestimmt nicht als Sexobjekt, und ich bitte um Entschuldigung.“ Das ist die „Verwirrung“ (Stufe 5), in die der Reagierende durch die „überraschende Wende“ gerät.

Der Chef entfernt sich mit einem Gefühl der Schuld. Die Sekretärin fühlt gerechtfertigten Ärger und hat außerdem ihre Überzeugung gestärkt, daß alle Männer gleich sind. Sie hat ihre „Belohnung“ (Stufe 6) in Form von schlechten Gefühlen, in diesem Falle einen Grund, ärgerlich zu sein, erhalten. Wie in den meisten Psychospielen hat auch der Mitspieler zum Schluß negative Gefühle und dazu noch die Verstärkung einer oder mehrerer Drehbuchentscheidungen.
Warum würde jemand spielen wollen, wenn er am Ende mit schlechten Gefühlen dasteht?

Es gibt sieben Gründe und Ziele für das Psychospiel:
1. zu bestimmen, wie und womit man seine Zeit verbringt, wie man seine Zeit strukturiert,
2. seine Lebensdrehbücher zu fördern,
3. Streicheln zu bekommen,
4. Rabattmarken zu sammeln,
5. anderer Menschen Reaktionen vorhersehbar zu machen,
6. Intimität zu vermeiden,
7. seine eigene Grundposition zu festigen[17].

Bei meiner klinischen Arbeit stellte ich fest, daß die meisten Menschen, nachdem sie ihre Spiele einmal identifiziert hatten, durch das Vergleichen mit diesen sieben Zielen erkennen konnten, warum sie spielten.

Gewöhnlich werden durch ein Spiel gleich mehrere dieser sieben Ziele auf einmal erreicht. Leute, die beispielsweise Spiele um den Alkohol herum spielen, erhalten gewöhnlich eine stattliche Anzahl negativer Streichelzuwendungen für übermäßiges Trinken. Der Anteil an Zeit, den sie für das Trinken, mit dem Kater, für die schlechten Gefühle und für die Diskussion mit anderen Leuten über ihr Trinken aufwenden, ist enorm. Sie haben in ihrer Kindheit entschieden, daß sie nicht okay sind, und nach jedem Rausch fühlen sie sich sehr nicht okay. Viele Alkoholiker fördern ihre Skripts durch das Trinken. Das Ende eines Alkoholiker-Skripts ist oft der Tod oder ein unglückliches Leben. Wenn Alkoholiker trinken, vermeiden sie auf alle Fälle die Intimität, vor der sie sich fürchten. Nach jeder Periode des Betrunkenseins können sie Gefühle von Schuld, Depressionen und/oder Ärger sammeln. Schließlich können Alkoholiker die Reaktionen der Menschen aus ihrer Umgebung voraussagbar machen, denn sie wissen, daß ihr Partner jedesmal, wenn sie trinken, böse, ärgerlich, angewidert ist und sich lieber für ein paar Tage von ihm zurückzieht. Das *Kind* möchte Menschen voraussagbar machen, weil es sich wohler fühlt, wenn dieses Bedürfnis befriedigt ist.

Obwohl die „Belohnung“ in einem Spiel gewöhnlich aus schlechten Gefühlen besteht, sind es doch zumindest bekannte Gefühle. Manchmal ergibt sich ein Gefühl der Schadenfreude oder der Rechtfertigung auf der Seite des Spielers. Es ist interessant festzustellen, daß der Spieler am Ende häufig mit denselben miesen Gefühlen dasteht, wie zu Beginn des Spiels. Wenn Mama zum Beispiel auf Söhnchen wütend ist, weil es etwas angestellt hat, fängt sie vielleicht ein Spiel mit ihm an, das ihn einlädt, sie anzulügen. Nimmt er die Einladung an, kann sie jetzt wegen der Lüge böse auf ihn sein. Dieses Bösesein addiert sie zu dem ursprünglichen Wütendsein und hat nun die Rechtfertigung, ihren Ärger auszudrücken.

In jedem Spiel gibt es ein „Opfer“. Es gibt auch einen „Verfolger“ oder einen „Retter“ oder beide. Dr. Stephen Karpman hat einen wichtigen Beitrag zur Transaktions-Analyse geleistet, als er diese Rollen anhand des Drama-Dreiecks beschrieb[10]. Dieses Dreieck steht auf der Spitze und basiert auf der „Opfer“-Position, was bedeutet, daß es kein Spiel ohne ein williges „Opfer“ gibt. Die Pfeile zeigen an, daß es möglich ist, auf eine andere Position im Dreieck zu wechseln, darin besteht nämlich das ganze Drama, so daß die Person, die in der einen Position in das Spiel eintritt, damit rechnen kann, einige Zeit in einer der anderen Positionen zu verbringen. Auf die „Opfer“-Rolle wird aus der „Verfolger“- oder „Retter“-Position reagiert, und manchmal aus beiden. Jeder Mitspieler kann am Ende alle drei Rollen des Drama-Dreiecks gespielt haben.

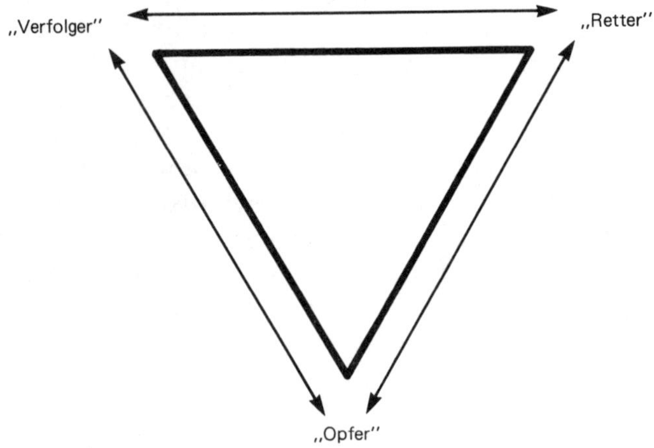

Abb. 7: Das Drama-Dreieck

In diesem Spiel-Beispiel hört der Sohn nicht auf Mama. Mama fängt an, sich wie ein „Opfer“ zu fühlen, das von dem Jungen verfolgt wird. Sie ruft Papa an, damit er die Sache in die Hand nehme. Papa, der ein „Retter“ ist, eilt nach Hause und schreit den Sohn an. Jetzt wird Papa, der Mamas „Retter“ war, der „Verfolger“ des Sohnes, der Mamas „Verfolger“ war und nun Papas „Opfer“ ist. Mama, die das Geschimpfe hört, eilt herbei und gibt dem Vater den Rat, sich zu beruhigen und nicht so streng mit dem Jungen zu sein. Mama, das ursprüngliche „Opfer“ ist nun der „Retter“ des Sohnes, des neuen „Opfers“. Vater jedoch stellt fest, daß Mama nun ihn verfolgt, ihn ungerecht behandelt, und er jetzt ihr „Opfer“ ist. Das Drama-Dreieck ist eine klare Illustration der Tatsache, daß jeder, der sich an einem Psychospiel beteiligt, zum „Opfer“ werden kann. Ein gutes Mittel, Spiele zu vermeiden ist, keine dieser Rollen anzunehmen.

Die meisten Spiele sind Varianten des JEHIDES-Spiels (Jetzt-hab-ich-dich-endlich-du-Schweinehund) und seines Ergänzungsspiels „tritt-mich“. JEHIDES ist das am häufigsten im Ehe- und Geschäftsleben vorkommende Spiel. In diesem Spiel versucht eine Person die Fehler, Unzulänglichkeiten und Widersprüchlichkeiten anderer zu finden, einfach nur zu dem Zweck, diese Person *zu erwischen* und nicht um wirklich das Problem zu lösen. Die Ehefrau kommt beispielsweise von der Arbeit nach Hause und bemerkt, daß das Haus eigentlich ganz gut aufgeräumt ist, bis auf ein paar Krümel und ein Messer, das der Ehemann auf dem Küchentisch liegen ließ. Sie fällt deswegen gleich über ihn her. Er seinerseits hat jedoch diesen Überfall heraufbeschworen, indem er Messer und Krümel herumliegen ließ, wohlwissend, daß seine Frau über diese Art von Verhalten sehr ärgerlich wird.

Ein anderes Beispiel für „tritt-mich" und JEHIDES ist das Spiel, an dem ich mich beteiligte. Ein enger Freund hatte mich des öfteren eingeladen, ihn zu einer bestimmten Zeit zum Frühstück zu treffen. Ich kam pünktlich und er regelmäßig 15 oder 20 Minuten zu spät. Er spielte „tritt-mich", da er merkte, daß ich über seine Unpünktlichkeit ärgerlich wurde. Ich spielte JEHIDES, indem ich die Tatsache mißachtete, daß er selten irgendwo pünktlich erschien. Es ist nicht schwer, jedes Spiel zwischen zwei Leuten zu stoppen, wenn einer beschließt, nicht weiter mitzuspielen. Denk daran: *Zwei* Leute müssen mißachten, damit ein Spiel stattfinden kann. Als ich endlich beschloß, mit dem Spiel aufzuhören, bat ich meinen Freund, mich anzurufen, wenn er das Haus verließ, so daß wir gleichzeitig beim Restaurant ankommen würden. Ende des Spiels.

Was kann ich tun, wenn ich nicht mitspielen will?

Du kannst dich ganz einfach weigern, die Einladung zum Spiel anzunehmen. Ich war zum Beispiel kürzlich mit einem befreundeten Ehepaar zum Essen aus. Er schaute mich an, während er seine Frau beschuldigte, irgendetwas zu tun, was eine eindeutige Einladung für mich sein sollte, meine Meinung zu der Angelegenheit zu äußern. Gerade, als sie ihren Mund auftat, um sich zu verteidigen, stoppte ich das Spiel, indem ich sagte, daß ich mich wirklich nicht in eine solche Diskussion einlassen wolle. Ich hatte eine Einladung zu dem Spiel

„Gerichtssaal“ erkannt. Dieses Spiel wird oft im Geschäftsalltag gespielt: Zwei Kollegen, die sich nicht besonders gut verstehen, kommen in das Büro des Chefs. Einer beschuldigt den anderen irgendeiner Sache und dieser verteidigt sich; der eine ist also der Ankläger und der andere der Angeklagte. Der Chef wird Richter und Geschworener. Um das Spiel „Gerichtssaal“ zu vermeiden, wird der Chef nicht zum „Retter“, sondern er lädt beide Mitarbeiter ein, *miteinander* zu reden. Er greift nur ein, wenn es den beiden hilft, ihre Konflikte selbst zu lösen.

Eine andere Möglichkeit, ein Spiel zu vermeiden, ist es aufzudecken. Kürzlich hat mich jemand um Rat gebeten, wie er mit seiner Frau umgehen soll. Ich habe ihm daraufhin mehrere Vorschläge gemacht. Er antwortete auf jeden mit den Worten: „Ja, aber das habe ich schon versucht, und es hat nichts genützt.“ Ich erkannte, daß wir das gebräuchliche Spiel WANJA (Warum nicht — ja aber) angefangen hatten. Auf der sozialen Ebene sieht WANJA so aus, als ob jemand ein Problem zu lösen versucht, indem er einen anderen um Rat bittet. Auf der psychologischen Ebene jedoch versucht diese Person überhaupt nicht, das Problem zu lösen. Stattdessen versucht sie zu beweisen, daß das Problem unlösbar ist, und daß niemand helfen kann, schon gar nicht der Mitspieler, der am Ende verwirrt ist und sich verletzt oder auf irgendeine Weise nicht recht wohl in seiner Haut fühlt. Ich habe das Spiel aufgedeckt, indem ich ihn auf das aufmerksam machte, was sich gerade ereignet hatte und ihn fragte, ob er Wert auf eine Antwort lege oder nur seine Überzeugung, daß seine Frau unmöglich ist und ihm niemand mit ihr helfen könne, rechtfertigen wollte. Eine andere Mögllichkeit, das Spiel zu stoppen, hätte ich bei der ersten Transaktion gehabt. Ich hätte ihn fragen können, was er denn bisher schon getan habe, statt ihm Vorschläge anzubieten, wie ein allwissender „Retter“. Eine dritte Möglichkeit, das Spiel zu vermeiden, wäre gewesen, ihm vorzuschlagen, selbst einige mögliche Lösungen für sein Problem zu entwickeln. Gleichzeitig hätte ich ihn wissen lassen müssen, daß ich ihm helfen würde, sich selbst für eine Lösung zu entscheiden, anstatt Lösungen vorzuschlagen und Ratschläge zu geben. — Einer meiner Klienten gab mir einmal ein Schild mit der Aufschrift: „Ein guter Rat: Gib keinen“. Ich hätte

Transaktionen kreuzen können, indem ich meinen *Erwachsenen* einschaltete, statt sein *Angepaßtes Kind* zu „retten".

Manchmal kann es wirksam sein, ein Spiel mitzuspielen, auch wenn man es als solches erkannt hat, um den Spielinitiator einzuladen, sich anzuschauen, was passiert und daraus zu lernen. Ich hatte eine Klientin, die zur Gruppentherapie kam und dann passiv dasaß, während die anderen Teilnehmer mitarbeiteten. Wenn die Zeit dann fast um war, bat sie mich schließlich um Hilfe, genau wissend, daß nicht mehr genug Zeit blieb, ihr zu helfen. Sie konnte dann „Ich Arme" spielen, weil ich ihr nicht half oder JEHIDES, weil ich nicht dafür sorgte, daß sie bekam, was sie verlangte. Bei einem anderen Gruppentreffen machte ich sie auf dieses Spiel aufmerksam. Ich zeigte ihr, daß sie das Spiel begonnen hatte, indem sie fünf Minuten vor Ende der Stunde um Hilfe bat, statt schon früher, wenn noch Zeit gewesen wäre und sie erwarten konnte, zu bekommen was sie verlangte. Ich sagte ihr auch, daß sie sich am Ende gewöhnlich sehr schlecht fühlte und/oder ärgerlich auf mich war, weil ich ihr die Hilfe, die sie suchte, nicht gab. Es war für sie wichtig, dieses Spiel in der Gruppe auszuspielen, damit sie sich bewußt werden konnte, wie oft und auf welche Art und Weise sie dieses Spiel in ihrem Leben anwandte. Als Ergebnis dieser Erfahrung stimmte sie zu, in der ersten Hälfte jeder Gruppentherapie um Hilfe zu bitten und sie begann so, ihr passives Verhaltensmuster zu wechseln.

Es ist auch möglich, sich an einem Spiel zu beteiligen, sich aber zu weigern, die „Belohnung" zu geben. Bevor ich das Spiel mit meinem unpünktlichen Frühstückspartner ganz aufgab, vermied ich es bei verschiedenen Gelegenheiten, ihm die „Belohnung" zu geben, indem ich einfach beschloß, mich nicht mehr über sein Zuspätkommen zu ärgern und ihn nicht mehr zu „treten".

Was passiert, wenn ich einfach aufhöre, mitzuspielen?

Wenn du dich weigerst, mit jemandem mitzuspielen, der es gewöhnt ist, mit dir zu spielen, wird diese Person wahrscheinlich in einer von mehreren möglichen Arten darauf reagieren. Sie wird vielleicht schärfer spielen, um herauszufinden, ob es dir wirklich ernst ist; sie mag jemand anderen zum Mitspielen finden; oder sie wird in anderer Weise reagieren.

Eine meiner Klientinnen hatte endlich beschlossen, ihren alkoholsüchtigen Ehemann zu verlassen, wenn er je wieder zu trinken anfangen würde, und sie sagte ihm das auch. Er war für eine längere Zeit trocken, doch dann ging er auf eine Sauftour (verschärftes Spiel). Da verlangte sie, daß er auszog. Zu diesem Zeitpunkt sah es so aus, als ob sie es wirklich ernst meinte; er brach sich jedoch ein Bein (noch schärferes Spiel), und sie beschloß, daß er bleiben durfte.

Ein hartgesottener Spieler wird einfach auf ein anderes Spiel verfallen und es erneut versuchen. Ein Ehemann kommt von der Arbeit nach Hause und fühlt sich unzufrieden und frustriert wegen seiner Arbeit. Er befindet sich in der „Opfer"-Position, und was er von seiner Frau will, ist ein bißchen Verständnis, obwohl er nicht direkt darum bittet. Die Ehefrau antwortet ebenfalls aus der „Opfer"-Position, indem sie sich über ihren eigenen unerfreulichen Tagesablauf beschwert. Beide wetteifern um die „Opfer"-Position. An diesem Punkt kann das Spiel nicht weitergehen, denn zwei Leute können nicht gleichzeitig die „Opfer"-Position innehaben. Deshalb wechselt er in die „Retter"-Position, indem er ihr sagt, wie sie die Kinder behandeln soll. Sie ist nun wütend, weil er ihr immer Ratschläge erteilt. Weil er kein Streicheln für seine „Opfer"-Rolle im ersten Spiel erhält, fängt er ein anderes Spiel an, in welchem er zum „Retter" seiner Frau wird, die zu dem Zeitpunkt das „Opfer" war. Sie wechselte daraufhin in die „Verfolger"-Position, und er bekommt am Ende das „Opfer"-Streicheln, das er von Anfang an wollte.

Es ist nicht ungewöhnlich, daß ein Psychospieler sich jemand anderen zum Mitspielen sucht, wenn du dich weigerst, weiter mitzumachen. Man sieht das häufig in der Aufeinanderfolge von Scheidung und Wiederheirat, wenn ein Partner beschließt, geradeheraus zu sein und keine Spiele mehr zu spielen. Der Ehemann oder die Ehefrau entscheidet sich dann für die Scheidung, weil beide nicht mehr länger zusammenpassen, d.h., die andere Person ist nicht mehr gewillt, die altbekannten Spiele zu spielen. Der Mann oder die Frau heiraten dann jemanden, der so ist, wie der alte Partner früher war, damit die

Spiele fortgesetzt werden können. Manchmal gibt ein Spieler es auf, mit jemanden zu spielen und entscheidet stattdessen, sich geradeheraus zu verständigen, ohne krumme Wege, um gestreichelt zu werden und um zu bekommen, was er sich wünscht. Daß dieser Fall eintritt, ist wahrscheinlicher, wenn das Spiel aufgedeckt wird und beide Partner entscheiden, auf wirksamere Weise miteinander umzugehen.

Die bisher genannten Reaktionsmöglichkeiten kommen sehr häufig vor. Es gibt aber noch drei weitere, viel seltenere Möglichkeiten, auf eine Spielverweigerung zu antworten. Wir können darüber jeden Tag in den Zeitungen lesen: Wenn Menschen sich weigern, Psychospiele mitzuspielen, kann der, der es begonnen hat, verrückt (irre) werden, oder sich oder andere umbringen.

Heißt das, daß es gefährlich ist, Spiele zu stoppen?

Normalerweise ist es überhaupt nicht gefährlich, das Mitspielen zu verweigern. Es ist jedoch verständlich, daß ein alter Spielgefährte böse und verwirrt ist, wenn du plötzlich aufhörst mitzuspielen, denn ihr hattet über viele Jahre eine gegenseitige stillschweigende Abmachung, die du nun einseitig zu ändern wünschst. Tatsächlich hattet ihr euch einmal gegenseitig zum Teil deswegen erwählt, weil eure *Kleinen Professoren* intuitiv wußten, daß ihr euch gegenseitig die Bälle „zuspielen" würdet. Ihr erkanntet eure gegenseitigen Schwächen und verwundbaren Zonen. Ich, zum Beispiel, fühlte mich vor vielen Jahren — natürlich heute nicht mehr — unsicher, während ich eine Vorlesung gab. Ich setzte mich nicht mit meinem Gefühl der Unsicherheit auseinander, sondern mißachtete es stattdessen. Mein Unbehagen zeigte sich in irgendeiner Weise und entging den aufmerksamen Zuhörern nicht. Während des ganzen Vormittags war ich das Opfer von JEHIDES-Spielern, die mich mit ihren Bemerkungen traktierten. Sie hatten meinen „wunden Punkt", meine Unsicherheit, erkannt. Ich verteidigte mich und wurde am Ende getreten (das „Tritt-mich"-Spiel).

Wie ich bereits sagte, ist es selten gefährlich, eine Spieleinladung abzulehnen. Wenn du es jedoch mit einem Spieler dritten Grades zu tun hast, ist es oft ratsam, professionelle Hilfe einzuschalten. Spiele werden in drei verschiedenen Stärkegraden gespielt. Der erste Grad wird auf gesellschaftlich akzeptierter Ebene gespielt, und der Nutzeffekt, die „Belohnung“, ist gering. Das Spiel zweiten Grades hat einen größeren negativen Nutzeffekt und sehr negative Konsequenzen. Der zweite Grad deutet an, daß das Verhalten der Spieler gesellschaftlich auf Ablehnung stoßen würde. Gewöhnlich sehen es die beteiligten Spieler lieber, daß niemand außer ihnen von ihrem Spiel weiß. Beim Spiel dritten Grades wird einem der Spieler seelischer oder körperlicher Schaden zugefügt. Das kann die Einlieferung in ein Krankenhaus, in ein Gefängnis oder in eine Leichenhalle einschließen. Das vorher erwähnte Chef-Sekretärin-Spiel „Hilfe Vergewaltigung!“ ist ein Spiel zweiten Grades. Wäre es nur ein einfacher Flirt gewesen, auf den der Chef in weniger eindeutiger, eher harmloser Weise einging, hätte die Sekretärin ihn vielleicht nur ganz einfach aufgefordert, zu verduften. Solch ein Flirt könnte sich sehr wohl auf einer Cocktailparty abspielen, in der Nähe anderer Menschen, die die Unterhaltung überhören, und die „Belohnung“ würde für beide mäßig ausfallen. Das wäre das Spiel ersten Grades. Im dritten Grad gespielt könnte es damit enden, daß der Chef der Sekretärin Gewalt antut. Sie hätte dann „Hilfe Vergewaltigung!“ geschrien und ihn verklagt.

Vielleicht fange ich Spiele an, ohne mir dessen bewußt zu sein. Wie kann ich das vermeiden?

Wenn du weißt wie du vorgehen mußt, um das, was du willst, auf offene, gerade Weise zu bekommen, wirst du keine Spiele spielen. Wir haben eine Anzahl von Punkten besprochen, die dir helfen werden, deine Wahrnehmung dafür zu schärfen und das Streicheln zu bekommen, das du brauchst: Kreuze Transaktionen, wenn es nötig ist; drücke deine Gefühle auf normale, gesunde Weise aus; bitte um das, was du gerne möchtest und erwarte, daß andere das Gleiche tun; gib, akzeptiere und verlange positives Streicheln; untersuche deine Kindheitsentscheidungen und ändere die Entscheidungen, die schädlich sind; bleib dem Drama-Dreieck fern. Je mehr du auf deine Bedürfnisse, Wünsche und Gefühle achtest, und darauf, wie du dich anderen mitteilst, umso größer wird dein Wahrnehmungsvermögen für deine eigenen, auf psychologischer Ebene gesandten Botschaften, und umso weniger unbewußte Botschaften wirst du senden.

Kapitel 6

Wirst du die Regeln brechen müssen?

Wenn du vorhast, Veränderungen herbeizuführen, die deine menschlichen Beziehungen und deine Leistungen an deinem Arbeitsplatz verbessern, wird es notwendig, einige ungeschriebene Regeln unserer Gesellschaft zu brechen und dich einiger allgemeiner kultureller Überlieferungen, an die du dich bisher gehalten hast, zu entledigen. Für die meisten Menschen sind diese Regeln und Überlieferungen unumstößlich. Sie sind so grundlegend, daß sie Tatsachen zu sein scheinen. Wir scheinen diese Dinge zu „wissen", ohne daß sie uns erklärt wurden; aber eigentlich wurden sie uns doch gelehrt, und wir haben sie durch unsere eigenen Beobachtungen vom Tag unserer Geburt an gelernt. Wenn wir diese ungeschriebenen versteckten Regeln aufdecken und bewerten, wenn wir diese sogenannten Tatsachen einer *Erwachsenen-Prüfung* unterziehen, finden wir heraus, daß viele von ihnen einfach nicht wahr sind, daß einige der Gesellschaft nicht nützen und einige dem Einzelnen sehr schaden. Teil unserer Bemühungen, den Ablauf der Dinge reibungslos zu gestalten, damit eben alles besser klappt, ist es, jene durch Kultur und Tradition vermittelten Überzeugungen und Regeln, die falsch und schädlich sind, zu erkennen und fallenzulassen.

Unsere Kultur unterstützt zum Beispiel sehr stark den irrigen, heimtückischen und zerstörerischen Glauben, daß *andere* Menschen uns Dinge tun und fühlen *machen* können. Sie machen uns unglücklich, traurig, ärgerlich. Viele von uns benutzen solche Überzeugungen, um ihr Unglücklichbleiben, ihr Festgefahrensein und ihre Wirkungslosigkeit zu rechtfertigen. Eine andere heimtückische „Gegebenheit" ist die, daß einem einige Dinge „einfach passieren". Viele glauben, daß sie wenig oder keine Kontrolle über das haben, was ihnen widerfährt: „So ist eben das Leben". „Das ist Schicksal". Aber der Mensch *hat Kontrolle* über sein Leben, ob er es weiß oder nicht.

Er bewirkt sein eigenes Glück, sein eigenes Unglück und sein eigenes Schicksal. Sehr oft warten die Leute darauf, daß *sich etwas für sie tut*, statt daß *sie etwas für sich tun*. Manche Menschen suchen nach Glück, als ob sie erwarten, es unter irgendeinem Baum zu finden, statt sich selbst ihr Glück aufzubauen. Manche sitzen herum und warten auf den Weihnachtsmann oder, wie Eric Berne es formulierte, sie warten, bis die Leichenstarre einsetzt.

In Wirklichkeit sind die meisten Beschränkungen von den Menschen selbst auferlegt. Das ist so, weil wir uns in den Vorstellungsrahmen einfügen, den unsere Eltern von uns, unserer Umwelt und von unserem Umgang mit dieser Umwelt haben. Wir haben *entschieden*, was wir fühlen und nicht fühlen, denken und nicht denken, tun und nicht tun können. Viele dieser Entscheidungen hatten in unserer Kindheit Gültigkeit als Mittel, sich an streßreiche Situationen anzupassen. Leider klammern wir uns einfach weiter an diese Entscheidungen, auch wenn sie längst keine Gültigkeit mehr in unserem Erwachsenenleben haben. Wir können uns jedoch von den selbstauferlegten Beschränkungen befreien, indem wir diese frühen Entscheidungen erkennen und sie ändern. Alles, was wir einmal entschieden haben, können wir neu entscheiden und dadurch unser Schicksal neu gestalten.

Du hast die Macht, deine Kindheitsentscheidungen zu ändern!

Du hast Kontrolle über deine Gefühle. So wie es in deiner Macht liegt, dich selbst durch das, was du denkst und tust, unglücklich und elend zu machen, hast du auch die Macht, dich durch das, was du denkst und tust, glücklich zu machen. Wenn du gerne deine Fähigkeit, eigene Gefühle zu erzeugen, erleben willst, schlägt Robert Goulding folgende Übung vor:

Nimm dir 15 Sekunden Zeit und denke über ein negatives Erlebnis nach, bei dem du dich wirklich schlecht gefühlt hast. Erlebe dieses Gefühl erneut.
Nimm dir weitere 15 Sekunden Zeit und erinnere dich an ein sehr angenehmes Erlebnis. Erlebe dieses Gefühl erneut.

Was ist dir aufgefallen? Du hast bewiesen, daß du deine eigenen Gefühle erzeugen kannst, angenehme wie unangenehme. Du hast vielleicht gerade entdeckt, daß es einfacher ist, in dir gute, angenehme Gefühle zu erwecken, statt schlechte. Du bist vielleicht zu der Überzeugung gekommen, daß diese Übung für dich sinnlos ist und hast es deshalb vorgezogen, sie überhaupt nicht zu machen. Hast du die Übung durchgeführt, ist dir sicher klar geworden, daß du die Kraft besitzt, Gefühle in dir selbst zu verursachen und selbst zu ändern. Auf jeden Fall ist dir der Beweis gelungen, daß *du* entscheidest, was du tust und was du fühlst: *du hast die Kontrolle über beides*.

Wenn die Leute also tatsächlich ihre eigenen Gefühle verursachen, positive wie negative, warum glauben dann bloß so viele, daß andere die Macht besitzen, sie gut oder schlecht fühlen zu machen? Die Antwort auf diese Frage liegt wiederum in den Entscheidungen, die wir für uns in unserer Kindheit als Reaktion auf Streß und auf familiäre und kulturelle Denk-, Gefühls- und Verhaltensvorbilder getroffen haben. Oft gehörte Aussprüche wie „du verletzt meine Gefühle!" „Siehst du, was ich jetzt deinetwegen gemacht habe?" „Du machst mich wirklich verrückt, nervös, ärgerlich!" „Du machst mich so glücklich!" „Du machst, daß ich dich liebe ... ich wollte es gar nicht!" „Du verwirrst mich!" verstärken die Idee, daß die Menschen nicht für ihr eigenes Denken, Fühlen und Verhalten verantwortlich sind.

Grundregeln der Transaktions-Analyse

Transaktions-Analyse gibt uns viele wertvolle Regeln und Ideen, die uns helfen, bewußt unser Leben in die eigenen Hände zu nehmen. Hier sind einige der grundlegendsten:

Sei Herr über dein eigenes Denken, Fühlen und Verhalten —
und nicht über das Anderer.

Das ist Regel Nummer eins in der Transaktions-Analyse und in der Psychologie heute. Tatsache ist nämlich, daß *ich* niemanden dazu bringen kann, irgendetwas zu denken, zu fühlen oder zu tun. Ich kann noch nicht einmal einen Zweijährigen dazu bringen, etwas zu tun, was er nicht tun will. Hast du jemals versucht, einen Menschen glücklich zu machen, der nicht glücklich sein wollte? Es ist ein unmögliches Unterfangen. Wenn ich verantwortlich bin für dein Glück oder deine Depressionen, dann trage ich eine sehr schwere Last. Wenn ich für deine inneren Gefühle verantwortlich bin, bist du machtlos, selbst etwas mit ihnen zu tun, und du mußt auf mich warten, damit ich sie ändere.

Tatsächlich jedoch bin *ich* für mein Fühlen und Handeln verantwortlich, und nur ich kann es ändern. Niemand bringt mich dazu, etwas zu denken, zu fühlen oder zu tun. Selten „passiert mir nur so einfach etwas": Ich „mache", daß es passiert. Ich gebe zu, daß mir wirklich etwas passiert, wenn ein Auto erst eine rote Ampel und dann mich überfährt; das ist aber etwas, das außerhalb meiner Kontrolle liegt. Solche Ereignisse sind die Ausnahme und nicht die Regel, und selbst die Ausnahmen sind manchmal verdächtig.

Nichtsdestoweniger glauben viele Leute wirklich, daß sie keine Kontrolle über das haben, was sie tun, denken oder fühlen. Zum Beispiel fuhr ein Lastwagenfahrer, der Möbel für mich transportierte, mit seinem Fahrzeug ein parkendes Auto an. Beim Einparken stieß er noch einmal von hinten an das gleiche Auto. Sein Kommentar war: „Warum muß ausgerechnet immer mir sowas passieren?"

Wenn ich dich zum Okay-Sein oder Nicht-Okay-Sein einlade, hast du die freie Wahl, die Einladung anzunehmen oder sie abzulehnen. Wenn ich dir ernsthaft sage, daß ich dich wirklich gern habe, kannst du „danke" sagen und entscheiden, dich gut dabei zu fühlen. Oder du kannst zu dir sagen: „Was will denn der von mir?" Es ist also klar, daß du meine Einladung annehmen oder ablehnen kannst. Was wäre, wenn ich dir plötzlich Obszönitäten an den Kopf werfen würde? Wie du darauf reagierst, ist deine Entscheidung. Es mag für dich angebracht sein, dich darüber zu ärgern. Vielleicht entscheidest du dich jedoch andererseits, mir Verständnis zu zeigen, mein Verhalten von deinem *Erwachsenen-Ich* zu untersuchen, oder du hast irgendeine andere Erwiderung. Ich wiederhole nochmals, du kannst meine Einladung zum Nicht-Okay-Sein annehmen oder ablehnen. Worum es geht ist, daß mein Reiz so zerstörerisch oder so wirksam ist, wie du ihm erlaubst zu sein. Damit soll nicht bestritten werden, daß externe Stimuli sehr viel Einfluß ausüben können. Das außergewöhnlichste Beispiel, das mir dazu einfällt, bezieht sich auf zwei Kriegsgefangene, die gefoltert werden, um Informationen aus ihnen herauszubekommen. Der eine Gefangene entscheidet sich, zu reden, weil er lieber reden statt gepeinigt werden will. Der andere entscheidet sich, zu schweigen, weil er lieber die Folter ertragen statt reden will.

Manche Menschen haben diese Ideen kritisiert, weil sie deren Bedeutung so interpretieren, als ob es okay ist, etwas zu sagen oder zu tun, ohne Rücksicht auf andere zu nehmen. Im Gegenteil ist es aber gerade so, daß ich meinen *Erwachsenen* gebrauche, um mit anderen Menschen empfindsam umzugehen, weil ich für mein Verhalten und Handeln verantwortlich bin. Ich bin davon überzeugt, daß alle Menschen einen ihnen eigenen Wert und eine innere Würde besitzen, wie ich; ich habe entschieden, sie dementsprechend zu behandeln und erwarte, daß ich auch so behandelt werde. Da ich bereit bin, die Verantwortung für das, was ich tue, denke und fühle zu übernehmen, erhöht sich die Wahrscheinlichkeit beachtlich, daß ich mit anderen einfühlsam und wirkungsvoll umgehe.

Dr. Taibi Kahler hat vier Einstellungen hervorgehoben, mit denen die Menschen die Verantwortung für ihr eigenes Denken, Fühlen und Handeln ablehnen[18]. Diese falschen Einstellungen sind die wahren Krebsgeschwüre im menschlichen Verhalten. Sie sind der Nährboden für das gesamte Spektrum der Psychospiele und schädlicher Verhaltensformen:

1) Durch das, was ich sage und tue, kann ich dich dazu bringen, dich gut zu fühlen.
2) Durch das, was ich sage und tue, kann ich dich dazu bringen, dich schlecht zu fühlen.
3) Durch das, was du sagst und tust, kannst du mich dazu bringen, mich gut zu fühlen.
4) Durch das, was du sagst und tust, kannst du mich dazu bringen, mich schlecht zu fühlen.

Wenn ich erkenne, daß diese Einstellungen falsch sind und die Verantwortung für mein eigenes Fühlen übernehme, führe ich einen

Wandel in meinem Denken herbei, der zu einem Wandel in meinem Verhalten und Fühlen führen wird. Wenn ich zum Beispiel aufhöre daran zu glauben, daß ich Leute dazu bringen kann, sich gut zu fühlen, werde ich aufhören sie zu „retten“ und werde zum Schluß nicht selbst mit verletzten Gefühlen dastehen, wenn sie sich nicht revanchieren.

Ich kann meine Ich-Zustände wechseln, indem ich mein Denken, Fühlen und/oder Handeln ändere. Ich kann die Aktivform benutzen um Ich-Zustände zu ändern: „Ich bin ärgerlich auf dich“ (statt „du ärgerst mich“ oder „du machst mich ärgerlich“), „ich bin traurig“ (statt „es macht mich traurig“), oder ich sage: „Ich will nicht“ (statt „ich kann nicht“) und „ich will“ (statt „ich muß“). Indem ich die Aktivform benutze und die Worte *ich will*, begebe ich mich von meinem *Fügsamen-Kindheits-Ich* in mein *Natürliches-Kindheits-Ich.*

Wenn ich darüber nachdenke, wie ich mich fühle, kann ich meine Gefühle und mein Verhalten ändern. Ich erinnere mich lebhaft daran, wie traurig ich mich vor vielen Jahren auf einer Reise fühlte. Ich fragte mich: „Du, warum bist du traurig, und wann fing das an?“ Ich stellte fest, daß ich mich am vorangegangenen Abend „abgewiesen“ gefühlt und, statt über meine verletzten Gefühle zu sprechen, nichts gesagt hatte. Ich merkte, daß ich wirklich ärgerlich gewesen war und meinen Ärger auch auf die Person, die mich „abwies“, übertragen hatte. Da entschied ich, daß es für mich wichtig war, Streichelzuwendungen für mein *Kind* zu bekommen; deshalb rief ich ein paar Freunde, die in der Nähe wohnten, an und verabredete mich mit ihnen für den Abend. Durch das Nachdenken über meine Gefühle und durch das Tätigwerden, um zu bekommen, was ich wollte (Streicheln), änderte ich meine Gefühle und erlebte durch das erhaltene Streicheln wirkliche Wärme.

Was du entscheidest, ist was du herbeiführen wirst. Nicht alle diese Entscheidungen wurden in deiner Kindheit gefällt; sie werden auch von Augenblick zu Augenblick getroffen: Es ist nicht so, daß ich keine Gefühle zeigen kann, es ist vielmehr so, daß ich entscheide, sie in bestimmten Situationen nicht zu zeigen. Es ist nicht so, daß ich nicht hingehen und Menschen einfach berühren kann, es ist vielmehr so, daß ich entscheide, sie nicht zu berühren. Es ist nicht so, daß ich *unfähig* bin, jemanden, der mich mißachtet, zu konfrontieren, es ist vielmehr so, daß ich *entscheide,* es nicht zu tun.

Bestimme dein eigenes Okay-Sein und erlaube nicht anderen, es für dich zu tun. Nur *ich* kann entscheiden, daß ich okay oder nicht okay bin; niemand kann das für mich entscheiden. Ich bin okay; mein Verhalten ist jedoch manchmal okay und manchmal nicht okay. Ich bin gewillt, konstruktive Kritik anzuhören und auszuwerten. Entscheide ich, daß mein Verhalten nicht okay ist (d. h., wenn ich mich selbst oder jemand anderen mißachte), dann bin ich gewillt, es zu ändern.

Viele Menschen machen sich überflüssige Sorgen über die mögliche Abweisung durch andere. Wovor sie sich jedoch meistens wirklich fürchten ist, daß das *Kritische-Eltern-Ich* eines anderen versuchen könnte, sie nicht-okay zu machen. Wenn ich mich selbst nicht okay mache, tu ich das tatsächlich mit meinem eigenen *Kritischen-Eltern-Ich.* Ich empfehle dir deshalb, alle *Kritischen Eltern* der ganzen Welt, einschließlich deiner eigenen, auszuschalten und es nicht zu erlauben, daß dein Okay-Sein von jedem X-Beliebigen unter Beschuß genommen wird. Bist du überzeugt, daß du okay bist, hast du wenig von den *Kritischen Eltern* anderer zu fürchten. Vor vielen Jahren verbrachte ich auf einer Party eine halbe Stunde in angeregter Unterhaltung mit einer reizenden jungen Dame. Sie reagierte in einer Art, die mich vermuten ließ, daß sie mich mochte. Sie entschuldigte sich für einen Augenblick und sagte, sie käme gleich zurück. Sie kam aber nicht wieder zurück. Wäre mein Okay-Sein „wacklig“ gewesen, hätte ich mich nicht-okay und traurig oder verletzt gefühlt, stattdessen prüfte ich, ob mein Verhalten korrekt und angemessen war. Ich kam zu dem Schluß, daß es nicht an meinem Verhalten gelegen hatte, daß sie nicht zurückgekehrt war; infolgedessen war ich zwar für einen Moment über sie leicht verärgert, fühlte mich dann aber wieder ganz okay. Es war mir klar, daß das wirkliche Problem darin lag, daß die reizende junge Dame keinen guten Geschmack besaß.

Bleib im Hier-und-Jetzt

Der Begriff des *Hier-und-Jetzt* wurde von der Gestalt-Theorie entlehnt. Wenn ich im Hier-und-Jetzt bin, ist es unwahrscheinlich, daß ich durch mein Verhalten Psychospiele fördere oder begünstige. Unverarbeitete Gefühle über die Vergangenheit können meine Fähigkeit, die Gegenwart objektiv zu sehen, beeinträchtigen. Wenn ich mich immer noch über meine Mutter wegen der Behandlung ärgere, die ich von ihr als Kind erfuhr, werde ich dazu neigen, diesen Ärger auf Leute zu übertragen, die sich jetzt mir gegenüber in einer Autoritätsposition befinden. Außerdem kann ich mich selbst nicht-okay machen, wenn ich Gedanken habe wie „hätte ich nur dies oder jenes getan“, oder wenn ich herumsitze und auf den großen Durchbruch, der sich in der Zukunft ereignen soll, hoffe. Nur allzuoft bin ich durch die herrlichen Rocky Mountains gefahren, ohne ihre Schönheit zu bewundern, weil ich darüber nachdachte, was ich an meinem Bestimmungsort zu tun hatte. Ich war in der Zukunft und an einem anderen Ort statt im Hier-und-Jetzt.

Wenn ich mich an die Vergangenheit klammere oder mir über die Zukunft Sorgen mache, verschwende ich meine psychische Energie. Wie viele Menschen kennst du, die immer weiter über lang zurückliegende Ereignisse nachgrübeln? Oder die immer noch über einen Jahre zurückliegenden Verlust trauern? Wieviel Energie vergeudest du durch das Ärgerlichsein auf einen Verwandten? Erinnerst du dich der schlaflosen Nächte, in denen du dich aufregtest über das, was du am nächsten Tag deinem Chef antworten würdest, sollte er dich auf eine bestimmte Angelegenheit ansprechen?

Komm ins Reine mit der Vergangenheit, damit du im Hier-und-Jetzt leben kannst. Wenn du immer noch auf jemanden, tot oder lebend, ärgerlich bist, empfehle ich dir zu entscheiden, den Ärger entweder aufzugeben oder die ganze Angelegenheit noch einmal durchzuarbeiten. Schreib vielleicht einen Brief oder tritt dem anderen Auge in Auge gegenüber. In der Gestalt-Therapie räumen Menschen mit ihren alten Ärgernissen und Verlusten oder Niederlagen auf, indem sie sich vorstellen, die andere Person säße auf einem Stuhl hier und jetzt. Sie beschreiben dann der Person ihre Gefühle und sagen ihr, was immer sie sagen müssen, um den alten Konflikt zu lösen. Dieser Vorgang schließt die Vergangenheit ab und erlaubt dir, dich wirksam mit der Gegenwart zu beschäftigen.

Gestaltanhänger benutzen eine Technik, nach der eine Person aufgefordert oder eingeladen wird, im Hier-und-Jetzt zu sein: Wenn ich mich schuldig fühle, oder wenn ich mir Sorgen über etwas mache, kann ich mir das, was ich fühle, denke und wahrnehme, bewußt machen, und das auch laut aussprechen; zum Beispiel: „Ich bin mir des Geräusches der Klimaanlage bewußt, ich spüre die Verkrampfung in meinen Zehen, ich nehme das helle Sonnenlicht wahr". Diese Fähigkeit erlaubt den Leuten, Ich-Zustände zu wechseln und das Hier-und-Jetzt zu erleben.

Sich über seine Zukunft Gedanken zu machen und Pläne zu schmieden, ist ganz bestimmt produktiv; sich jedoch um die Zukunft zu sorgen oder sich nach ihr zu sehnen, gereicht niemandem zum Vorteil. Sich an lange zurückliegende Anfälle von Ärger, Unmut, Trauer, Freude und Angst zu erinnern, ist verständlich und manchmal unterhaltsam; einen großen Teil seiner Energie auf das Wiedererleben von schlechten Gefühlen zu verschwenden, ist jedoch schädlich. Der Versuch, schmerzlichen Gegenwartssituationen zu entrinnen, indem man sich mit der Vergangenheit (oder mit der Zukunft oder einem anderen Ort statt dem Hier-und-Jetzt) beschäftigt, wird die gegenwärtigen Probleme nur verschlimmern. Auf Hier-und-Jetzt-Erlebnisse zu achten hilft, diese Probleme zu lösen.

Bitte um das, was du willst, und erwarte, daß andere das gleiche tun

Auf ein Problem hinzuweisen, ist nicht das gleiche, wie um Erfüllung deines Wunsches zu bitten. „Ich bin hungrig" ist zum Beispiel eine Aussage über eine Tatsache, nicht eine Bitte um Nahrung. „Machst du mir bitte einen Sandwich" ist eine Bitte um Nahrung. Ich bitte um das, was ich haben will. Ebenso ist es wichtig, von anderen zu erwarten, daß sie um das bitten, was sie wollen. Möchtest du jemandem etwas geben, das er nicht haben will, wird er es wahrscheinlich nicht annehmen; tatsächlich werdet ihr beide vielleicht ärgerlich darüber werden. Ein Beispiel: Ich komme nach einem miserablen Tag im Büro nach Hause und erzähle dir von meinen Problemen mit dem Chef. Ich möchte, daß du meine Probleme verstehst und mich tröstest, aber ich sage nichts in der Richtung. Obwohl ich nicht um Rat bitte, ist es das, was ich von dir bekomme. Ich bin daraufhin ärgerlich über dich, weil du mir Ratschläge statt Verständnis gibst. Und du bist auf mich ärgerlich, weil ich deinen Rat nicht zu schätzen weiß. In dieser Situation erwartet einer vom anderen, daß er weiß, was der andere will. In engen Beziehungen verläßt sich häufig der eine darauf, daß der andere von alleine weiß, was sein Partner denkt, fühlt und sich wünscht, und daß er Gedanken lesen kann. Beide Partner leben in einer Symbiose und können sich gegenseitig in die Köpfe kriechen. Es ist viel sinnvoller zu fragen, wenn du etwas wissen willst und durch direktes Danach-Verlangen klarzumachen, was du wünschst, statt davon auszugehen, daß der andere weiß, was in deinem Kopf vorgeht und umgekehrt.

Manche Menschen bestimmen auf der Grundlage ihrer Wünsche und Bedürfnisse, was Realität ist. Sie versäumen dabei, die jeweilige Situation und die Wünsche und Bedürfnisse anderer zu berücksichtigen. Wenn sie etwas wollen, glauben sie, daß andere automatisch damit einverstanden sind, ob der Wunsch realistisch ist oder nicht. Ich mag zum Beispiel wissen, daß meine Frau müde ist und sich nicht wohl fühlt, aber ich möchte ihr ausgerechnet jetzt meine Liebe beweisen und mit ihr ins Bett gehen. Ich bin ärgerlich, wenn sie meine Idee nicht mit Begeisterung aufnimmt.

Ein weiteres Problem besteht darin, daß die Leute häufig ihre *Wünsche* und ihre *Bedürfnisse* verwechseln. Also noch einmal: Ein Bedürfnis ist etwas, das ich befriedigt haben muß, um zu überleben. Mein Überleben hängt nicht von einer Wunscherfüllung ab. Meine *Wünsche* nicht erfüllt zu bekommen, kann ich ertragen; aber ich kann es nicht aushalten, wenn meine *Bedürfnisse* unbefriedigt bleiben. Wenn Menschen ihre Wünsche und Bedürfnisse verwechseln, legen sie übermäßiges Gewicht auf die Erfüllung ihrer Wünsche und sind unduldsam, wenn die Befriedigung ihrer „Bedürfnisse" auf Schwierigkeiten stößt oder sich verzögert. In einigen Fällen glauben die Menschen wirklich, daß sie es nicht überleben werden, wenn ihre

Wünsche unerfüllt bleiben. Das Verwechseln von Wünschen und Bedürfnissen kann zu einer beachtlichen Verzerrung der Wirklichkeit führen. Wie viele Menschen kennst du, die der elterlichen Zustimmung bedürfen, um glücklich zu sein? Würden sie unterscheiden, daß sie diese Zustimmung *gern hätten* aber nicht unbedingt *brauchen*, könnten sie sich ihr Glück selbst schaffen, mit oder ohne elterliche Zustimmung.

Die Menschen haben oft eine falsche Vorstellung von Wünschen und Bedürfnissen. In einer engen Beziehung gehe ich vielleicht davon aus, daß sich deine Wünsche und Bedürfnisse mit meinen decken. Unterscheidet sich mein Wunsch von deinem, dann glaube ich, daß dein Wunsch keine Gültigkeit hat und umgekehrt. Auch könnte ich der Auffassung sein, daß es nur einen gültigen Wunsch auf einmal geben kann, entweder deinen oder meinen, oder daß wir nicht beide gleichzeitig unsere Bedürfnisse befriedigen können, daß einer gewinnt und der andere verliert. Das stimmt nicht; beider Wünsche können erfüllt werden, und wir können beide gewinnen.

Viele Menschen sind der Meinung, daß ihr Partner ihnen alle ihre Wünsche und Bedürfnisse erfüllen kann und sollte. Infolgedessen laufen beide Partner mit Gefühlen von Eifersucht und Überforderung herum und hungern danach, gestreichelt zu werden.

Einige Leute sagen sich: „Wenn ich erst um etwas bitten muß, dann kann es nicht viel wert sein." Der sicherste Weg, etwas, das du brauchst oder gern möchtest, zu bekommen, ist jedoch, darum zu bitten. Würden Leute zu einem Würfelspiel eingeladen, bei dem sie nicht verlieren, sondern nur gewinnen können, auch wenn es nur der Einsatz ist, nähme fast jeder unter diesen Voraussetzungen die Einladung an. Wenn du dir etwas wünschst, und du bekommst es nicht von alleine, was verlierst du, wenn du darum bittest? Fragen kostet nichts! Eine Frage oder Bitte wird entscheiden, ob du bekommst, was du willst, oder ob es beim alten Stand bleibt. Das Schlimmste, was dir widerfahren kann, ist, daß die andere Person deine Bitte ablehnt. Viele Leute fürchten sich davor, daß ihre Bitte abgewiesen wird, denn sie fühlen sich innerlich nicht okay und betrachten die Abweisung ihrer Bitte als Abweisung ihrer selbst. Nur ich selbst kann mich abweisen, mißachten — Menschen können meine Bitte abweisen, aber nicht mich. Wenn ich um das bitte, was ich gern haben möchte, besteht wenigstens eine Chance, daß ich gewinne, oder daß alles beim alten bleibt.

Allzuoft erwarten die Menschen von anderen, daß sie wissen, was man von ihnen will, ohne daß sie es gesagt bekommen. Dadurch entstehen viele Probleme, von denen das geringste sicher die Tatsache ist, daß Gedankenlesen eine ungenaue Wissenschaft ist. Ich habe viele Leute sagen hören, nachdem sie zehn Jahre lang eine bestimmte Sache gemacht hatten, sie taten es in der Annahme, die andere Person habe es die ganze Zeit so gewollt. Leider waren ihre Annahmen falsch gewesen.

Ein anderer Trugschluß ist, daß eine Bitte jener Person eine Verpflichtung auferlegt, an die sie gerichtet ist. Oft vergessen wir, daß eine Bitte weder ein Befehl noch eine Forderung ist und sich niemand deswegen unbehaglich zu fühlen braucht. Eine ohne Umschweife vorgebrachte, gerade Bitte oder Frage bringt den anderen keinesfalls in Verlegenheit oder bürdet ihm eine Last auf. Im Gegenteil beschafft sie Informationen und bietet dem Angesprochenen eine Gelegenheit, ebenfalls auf geradem Wege zu antworten. Wenn du mich um etwas bittest, erfahre ich, was du von mir willst, und ich habe die Möglichkeit, dir frei zu antworten, mit einem „Ja“ oder mit einem „Nein“, ganz wie ich will. Oder ich kann eine Gegenfrage stellen oder mit dir verhandeln. Vielleicht möchte ich dir eine annehmbare Ersatzlösung anbieten. Deine Bitte verschafft uns beiden Gelegenheit, uns klar auszudrücken, ehrlich und aufrichtig miteinander zu sein, zu bekommen, was wir brauchen und die Echtheit unserer Beziehung zu vertiefen.

Ich höre oft das Argument: „Die Leute werden unaufrichtig sein und mir das, was ich will, nur geben, weil sie mich beschwichtigen wollen.“ Es ist wahr, daß es manche Leute nicht gewohnt sind, auf eine Bitte „nein“ zu sagen. Sie mißachten sich gewohnheitsmäßig, indem sie auf eine Bitte eingehen, obwohl sie es doch lieber nicht täten. Wenn du sie dann um etwas bittest, entscheiden sie vielleicht, sich ausgenutzt, verletzt oder verärgert zu fühlen. Wenn du dir über diese Möglichkeit Sorgen machst, kannst du eine Sicherheitsklausel in deine Bitte einbauen, zum Beispiel: „Ich möchte dich um etwas bitten, aber bevor ich es tue, mußt du mir versprechen, ehrlich zu antworten, statt mir etwas zu geben, das du mir eigentllich nicht geben willst." Wenn du eine Zusicherung erhältst, kannst du deine Bitte vorbringen.

Ich empfehle dir, um das zu bitten, was du willst und von anderen zu erwarten, daß sie das Gleiche tun. Die Schiffs (TA-Therapeuten am Cathexis Institut in Kalifornien) schlagen vor, daß du bei deiner Bitte *zwei* Personen unterscheidest, ein *Du* und ein *Ich*, und daß du deine Bitte in Form einer Frage vorbringst. Das ist ein gerader und direkter Weg, etwas zu erbitten. Wenn ich sage: „Mein Rücken tut weh", frage oder bitte ich um gar nichts. Auch: „Ich würde ganz gern meinen Rücken massiert bekommen" stellt keine gezielte Bitte dar, ungeachtet des Gesichtsausdrucks, des Klangs der Stimme oder der Körpersprache, die die Worte begleiten. Eine Bitte ohne Umschweife ist: „Willst du mir den Rücken massieren?" Sie erfüllt die wesentlichen Punkte, indem sie deutlich anzeigt, was ich will und von wem, und es ist eine Frage, die ohne Umschweife in gerader, direkter Weise beantwortet werden kann.

Leider wurde den meisten von uns als kleinen Kindern beigebracht, daß es unhöflich ist, direkt um etwas zu bitten. Deshalb tragen wir unsere Probleme höflich vor und lassen sie dann in der Luft baumeln, davon ausgehend, daß der andere herauszufinden hat: a) daß wir etwas wollen, b) daß wir es von ihm wollen und c) was es ganz genau ist, das wir von ihm wollen (wieder Gedankenlesen). Das läßt Raum für alle möglichen Mißverständnisse und schlechten Gefühle. Es ist vielleicht mit ein Grund, weshalb viele an das Märchen glauben, daß durch eine Bitte einem anderen eine Last aufgebürdet wird. — Klar, wenn ich solch eine „Null-Bitte" ausspreche, *versuche* ich, durch eine verdeckte Botschaft die Verantwortung für die Befriedigung meiner Wünsche oder Bedürfnisse auf dich abzuwälzen. Du kannst dann wählen, dich ausgenutzt zu fühlen, nicht nur, weil ich von dir Gedankenleserqualitäten erwarte, sondern weil du es nicht herauskriegst, wie du auf eine Bitte, die nie ausgesprochen wurde, „nein" sagen kannst. Teile ich dir mit, daß mir mein Rücken wehtut, wenn ich in Wirklichkeit will, daß du ihn mir massierst, wird es zu einem Problem, wenn du nur mit einem teilnehmenden „Oh, das ist aber schlimm“ oder „Warum gehst du nicht mal zum Arzt“ reagierst. Ich kann mir dann aussuchen, über dich ärgerlich zu sein oder entscheiden, daß du gefühllos, gleichgültig oder beides bist.

Ich kann nicht oft genug betonen, wie wichtig es ist, zu lernen, um das zu bitten, was du gern hättest. So viele Probleme können vermieden werden, wenn du zwei Merkmale beachtest, nämlich, daß du deine Bitte in Form einer Frage vorbringst und daß das *Du* und *Mir* oder *Mich* erkennbar ist. Das bedarf möglicherweise einiger Übung. Die indirekte Andeutung eines Wunsches ist so sehr ein Teil unserer Kultur, daß viele Menschen glauben, sie haben um etwas gebeten, wenn sie nur eine Tatsache festgestellt haben. Oftmals sagen die Leute etwas Ähnliches wie: „Ich habe nicht verstanden, was du gesagt hast.“ Oder „dies und das bringt mich durcheinander“. Und diese Leute glauben dann wirklich, sie hätten um eine Auskunft gebeten. Auch in unbedeutenden Angelegenheiten wie dieser empfehle ich nachdrücklich, auf solche Redewendungen zu achten und sie zu ändern. Zum Beispiel könntest du statt der obenstehenden Sätze folgendes sagen: „Sagst du mir, was du gemeint hast?“ Oder: „Kannst du mir das erklären?“ Bitten, die ein *Du* und ein *Mir* oder *Mich* enthalten, sind wirksame Mittel, das Erledigen von Arbeiten, Aufgaben usw. zu vereinbaren und Mißverständnisse, Ausflüchte und schlechte Gefühle zu vermeiden. Anfangs mag es einem schwierig vorkommen, Bitten direkt und ohne Umschweife vorzubringen, aber wie so oft im Leben: Übung macht den Meister. Nachdem ich es ein paarmal probiert hatte und sah, daß es klappte, fühlte ich mich bald ganz wohl, wenn ich meine direkten Bitten und Anfragen ohne Umschweife vorbrachte.

Oft sind Leute so überangepaßt, daß sie zu wissen glauben, was du willst und sich danach richten. Durch Gedankenlesen versuchen sie, dich zu enträtseln und dir jeden Wunsch von den Augen abzulesen und tippen oft daneben. Ein Beispiel zu diesem Punkt war meine erste Verabredung mit Marilyn. Im Restaurant wollte ich mir gerade ein Hähnchen bestellen, als mir in den Sinn kam, Marilyn könnte mich für ungeschliffen halten, wenn ich mit den Fingern esse. Durch meinen Versuch, Gedanken zu lesen, hatte ich entschieden, daß sie es wünschte, ich äße mit Messer und Gabel. Hätte ich nicht aufgehört, in dieser verdrehten Weise zu denken, hätte ich, um ihrem imaginären Wunsch nachzukommen, ein Steak bestellt und gleichzeitig mein *Natürliches Kind* mißachtet, das sich wirklich schon auf das Hähnchen gefreut hatte. Wenn du nicht ausgesprochen gute Erfahrungen aus früheren Erlebnissen hast oder kein professioneller Gedankenleser bist, ist es sinnlos, vorauszusetzen, daß du weißt, was ein anderer will. Auch ändern sich die Wünsche der Leute, und es ist für dich vorteilhaft, das zu überprüfen.

Vermeide „Retten"

Wir haben „Retten" schon definiert als etwas für jemanden tun, zu dem er selbst in der Lage ist, wenn durch unser Tun diese Person und/oder du selbst mißachtet werden. Merke dir bitte, daß es sich nicht um eine „Rettung" handelt, wenn du jemandem ohne zu mißachten hilfst, obwohl er sich selbst helfen könnte. „Retter" sind *Kritische Eltern*, die sich als *Fürsorgende Eltern* verkleiden; d. h. das *Kritische-Eltern-Ich* sagt: „Du bist nicht okay." Und das ist, was eine „Rettung" andeutet. Wenn ich zum Beispiel einen Vierjährigen frage, wie alt er ist, und Daddy antwortet für ihn, muß Daddy denken, das Kind fürchtet sich zu sehr oder ist zu dumm, um für sich selbst zu antworten. Daddy sagt: „Du bist nicht okay", er mißachtet den Jungen, und der Junge nimmt diese Botschaft an.

Das einfachste Mittel, „Retten" zu vermeiden ist, die Leute wissen zu lassen, daß du von ihnen erwartest, daß sie sagen, was sie wollen. Dann mußt du aber sicherstellen, daß du beim Eingehen auf ihre Bitten weder dich noch sie mißachtest. Bittest du mich regelmäßig, dich herumzuchauffieren, weil du deinen Führerschein nicht machen willst, mißachte ich dich, wenn ich dich weiter herumfahre; denn es wäre zu deinem eigenen Nutzen, wenn du fahren lerntest. Wenn du genau so gut einen Bus oder ein Taxi zu deinem Bestimmungsort nehmen könntest, und ich dennoch einen wichtigen Termin absage, um für dich Chauffeur zu spielen, nur weil ich deine Bitte nicht abschlagen will, könnte das ebenfalls als „Rettung" angesehen werden; ich kann am Ende zum „Opfer" werden.

Es gibt viele Mittel und Wege, das zu bekommen, was du willst. Vielleicht im höchsten Maße zufriedenstellend ist es, wenn die Leute dir spontan geben. Geschieht das nicht, ist es natürlich wirksamer, um das zu bitten, was du willst, statt von anderen zu erwarten, daß sie es herauszukriegen versuchen. Wenn du eine Bitte vorbringst, ist es wichtig, daß du in deinem *Erwachsenen* bist, um Rücksicht auf andere Leute nehmen zu können. Wenn jemand eindeutig nichts vom Geben wissen will, ist es unangebracht, ihn um etwas zu bitten.

Eine weitere Möglichkeit, zu bekommen, was du willst, ist, *vorzumachen*, wie andere dir etwas geben können, d.h. wenn du gern Komplimente empfängst, mach Komplimente. Ich empfehle, nicht zu geben, nur um etwas dafür zu erhalten. Wenn du nicht aufrichtig und ehrlich gibst, wirst du wahrscheinlich keinen aufrichtigen ehrlichen Respons erhalten.

Viele Menschen bekommen, was sie haben wollen, indem sie etwas leisten, d.h. sie tun etwas, um dafür gestreichelt zu werden. Etwas leisten ist eines von mehreren positiven Mitteln, Streicheleinheiten zu bekommen. Erhalte ich jedoch, was ich will, nur wenn ich dafür eine Leistung bringen muß, werde ich das nach einiger Zeit übelnehmen. Es ist für jeden okay, mir etwas zu geben nur um meiner selbst willen.

Erinnern wir uns daran, daß *Wünsche keine Bedürfnisse* sind. Wenn ich nicht bekomme, was ich will, werde ich trotzdem überleben. Es ist deshalb nicht nötig, mir große Sorgen wegen der Erfüllung eines besonderen Wunsches zu machen. Wenn du meine Frage mit „nein“ beantwortest, ist das auch okay.

Wir brauchen nicht die gleichen Wünsche und Bedürfnisse zur gleichen Zeit zu haben. Wenn mein Wunsch sich von deinem unterscheidet, hat dein Wunsch immer noch die gleiche Gültigkeit wie der meine. Wir können einen Kompromiß schließen, statt daß es nach deinem *oder* nach meinem Willen gehen muß. Zum Beispiel möchte ich heute Nachmittag Fahrrad fahren, und du möchtest, daß ich bei dir und den Kindern bleibe. Wir können unter verschiedenen Kompromißmöglichkeiten wählen: Ich verbringe nur den halben Nachmittag mit Fahrradfahren; ich mach meine Fahrradtour heute, und morgen mache ich, was du willst; ich nehme die ganze Familie mit; ich kann die Erfüllung meines Wunsches aufschieben und ein andermal Fahrrad fahren, ohne mich übervorteilt zu fühlen. Es ist für unsere Beziehung wichtig, daß ich lerne, Anteil zu nehmen an dem, was du willst, wie auch an dem, was ich will.

Niemand kann alle deine Wünsche und Bedürfnisse erfüllen. Eines der größten Probleme in einer engen Beziehung ist der Glaube, daß eine Person alle Wünsche und Bedürfnisse einer anderen erfüllen kann. Es gibt viele Quellen für Streicheln und Bedürfnisbefriedigung neben deiner intimen Beziehung: Deine Kinder, dein Beruf, deine Hobbys, deine Freundschaften. Ich empfehle dir dringend, die reichen Streichelquellen, die dir zur Verfügung stehen, zu pflegen und zu kultivieren.

Kapitel 7

Wie können wir uns miteinander verständigen und besser verstehen?

Kommunikation ist das Wesentliche der Zivilisation und des menschlichen Lebens selbst. Es ist zum Beispiel unwahrscheinlich, daß unsere Fortpflanzung ohne irgendeine Art von Kommunikation überhaupt stattfinden würde. Wann immer Menschen beieinander sind, tauschen sie auf irgendeine Art, häufig wortlos, Informationen aus. Gesichtsausdruck, Augenbewegungen, Körperhaltung, Gestik und Bewegung und Klang der Stimme haben viel mehr Gewicht, als allgemein angenommen wird. Diese stummen Signale sind schwerer zu kontrollieren als die Signale, die wir mit Worten geben, und deshalb zeigen sie oft deutlicher unsere wahren Gefühle an. Wir sind uns vielleicht nicht einmal der Botschaften bewußt, die wir auf diesen wortlosen Kanälen senden. Andere Menschen nehmen diese Botschaften auch nicht immer bewußt wahr, trotzdem kriegen sie sie aber mit. Wenn das, was wir sagen, nicht mit unserem Verhalten oder unserem Handeln übereinstimmt, spüren das die anderen, und sie reagieren, wie in der *verdeckten Transaktion,* auf die Botschaft, die von der psychologischen Ebene kommt. Wenn wir uns der Botschaften, die wir auf wortlosen Kanälen senden, nicht bewußt sind, wundern wir uns vielleicht über Reaktionen wie: „Warum hat er das jetzt so verstanden; so hatte ich es nicht gemeint." Aber das war genau das, was ein Teil von uns signalisiert hatte. Wenn wir uns wirksam mit anderen verständigen wollen, müssen wir zuerst uns selbst verstehen. Wir müssen uns unsere eigenen Bedürfnisse, Wünsche und Empfindungen bewußt machen.

Wie verständigst du dich in dir selbst?

Selbsterfahrung geschieht durch den Gebrauch des *Fürsorgenden-Eltern-, Erwachsenen-* und *Natürlichen-Kind-Ich,* aus einer „ich bin okay — du bist okay" — Grundposition. Du kannst eine interne Verständigung erleichtern, wenn du einen starken, gut informierten, ungetrübten *Erwachsenen-Ich-Zustand* entwickelst. Solch ein *Erwachsener* hat einen Überblick über deine ganze Persönlichkeit und ist sogar noch in Kontrolle, wenn der größte Teil deiner psychischen Energie in einem anderen Ich-Zustand eingesetzt ist; dein *Erwachsener ist die ausübende Gewalt.*

Du kannst auch deine Selbsterfahrung vertiefen, wenn du dein *Natürliches Kind* der Obhut deiner *Fürsorgenden Eltern* überläßt. Gute Eltern schaffen ihren Kindern eine sichere Umgebung, eine Umgebung, in der sie die Freiheit haben, sich zu freuen und zu amüsieren und ihre Gefühle auszudrücken. Wenn sich dein *Eltern-Ich* auf diese Weise um dein *Natürliches Kind* kümmert, kannst du dir leichter deiner Bedürfnisse, Wünsche und Gefühle bewußt werden, weil es für dein *Kind* ungefährlich ist, sie offen zu zeigen. Das heißt aber nicht, daß dein *Natürliches Kind* stets bekommen kann, was es haben will — das könnte gefährlich oder sogar unmöglich sein — aber es heißt, daß es für dein *Kind* okay ist, es zu wollen. Operierst du die meiste Zeit aus deinem *Fürsorgenden-Eltern-Ich, Erwachsenen* oder *Natürlichen Kind,* hast du eine bessere Verbindung zu deinem *Natürlichen Kind,* wodurch deine Verständigung klar und wirksam und in Übereinstimmung mit deinen Gefühlen ist.

Gibt es etwas, das diese Angelegenheit vereinfacht?

Es gibt einige Techniken, durch die nicht nur die effektiven Ich-Zustände anderer angeregt werden, sondern auch deine eigenen. Diese Techniken kann man *Verständigungsregeln* nennen, obwohl sie eher Leitfäden als feststehende Regeln sind. Sorgfältig überlegte Anwendung dieser Richtlinien kann weitreichende Wirkungen haben.

Ich-Zustände haben etwas mit Muskeln gemein: Je mehr wir sie trainieren, umso kräftiger werden sie und umso leichter fällt es uns, sie zu benutzen. Die Befolgung der Verständigungsregeln bewirkt, daß wir unsere effektiven Ich-Zustände mit Energie versorgen und daß unsere Verständigung authentisch, echt wird.

Was ist mit authentischer Verständigung gemeint?

Echtheit der Verständigung ist Mitteilen und Anteil nehmen; es ist das Mitteilen von Bedürfnissen, Wünschen, Gefühlen und Gedanken auf eine Weise, die Rücksicht und Empfindsamkeit für die Bedürfnisse, Wünsche, Gefühle und Gedanken des anderen einschließt. Authentizität findet man in Transaktionen zwischen *Natürlichem Kind* und *Natürlichem Kind* (Intimität); zwischen *Erwachsenem* und *Erwachsenem* (Austausch von sachlichen Informationen); und zwischen *Fürsorgendem-Eltern-Ich* und *Natürlichem Kind.* Eine wirksame Methode, authentische Transaktionen zu schaffen ist, auf die Worte, die du gebrauchst, zu achten. Das bedeutet nicht, daß du Wortklauberei betreiben sollst. Wenn du dir Zeit nimmst, deine Worte auszusuchen und abzuwägen, denkst du. Denken beschäftigt den *Erwachsenen* und hilft ihm, die ausübende Gewalt zu bleiben, wie bereits beschrieben.

Stimmt denn dann aber überein, was ich sage und was ich wirklich fühle?

Meine Worte sorgfältig auszuwählen bedeutet nicht, daß ich sie benutze, um meine Gefühle zu verbergen. Tatsächlich ist es durch den Gebrauch von Worten, die in den Verständigungsregeln vorgeschlagen werden, wahrscheinlicher, daß ich meine Gefühle präzise ausdrücke, als wenn ich Worte verwende, die typisch für meine schädlichen Ich-Zustände sind.

Gedanken, Gefühle und Verhalten beeinflussen sich gegenseitig. Wenn du eines änderst, verändern sich die anderen beiden gewöhnlich auch. Somit kann das Ändern deiner Worte (Verhalten) deine Gedanken und Gefühle verändern, was wiederum zu neuen Veränderungen deines Verhaltens führen kann. Kurz gesagt, Änderung deiner Worte kann eine Änderung deiner Persönlichkeit bewirken. Außerdem werden andere Menschen dadurch eingeladen, ihre Persönlichkeit auch zu ändern. Mit diesem Verständnis für die Macht des Wortes konzentriert sich dieses Kapitel auf die feststehenden Verständigungsregeln, die ich aus verschiedenen Quellen zusammengetragen habe. Viele dieser Regeln beziehen sich direkt auf den überaus wichtigen Begriff *„Du bist Herr über deine eigenen Gefühle, Gedanken und über dein eigenes Verhalten“;* sie gehören dir. Dir gehören nicht die Gefühle, Gedanken und Verhaltensweisen anderer. Wenn ich für deine Gefühle, Gedanken oder Verhaltensweisen verantwortlich wäre, wärst du selbst machtlos, sie zu ändern. Wenn ich meine und du deine besitzt, hat jeder von uns die Macht, Änderungen herbeizuführen. Und so wird es gemacht:

1.) Gebrauche das Wort „Ich“

Sag *ich* wenn du *ich* meinst. Rede in der ersten Person (ich) wenn du deine eigenen Ansichten oder Gefühle auszudrücken wünschst, statt *man, sie, du, Leute* oder etwas ähnliches zu sagen. In der dritten Person zu sprechen kommt oft aus dem *Eltern-Ich* und klingt nach Moralpredigt. *Ich* macht deine Bemerkungen persönlicher, und es zeigt, daß du die Verantwortung für deine eigenen Ideen trägst. *Ich* läßt andere etwas über dein *Natürliches Kind,* deinen *Erwachsenen* und über dein *Fürsorgendes-Eltern-Ich* erfahren und stimuliert deren *Natürliches Kind, Erwachsenen- und Fürsorgendes-Eltern-Ich.*

Klingt das nicht unhöflich und ichbezogen?

Ich, den Umständen angemessen gebraucht, ist keinesfalls unhöflich, obwohl einige *Eltern* es so empfinden. Viele wirkliche Eltern und die gesellschaftlichen *Eltern-Ich-Zustände* haben uns angewiesen, nicht in der ersten Person zu reden, weil das irgendwie zu viel Aufmerksamkeit auf uns zieht und andere Leute veranlassen könnte, uns für ichbezogen zu halten. Es ist jedoch nicht der Gebrauch des Wortes *Ich,* der diese Wirkung erzielt. *Ich* wurde zum Sündenbock für die wirklichen Übeltäter: Die schädlichen Ich-Zustände, die das Wort *Ich* benutzen. Wenn man *Ich* aus dem *Rebellischen Kind* und dem *Kritischen-Eltern-Ich* benutzt, sagt man automatisch „ich bin okay — du bist nicht okay". Diese Form von Angeberei lädt andere ein, in einer Nicht-Okay-Weise zu reagieren. Sage ich jedoch *Ich* aus meinem *Erwachsenen* oder aus meinem *Natürlichen Kind,* ist die Wirkung ganz anders. Wenn ich über meine Ideen, meine Gedanken und meine vollbrachten Leistungen aus einem meiner effektiven Ich-Zustände spreche, ohne mich selbst oder andere zu mißachten, ist das eher authentisch als anstößig. Wenn andere Anstoß nehmen, ist es gewöhnlich ihr *Kritisches-Etlern-Ich,* das sich daran stößt, und dieser Ich-Zustand hat sowieso an allem, was du tust, etwas auszusetzen. Ich habe schon vor einer ganzen Weile aufgehört, mein Verhalten von meinem eigenen *Kritischen-Eltern-Ich,* anderer Leute *Kritischem-Eltern-Ich* oder meinen Sorgen über das, was andere Leute von mir denken, leiten zu lassen. Ich lasse mein Verhalten von meinen wirksamen Ich-Zuständen leiten, und ich lade dich ein, das gleiche zu tun. Ich nehme jetzt auch Anerkennung und Lob für meine eigenen Leistungen und Ideen in Anspruch. Wobei mir ein Ausspruch, den ich kürzlich von Ken Blanchard* hörte, in diesem Zusammenhang sehr zutreffend erscheint: „Wenn du nicht in dein eigenes Horn stößt, könnte es jemand als Spucknapf benutzen."

* Kenneth H. Blanchard ist ein bekannter Autor und Dozent auf dem Gebiet der angewandten Verhaltenswissenschaft. Er ist Professor für Führungs- und Unternehmensverhalten an der California American Universität, Escondido und an der Universität von Massachusetts, Amherst.

2.) Sage „Ich will nicht" statt „Ich kann nicht"

Statt „ich kann nicht " oder „ich bin nicht fähig" sage „ich möchte nicht" oder „ich will nicht". „Ich kann nicht" würde bedeuten, daß du über das, was du tust, keine Kontrolle hast, und das ist selten der Fall. Hinter „ich kann nicht" und „ich bin nicht fähig" verbirgt sich gewöhnlich „ich will nicht" und „ich bin nicht bereit". *Kann nicht* oder *nicht fähig* ist manchmal schon angebracht, besonders wenn physische Grenzen gesetzt sind. Wenn ich es vermeide, „ich kann nicht" und „ich bin nicht fähig" zu benutzen, werde ich daran erinnert, daß ich die Kontrolle über meine Handlungen habe und daß fast alles, was ich tu oder nicht tu, geschieht, weil ich es selbst will.

Gelegentlich ist auch ein „ich kann nicht" okay, dann nämlich, wenn es gefühllos wäre, „ich will nicht" zu sagen. Wenn mich zum Beispiel jemand zu sich nach Hause einlädt, mit dem ich wirklich nicht zusammen sein will, ist es rücksichtsvoller, „ich kann nicht" statt „ich will nicht" zu sagen, — jedoch nur, wenn es nicht als faule Ausrede dienen soll. Vielleicht wäre es für uns beide besser, die Person ihres Benehmens wegen zur Rede zu stellen, falls der Grund für meine Ablehnung darin liegt und ihr Gelegenheit zu geben, ihr Verhalten zu ändern. Dann würde ich möglicherweise gern mit diesem Menschen zusammen sein.

3.) Denke daran, daß „müssen" auf „wollen" basiert

Mit Ausnahme von biologischen Notwendigkeiten wie Atmen und Schlafen bedeutet etwas tun zu *müssen* gewöhnlich nur, etwas tun zu *wollen,* und es ist wirksamer, es auch so zu bezeichnen. *Ich muß* durch *ich will* zu ersetzen, erinnert mich daran, daß ich Herr über meine eigenen Entscheidungen bin: Auch wenn die Wahl schwer fällt, entscheide ich, was ich tue und was nicht. „Ich muß arbeiten" basiert auf „ich beschließe zu arbeiten, statt zu hungern oder Sozialhilfe zu empfangen."

Leute, die glauben, daß sie etwas Bestimmtes tun *müssen,* rebellieren häufig dagegen, auch wenn sie ihr eigenes *Muß* verursacht haben.

Wie oft schon hast du gesagt: „Ich muß die Garage aufräumen“, und hast dann irgendeinen Grund gefunden, es nicht zu tun. Wenn du erkennst, daß *ich muß* auf *ich will* beruht (ich will z. B. eine saubere Garage haben), wirst du weniger widerstreben und keinen Grund finden, dich so ausgenutzt zu fühlen. Durch *ich will* behalte ich meine Macht; *ich muß* überläßt die Macht irgendeiner äußeren Gewalt.

4.) Vermeide „ich weiß nicht“ zu sagen, wenn du doch weißt

Wirst du nach deinen Gefühlen, Wünschen oder nach deiner Meinung gefragt, so vermeide es, mit „ich weiß nicht“ zu antworten, wenn du es weißt oder wenn du gerade nicht darüber nachgedacht hast. Halte an und überdenke deine Antwort. Wenn du nachgedacht hast und es wirklich nicht weißt, ist es okay, es zuzugeben. Wenn du es weißt, deine Antwort aber lieber für dich behältst, ist es angebracht, mit „ich möchte mich dazu nicht äußern“ zu antworten. Spare das „ich weiß nicht“ für solche Situationen auf, in denen du um Informationen gebeten wirst, die du nicht hast. Manche Menschen hassen es, zuzugeben, daß sie Wissenslücken haben. Wenn sie um eine Auskunft gebeten werden, gehen sie nicht auf den Kern der Sache ein, sondern kommen mit den verrücktesten Vermutungen, unsachlichen Meinungen, Neubestimmungen (siehe Seite 131), Ungenauigkeiten oder mit allen möglichen anderen Äußerungen an, nur nicht mit einer geraden Antwort „ich weiß nicht“.

5.) Weiche Fragen nicht aus

Hast du einen bestimmten Standpunkt, vermeide solche Worte wie *ich nehme an, wahrscheinlich* und *vielleicht,* denn die bedeuten gewöhnlich *ich bin nicht sicher*. Wenn du nicht sicher bist, sag es. Menschen, die vorwiegend in ihrem *Fügsamen-Ich-Zustand* sind, verschaffen sich lieber Rückendeckung, indem sie ihre Aussagen mit Einschränkungen versehen, die nicht notwendig sind. Es ist das Gleiche, als ob sie sagen würden: „Ich will nicht verwundbar, verletzlich und schutzlos sein. Wenn ich keinen bestimmten Standpunkt einnehme, kannst du mir nichts übel nehmen." Ein eigener fester Standpunkt lädt andere ein, zu erklären, wo sie stehen. Sicher gibt es einige *Kritische Eltern,* die es nicht gern haben, daß du so bestimmt bist; du bist jedoch nicht auf der Welt, um *Kritische-Eltern* zufriedenzustellen, selbst wenn du es könntest.

6.) Vergiß nicht, daß du niemanden dazu bringen kannst, etwas bestimmtes zu denken, zu fühlen oder zu tun

Diese Aussage wird oft mißdeutet und so verstanden, als ob ich jeder Verantwortung für die Folgen dessen, was ich anderen sage oder tue, enthoben bin, weil ich niemanden *dazu bringen kann,* bestimmte Gefühle zu haben. Das stimmt jedoch nicht. Ich bin verantwortlich für das, was ich sage oder tue, und du bist es, der entscheidet, wie du auf meinen Stimulus reagierst. Wenn ich eine Handgranate nach dir werfe, bist du es, der entscheidet, ob du wegrennst, in Deckung gehst, sie auffängst und zurückwirfst oder stehen bleibst und dich in die Luft sprengen läßt; aber das heißt nicht, daß es für mich okay ist, Handgranaten nach dir zu werfen. Wenn ich Herr über meine eigenen Gefühle bin, habe ich die *Verantwortung* für das, was ich sage und tue. Befinde ich mich in einer „ich bin okay — du bist okay" — Grundposition, bin ich davon überzeugt, daß alle Menschen das Recht haben, mit Respekt behandelt zu werden. Ich übernehme deshalb die Verantwortung, mich mit anderen auf einfühlsame Weise aus meinem *Fürsorgendem-Eltern-Ich, Erwachsenen-* und *Natürlichem-Kind-Ich* zu verständigen.

Andererseits ist ein Stimulus von mir nur eine *Einladung* an dich, in einer bestimmten Weise zu reagieren. Mein Stimulus lädt dich vielleicht ein, zu denken, zu fühlen, defensiv, aufgeschlossen zu sein, dich okay oder nicht okay zu fühlen. Deine Reaktion ergibt sich aus dem, was du in deinem Kopf mit meinem Stimulus anfängst. Du reagierst nicht direkt auf meinen Stimulus. Wenn ich sage „Ich mag dich" ist deine Antwort vielleicht ein Achselzucken, mit dem du mein Kompliment abtust und bei dir denkst „Das hat er doch bloß so gesagt." Oder vielleicht lächelst du und hast ein angenehmes Gefühl dabei, weil du glaubst oder spürst, daß ich es ehrlich meine. Oder du empfindest vielleicht gar nichts dabei, weil du damit beschäftigt bist, einen Grund hinter meiner Äußerung zu suchen.

Es ist wichtig, Redewendungen wie „ich habe dich ärgerlich gemacht", „du hast meine Gefühle verletzt", „es macht mich glücklich" oder „ich habe ihn dazu gebracht, sich mies zu fühlen" zu vermeiden. Sage stattdessen: „Du siehst ärgerlich aus", „ich fühle mich verletzt", „ich bin glücklich" oder „er ist traurig über das, was ich gesagt habe". Auf diese Weise besitzt du deine Gefühle, und die andere Person besitzt die ihren. Dir gehören deine Stimuli und du bist für sie verantwortlich. Dir gehören auch deine Reaktionen auf anderer Leute Stimuli.

Es kann nicht oft genug wiederholt werden, daß du deine Macht abgibst und dich unfähig machst, selbst zu denken, zu fühlen und zu handeln, wenn du daran glaubst, daß andere für dein Denken, Fühlen und Handeln verantwortlich sind. Manche Menschen sind der Meinung, daß sie heute so sind, wie sie sind, durch das, was ihre Eltern ihnen antaten oder durch Dinge, die ihnen in ihrer Kindheit widerfuhren. Solche Auffassungen lähmen und bewirken, daß sie machtlos bleiben. Verstehen diese Menschen andererseits, daß sie eine Anzahl verschiedener Entscheidungen als Reaktion auf Okay- oder Nicht-Okay-Verhalten ihrer Eltern ihnen gegenüber getroffen hatten, dann haben sie die Macht, ihr Geschick zu ändern.

Wenn du glaubst, daß du für das Denken, Fühlen und Tun anderer verantwortlich bist, trägst du eine zu schwere Last mit dir herum. Familienmitglieder belasten sich häufig mit solchen Annahmen. Eltern fühlen sich verantwortlich für das Verhalten ihrer Heranwachsenden. Stellt ihr Teenager etwas an und bekommt er Ärger, machen sie sich selbst Vorwürfe und sehen sich als schlechte Eltern an. Ein Zeitungskommentator schrieb kürzlich, daß jeder, der glaubt, einen Teenager leiten oder beaufsichtigen zu müssen, selbst Beaufsichtigung braucht. In dieser Aussage liegt ziemlich viel Wahrheit, denn Eltern können unmöglich für alles, was ihre heranwachsenden Kinder denken, fühlen und tun, verantwortlich sein. Teenager haben bereits viele Entscheidungen über sich selbst, andere Menschen und die

Welt getroffen, und ihr Verhalten reflektiert diese Entscheidungen mehr als die Einstellung ihrer Eltern. Eltern liefern ihren Kindern eine große Menge an Informationen und Erfahrungen, aber sie liefern nicht all die Reize, die die Kinder empfangen, und sie kontrollieren nicht die Entscheidungen, die die Kinder als Resultat ihrer eigenen Lebenserfahrungen treffen. Mit dem Heranwachsen eines Kindes wird es mehr und mehr für sein eigenes Verhalten verantwortlich, bis es an einem Punkt ankommt, an dem es nicht mehr angebracht ist, daß sich die Eltern für das Verhalten ihres Kindes selbst schelten oder sich selbst für die Leistungen des Kindes zu loben versuchen.

Genauso unangebracht ist es, sich dafür verantwortlich zu fühlen, daß dein Partner niedergeschlagen ist oder ein unbefriedigendes sexuelles Erlebnis hat. Obwohl du deines Partners Gefühle beeinflussen magst, bist du doch nicht für sie verantwortlich. In jeder Situation ist es wichtig, sich der Impulse, die du sendest, bewußt zu sein und die Verantwortung dafür zu übernehmen. Es ist genauso wichtig, sich nicht dafür verantwortlich zu fühlen, in welcher Weise andere Leute entscheiden, auf deine Impulse zu reagieren.

7.) Versuch es nicht erst, tu es

Es besteht ein großer Unterschied zwischen *versuchen* und *tun*. „Ich will es versuchen" bedeutet gewöhnlich entweder „ich habe keine Absicht, es zu tun" oder „ich werde nicht mein Bestes geben, weil ich ja sowieso keinen Erfolg haben werde". Ich glaube manchmal, daß das Motto eines bestimmten Unternehmens „Wir versuchen mehr zu leisten" der Grund ist, weshalb es nicht Nummer Eins ist. Man *versucht* Nummer Eins zu sein. Hast du jemals *versucht,* aufzustehen oder jemandem etwas zuzuwerfen? Mach einmal diese kleine Übung und du wirst sehen, daß du es entweder tust oder *versuchst.* Allgemein gesprochen wirst du keinen Erfolg haben, wenn du *versuchst* etwas zu tun. Eine andere Methode, die Kontrolle über das, was du tust, zu übernehmen ist, das Wort *versuchen* in diesem Zusammenhang weglassen. Was klingt wirksamer, erfolgreicher? „Ich werde versuchen, es Montag zu erledigen" oder „ich werde es Montag erledigen"?

8.) Denk daran: Wenn jemand die Unterhaltung an sich reißt, geschieht das mit deiner Genehmigung

Wenn du nichts sagst, liegt das nicht unbedingt an der gesprächigen Person in der Gruppe. Es liegt an dir, weil du entschieden hast zu schweigen. Du ziehst es vor, niemanden zu unterbrechen und kein neues Thema aufzuwerfen. Andere bestreiten die Unterhaltung nicht allein, wenn du es ihnen nicht erlaubst. Wie oft hast du nach einer Besprechung oder nach einem Seminar gedacht, daß es reine Zeitverschwendung war oder daß du überhaupt nicht zu Worte gekommen bist. Meistens hast du selbst zu diesem Problem beigetragen, weil du den Mund nicht aufgemacht, deinen Standpunkt nicht kundgetan und nicht um das gebeten hast, was du wolltest. Wenn du nichts sagst, steigst du in solche Psychospiele ein wie „Ist es nicht schrecklich?", „Ich Armer" und „JEHIDES (Jetzt hab ich dich endlich, du Schweinehund)".

9.) Benutze deinen Kopf, um Probleme zu lösen und Konflikte zu entschärfen. Denke!

Hoffen, warten, aufschieben, jammern, klagen, streiten, nachgeben, sich auflehnen und an anderen herumnörgeln sind unwirksame Methoden, Probleme zu lösen und Konflikte beizulegen. Das *Kritische-Eltern-Ich* versucht gewöhnlich durch Anschuldigungen oder Verordnungen und Anweisungen Probleme zu lösen. Der *Erwachsene* löst Probleme durch Denken und durch das Fördern echter Kommunikation. Hier sind einige Richtlinien für die Problemlösung und Konfliktentschärfung:

a) Verständige dich auf geraden Wegen

Sprich in einer Gruppe direkt *zu* einer Person, statt *über* sie; zum Beispiel: „Mir gefällt deine Idee, Susan" statt „mir gefällt Susans Idee". Genau wie manche Eltern sich über ein anwesendes Kind unterhalten, als ob es nicht anwesend wäre, reden manche Leitenden in Sit-

zungen und Besprechungen *über* eine anwesende Person, anstatt sich direkt an sie zu wenden. Das regt eine *Eltern-Diskussion* an, statt eine *Erwachsenen-Erwachsenen-Verständigung* zwecks Konfliktlösung, oder eine ungezwungene *Kind-Kind-Unterhaltung,* bei der schöpferische Kräfte und Fähigkeiten frei werden.
Eine direkte Anrede zu unterlassen, ist Teil des Psychospiels „Gerichtssaal". In „Gerichtssaal" bringen zwei Kollegen ihr Problem vor den Chef. Diese beiden Leute sprechen nicht zueinander. Vielmehr berichtet der Ankläger dem Chef über des anderen Benehmen, und der Angeklagte verteidigt sich vor dem Chef, der zum Richter und Geschworenen wird. Der Chef kann vermeiden, sich in dieses Spiel hineinziehen zu lassen, indem er die beiden auffordert, direkt miteinander zu reden und es ablehnt, Stellung zu beziehen oder einen Spruch zu fällen, sondern nur vermittelnd eingreift, wenn er dadurch den beiden hilft, das Problem zu lösen.

b) Benutze Blickkontakt

Schau die Person an, suche ihren Blick, sprich direkt zu ihr. Das gibt ihr Anerkennung und verstärkt deine Wirkung. Blickkontakt ist ein wichtiges Instrument der wortlosen Verständigung, es ist häufig ein sicherer Hinweis auf den Ich-Zustand, der gerade in Aktion ist. Kleine Kinder ziehen sich von ihrer Mutter durch den Abbruch des Blickkontakts zurück. Das *Rebellische* und das *Fügsame Kind* neigen zu dem gleichen Verhalten. Das *Kritische-Eltern-Ich* blickt gewöhnlich von oben herab; das *Fügsame Kind* von unten herauf. Ein ruhiger, angenehmer, sicherer, gerader Blick hilft, den *Erwachsenen-Ich-Zustand* beizubehalten. Damit soll nicht gesagt werden, daß wir uns gegenseitig anstarren müssen, wenn wir miteinander reden. Das wäre schwierig und unbequem dazu. Ein gewisser Kontakt durch das Anblicken unseres Gegenübers macht jedoch eine Verständigung persönlicher und fördert wirksame Transaktionen.

c) Vermeide Fragen, wenn du nicht wirklich Informationen einholen willst

Oft sind Fragen ein indirekter Weg, Aussagen zu machen: „Glauben Sie nicht, daß ...?“ Statt: „Ich glaube, daß ...“. Es hat mehr Wirkung, wenn du ganz einfach deine Ansicht aussprichst. Insbesondere mußt du *Warum*-Fragen vermeiden, denn die kommen sehr oft vom *Kritischen-Eltern-Ich* oder vom *Angepaßten Kind.* Andere Arten von Fragen, *Wie-* oder *Was*-Fragen, sind wirksamer, wenn man brauchbare Informationen einholen will, zum Teil deswegen, weil es weniger wahrscheinlich ist, daß durch sie ein schädlicher Ich-Zustand stimuliert wird. „*Was* für Gründe hast du, es so und nicht anders zu machen?“ wirkt gewöhnlich besser als „warum machst du es so?“
Fragen zu stellen ist oft ein angepaßtes Verhalten, durch das man sich Rückendeckung verschafft oder ein Spiel einleitet. Wenn Mütter oder Vorgesetzte *warum* fragen, wollen sie nicht immer Gründe hören. Nicht selten sind sie über irgendetwas ärgerlich und teilen ihre eigene Unzufriedenheit nicht mit. Es wäre für sie besser, wenn sie sagten: „Ich bin wirklich unzufrieden mit dir, weil du dies oder jenes getan oder nicht getan hast“, statt zu fragen: „Warum hast du das getan?“ Oder noch besser, sie sagen: „Ich bin über dich verärgert, weil du das getan hast, und hier ist, was ich stattdessen gern von dir sehen würde.“

d) Beantworte Fragen direkt und erwarte selbst direkte Antworten

Stellt dir jemand eine Frage, so beantworte sie direkt. Fragen bereiten häufig Schwierigkeiten bei der Verständigung. Manchmal reagiert der Befragte nicht oder zeigt eine solch vage Reaktion, daß eine Antwort nicht ersichtlich ist; manchmal beantwortet er Fragen, die er glaubt, gefragt worden zu sein, statt Fragen, die tatsächlich gestellt wurden. Ein anderes Mal wird er einfach eine ganz andere Frage beantworten, eine, die er lieber beantwortet. Das nennt man *neubestimmen* oder umdefinieren. Menschen, die umdefinieren, neigen dazu, eine *Was-* oder *Warum*-Frage mit einer *Wer-, Wann-* oder *Wo*-Antwort zu bedenken, oder umgekehrt. Kinder sind hierin Experten. Wenn du

Tommy fragst: „Wer hat diese Unordnung gemacht?" antwortet er vielleicht: „Ich habe draußen gespielt!" Er antwortet auf eine *Wo*-Frage und nicht auf die *Wer*-Frage. Auf meine Frage, ob dir eine bestimmte Konferenz gefallen hat, antwortest du vielleicht: „Das Essen war gut." Oder: „Ich dachte, sie war interessant." In beiden Fällen beantwortest du nicht meine wirkliche Frage. Manchmal ist ein gewisses Ausweichen nötig, um einfühlsam zu reagieren. Vergewissere dich jedoch bitte, daß du auch wirklich empfindsam bist und nicht nur einfach eine faule Ausrede brauchtest, um abzulenken, wie ein Politiker. Wie oft hört man, wenn Leute des öffentlichen Lebens nach ihrer Meinung gefragt werden, Antworten, die nicht mit dem eigentlichen Thema zu tun haben. Sie moralisieren, setzen sich für Mutterschaft ein, wettern gegen Sünden, statt die eigentliche Frage zu beantworten. Hast du bemerkt, daß ich manchmal „wie oft" frage, wenn ich eigentlich gar nicht daran interessiert bin, herauszufinden, wie oft, sondern einfach nur hervorheben will, daß etwas häufig geschieht? Das ist ein Verstoß gegen die vorher genannten Richtlinien, der von meinem *Erwachsenen* kommt. Ich lade dich ein, dich an bestimmte Ereignisse, Phänomene, die dir in anderem Zusammenhang aufgefallen sein mögen, zu erinnern und sie mit dem Material, das ich hier vorstelle, in Verbindung zu bringen. Es mag wirkungsvollere Methoden für diese Einladung geben und wenn ich etwas finde, das besser funktioniert, werde ich vielleicht aufhören, rhetorische Fragen zu stellen; in der Zwischenzeit sind sie ganz brauchbar. Ich will damit sagen, daß ich meinen *Erwachsenen* benutze, um zu entscheiden, ob eine Richtlinie in einer angebenen Situation angebracht ist, statt aus diesen Richtlinien *Eltern-Anweisungen* zu machen. Mein *Kleiner Professor* kann mir bei diesen Entscheidungen helfen. Alle diese Verständigungsregeln werden am wirksamsten vom *Erwachsenen* benutzt, häufig mit Hilfe des *Kleinen Professors.*

e) Setze nichts voraus: Frage!

Wahrnehmungsüberprüfung und verdeutlichende Umschreibung sind häufig hilfreiche Mittel, um mit Problemen wie verdeckten Transaktionen und Übertragungstransaktionen fertigzuwerden.

Durch Überprüfung und Wiedergabe des Wahrgenommenen kannst du dich vergewissern, ob du hörst und verstehst, was gesagt wird und daß andere hören und verstehen, was du mitteilst. Das wird dadurch erreicht, daß du des anderen Botschaft mit deinen eigenen Worten wiederholst, um so festzustellen, ob du sie im Sinne des Senders empfangen hast. Wurde die Botschaft von dir falsch aufgenommen, kann der Sender jetzt Klarheit schaffen. Ein Beispiel für Wahrnehmungsüberprüfung: „Es hört sich so an, als ob du das und das sagtest, stimmt das?" Willst du wissen, ob der andere deine Mitteilung in deinem Sinne aufgenommen hat, bitte ihn, zu wiederholen, was du gesagt hast: „Sag mir bitte in deinen eigenen Worten, was du verstanden hast." Es ist wichtig, daß du andere bittest zu umschreiben, was du gesagt hast, denn sie können deine Worte genau wiedergeben, ohne genau zu erfassen, was du gemeint hast.

f) Vermeide Deutungen und Auslegungen

Eine Auslegung oder Deutung sagt jemandem, was in seinem Kopf vorgeht, was ihn motiviert, weshalb er sich in einer bestimmten Weise benimmt oder wie er sich fühlt; zum Beispiel: „Du sagtest das, weil ..." oder: „was du wirklich meinst, ist ...". Manchmal ist eine Auslegung ein Mittel, deine eigenen Gedanken oder Gefühle auszusprechen und sie als die des anderen hinzustellen. Beispiel: „Der Grund, weshalb du die Stirn runzelst, ist, du bist ärgerlich auf mich." Das Gegenteil ist oft der Fall: „Der Grund, weshalb ich die Stirn runzele, ist, ich bin ärgerlich auf dich". Statt zu deuten tu folgendes:

1. Informiere des anderen *Erwachsenen-Ich*, daß du das Wahrgenommene überprüfen möchtest: „Ich möchte das prüfen."
2. Benutze deinen *Erwachsenen*, um eine sachliche, nüchterne, unvoreingenommene Beschreibung des fraglichen Verhaltens zu geben: „Du bist 10 Minuten zu spät nach Hause gekommen, hast die Tür offenstehen lassen, deine Bücher hingeworfen und herumgeschrien."
3. Nachdem du geschildert hast, wie du des anderen Verhalten wahrgenommen hast, stelle deine Frage aufgrund deines Eindrucks statt ihn als Tatsache hinzustellen: „Bist du ärgerlich?"

Auslegungen oder Deutungen sind ein häufiger Auslöser von Konflikten. Statt sich mit dem Verhalten, das man sehen oder hören kann, zu befassen, betätigen sich viele von uns als Gedankenleser um festzustellen, was andere motiviert und welche Gedanken und Gefühle sich hinter ihren Worten und Taten verbergen. Weil niemand so gut Gedanken lesen kann, bringt es viel mehr, wenn wir aussprechen, was wir gesehen oder gehört haben und die andere Person bitten, uns ihr eigenes Verhalten zu erklären, und zu interpretieren.

g) Berücksichtige Gefühle genauso wie Gedanken

Werde dir beim Problemlösen über deine eigenen Gedanken und Gefühle klar und drücke sie aus; ziehe die Gedanken und Gefühle der anderen Person in Betracht und achte darauf, daß das Problem oder die Unstimmigkeit von euch beiden klar erkannt wird. Du kannst dem anderen zu verstehen geben, daß du seine Gefühle zur Kenntnis nimmst, auch wenn du nicht mit ihm übereinstimmst, daß diese Gefühle angebracht sind: „Ich verstehe, daß du über mich ärgerlich bist, weil ich dich nicht angerufen habe. Der Grund, weshalb ich nicht telefonierte ist ...“ Die Tatsache, daß du die Ansicht eines anderen nicht teilst oder nicht das Gleiche empfindest wie er, entwertet seine Gedanken oder Gefühle nicht. Es ist wichtig, den anderen wissen zu lassen, daß du seine Gedanken und Gefühle respektierst, egal ob du sie nun teilst oder nicht. Das ist im Grunde genommen genau das Gegenteil von mißachten. Problemlösung wird erheblich erleichtert, wenn du dich, die anderen und das Problem selbst berücksichtigst.

h) Konzentriere dich darauf, das Problem zu lösen

Bei Meinungsverschiedenheiten richten viele Menschen ihre Aufmerksamkeit auf das *Gewinnen* oder *Verlieren*, statt darauf, eine Lösung für das Problem zu finden. Wenn du dich in einem Konflikt befindest, richte dein Augenmerk auf Möglichkeiten, wie ihr *beide* durch das Lösen des Problems gewinnen könnt. Dazu ist oft ein Kompromiß notwendig: „Ich weiß, du möchtest, daß ich heute

Nachmittag zu Hause bleibe; da ich aber weggehen möchte, werde ich nur den halben Nachmittag fortbleiben.“ Wenn ich mich auf das Problem konzentriere, vermeide ich eine von Konkurrenzdenken geprägte Situation. Menschen, die mit anderen wetteifern, die mit anderen im ständigen Wettstreit liegen, setzen sich nicht genügend für eine Problemlösung ein; sie tun vielmehr alles, um zu beweisen, daß sie recht haben, und die andere Person im Unrecht ist. Sie konzentrieren sich darauf, daß sie bekommen, was sie haben wollen, ohne auf die andere Person Rücksicht zu nehmen. Infolgedessen wird aus der Unterhaltung zur Problemlösung eine Debatte, in der die andere Person nicht anerkannt und manchmal nicht einmal gehört wird.

i) Vermeide falsche und halbherzige Versicherungen

Nehmen wir an, daß es auf dem Arbeitsmarkt sehr schlecht aussieht, und dein Freund zu dir sagt: „Ich habe Angst, daß ich keine Arbeit finden werde.“ Antwortest du einfach: „Es wird sich schon alles wieder einrenken; du wirst bestimmt bald Arbeit finden“, ist das eine halbherzige Beruhigung oder falsche Versicherung, die die Situation und die Gedanken und Gefühle deines Freundes mißachtet. Eine solche Antwort vermittelt ihm, daß du die Situation nicht wirklich verstehst, dich nicht damit befassen willst und es dich wenig kümmert, was mit ihm geschieht. Auch wenn du wirklich glaubst, daß er bald eine neue Stellung findet, mußt du zuerst auf seine Gefühle eingehen. Laß ihn wissen, daß du verstehst, wie er sich fühlt: „Ich kann verstehen, daß du dir Sorgen machst. Es ist schlimm, keine Arbeit zu haben.“

Oft werden unbesonnene, gedankenlose, falsche Versicherungen in dem Versuch abgegeben, zu dem anderen *nett* zu sein, ihn zu beruhigen, weil man annimmt, daß es für ihn zu schmerzlich ist, mit seiner Lage fertig zu werden. Das wirksamste Mittel, jemandem durch eine Krise zu helfen ist, ihm zu helfen, mit seinen Gefühlen klar zu kommen, indem er sie erlebt, ausdrückt und erkennt, daß du hörst und Verständnis hast. Du kannst ihm dann helfen, seinen *Erwachsenen* auf die Problemlösung zu konzentrieren. Falsche Versicherungen laden die Leute häufig ein, nichts zu unternehmen, ihr Problem selbst in den Griff zu bekommen; sie sitzen einfach herum, sind mißmutig und hoffen, daß sich bald etwas ändern wird.

j) Vermeide Übertreibungen

Vermeide, das Problem, das, was in dir oder in einer anderen Person vorgeht, zu übertreiben. Benutze deinen *Erwachsenen*, um die Tatsachen abzuschätzen und genau zu beschreiben. Redewendungen, wie „du ... immer“, „du ... nie“ und „ich war so wütend, ich konnte nicht mehr denken“ sind Übertreibungen. Wenn du beschreibst, was vor sich geht, bleibe sachlich, statt zu beschuldigen und zu verteidigen.
Leute, die zu Übertreibungen neigen, tun das häufig in dem Glauben, daß es die einzige Möglichkeit ist, sich Gehör zu verschaffen. Das haben sie in ihrer Kindheit erfahren. Sie mußten übertreiben, um Mama und Papa dazu zu bringen, ihnen ihre Aufmerksamkeit zu schenken. Als Folge davon übertreiben sie nun gewohnheitsmäßig und sind sich kaum oder gar nicht bewußt, daß sie die Tatsachen verzerren.

Wenn du dich mit diesen Richtlinien vertraut machst, mag es dir eine Hilfe sein, dich jeweils auf eine pro Tag zu konzentrieren, bis du Gelegenheit gehabt hast, alle auszuprobieren. Schreib die Richtlinie des Tages in deinen Kalender oder vermerk sie auf einer Karteikarte, die du dort aufbewahrst, wo du sie mehrmals am Tage siehst. Es wird nicht lange dauern, bis dir diese Verständigungsregeln geläufig sind und der Nutzen, den ihre Anwendung bringt, sichtbar wird.

Kapitel 8

Wie kann ich helfen, eine Veränderung herbeizuführen?

Was ist eine Konfrontation?

Das Wort Konfrontation hört sich ziemlich unfreundlich und unangenehm an. Es gibt eine Anzahl von Möglichkeiten, die eine Veränderung erleichtern; *Konfrontation* ist eine der wirksamsten.

Konfrontation heißt Gegenüberstellung. Konfrontieren bedeutet, jemandem gegenübertreten, sich einer Herausforderung stellen, sich widersetzen. Das Wort hat meist einen negativen Beigeschmack von Uneinigkeit, Provokation und sogar von möglicher Gewalt. Nette Leute werden es nur widerstrebend zu einer Konfrontation in diesem Sinne kommen lassen. In der TA bezeichnet man eine Konfrontation jedoch als einen positiven Akt, der beiden Parteien durch das Austauschen von Gefühlen und Informationen Vorteile bringt. Genaugenommen ist es ein Akt der Vertraulichkeit, wenn einfühlsam und feinfühlig konfrontiert wird. Konfrontation ist ein Vorgang, durch den ich dir zeigen kann, auf welche Weise du mich, dich selbst, andere oder die Situation mißachtest. Durch dieses Aufzeigen und Gegenüberstellen bleibt unsere Verständigung klar und gerade; es wird verhindert, daß sich negative Gefühle aufstauen, und es wächst die Wahrscheinlichkeit, daß unserer beider Bedürfnisse befriedigt werden.

Es ist wahr, daß ich als Person okay bin, und du bist es ebenfalls. Es ist auch wahr, daß Okay-Menschen regelmäßig Nicht-Okay-Dinge tun, daß sie sich nicht okay verhalten. Was man also konfrontieren muß, ist das *Verhalten.*

Wenn ich konfrontiere, mache ich auf das aufmerksam, was ich als Mißachtung wahrnehme. Wenn Leute sich selbst herabsetzen, es versäumen, die Bedürfnisse, Wünsche und Gefühle anderer zu berücksichtigen und das Vorhandensein oder die Wichtigkeit eines Problems zu erkennen, dann mißachten sie. Ich bin mir bewußt, daß ich selbst von Zeit zu Zeit mißachte, und daß ich bereit sein muß, mich selbst zu konfrontieren und von anderen konfrontiert zu werden, ebenso wie ich andere konfrontiere.

Welches Verhalten konfrontiere ich?

Das Verhalten, das zu konfrontieren ist und über das in diesem Kapitel gesprochen wird, kommt hauptsächlich vom *Kritischen-Eltern-Ich* und vom *Rebellischen-* und *Fügsamen-Kind-Ich*. Ich skizziere hier der Einfachheit halber nur die verschiedenen Nicht-Okay-Verhaltensformen, die gewöhnlich von diesen Ich-Zuständen ausgehen. Ich möchte auch daran erinnern, daß sich Menschen hauptsächlich nicht okay verhalten, weil ihr *Natürliches Kind* mißachtet wird; das bedeutet, daß sie Wünsche haben, die nicht genügend beachet werden oder Gefühle, die sie nicht angemessen zeigen. Statt etwas zu tun, um die Situation zu beheben oder ihre Gedanken und Gefühle auszusprechen, reagieren sie mit verschiedenen schädlichen Verhaltensformen, die dazu bestimmt sind, mit der Situation gerade noch zurechtzukommen, statt sie zu ändern. Dieses „Zurechtkommen"-Verhalten ist gewöhnlich nicht okay und rechtfertigt eine Konfrontation.

Einige hervorragende Transaktions-Analytiker am Cathexis Institut haben wertvolle Arbeit beim Bestimmen und Beschreiben einer Anzahl von konfrontierbaren Nicht-Okay-Verhaltensformen geleistet[20], dazu gehören Kleinigkeitskrämerei oder Pingeligkeit, Verallgemeinerung, Mißachtung, Neubestimmung und übertrieben wettbewerbsorientiertes Verhalten. Auf die eine oder andere Art hemmen diese Verhaltensformen eine wirksame Verständigung, Intimität und die Erkenntnis, daß alle Menschen einen eigenen Wert und Würde besitzen.

Wir haben bereits über *Mißachten* gesprochen, doch es lohnt sich, die Information hier nochmals zu wiederholen und erneut hervorzuheben, denn Mißachten ist ein solch verbreitetes Verhalten, das konfrontiert werden muß. Mißachtung ist eine verzerrte Art zu denken oder nicht zu denken. Ich mißachte, wenn ich einem Problem nicht genügend Aufmerksamkeit widme oder das Vorhandensein eines Problems ignoriere. Das kann mit Absicht oder unabsichtlich geschehen.

Es gibt vier Arten von Mißachtung[21]. Es ist jedoch wichtig zu beachten, daß eine Mißachtung nicht immer unter eine dieser vier Kategorien fällt, sondern daß die meisten Mißachtungen aus einer Kombination dieser Kategorien bestehen.

Mißachten kann man:

1) *Die Existenz eines Problems:* In einem Unternehmen wechseln die Beschäftigten sehr oft, und niemand kümmert sich um dieses Problem. Tatsächlich ist es nie als Problem angesehen worden.

2) *Die Gründe für ein Problem:* Eine Beschäftigte kommt regelmäßig zu spät zur Arbeit und sagt, daß es am Straßenverkehr liegt. Sie mißachtet den Grund für dieses Problem (Der wirkliche Grund für das chronische Zuspätkommen ist, daß sie zu spät von zu Hause fortgeht). In einem anderen Fall gehen die Aufträge zurück, und die Firmenleitung macht die Vertreter dafür verantwortlich, statt dem Umstand Rechnung zu tragen, daß die Konkurrenz schärfer geworden ist.

3) *Die Lösungsmöglichkeiten für ein Problem:* Das kommt vor, wenn Leute glauben, sie können nichts gegen ein Problem tun oder es kann allgemein nichts unternommen werden, um ein bestimmtes Problem zu lösen. Zum Beispiel: „Ich kann nicht mit meinem Chef reden“, oder „wir können nichts tun, um die Produktionsquote in unserer Abteilung zu steigern“.

4) *Leute (dich selbst oder jemand anderen):* Habe ich ein Gefühl oder einen Gedanken und spreche ich ihn, ohne triftigen Grund, nicht aus, mißachte ich mich. Möchte ich etwas gern und unternehme nichts, ohne triftigen Grund, um es zu bekommen, mißachte ich mich. Wenn ein Chef mit einem Mitarbeiter eine Vereinbarung trifft und sie nicht einhält, mißachtet der Chef den Mitarbeiter. Sagt der

Mitarbeiter nichts dazu, liefert er die zweite Mißachtung. Er mißachtet sich selbst oder vielleicht den Chef. Unterbricht eine Person eine andere, mißachtet der Unterbrechende die andere Person, und wenn die so mißachtete Person nichts dagegen unternimmt, fügt sie eine zweite Mißachtung hinzu. Eleanor Roosevelt sagte einmal: „Niemand kann dich ohne deine Einwilligung dazu bringen, dich minderwertig zu fühlen." Sie sprach von einer Doppel-Mißachtung.

Für ein Psychospiel sind zwei Mißachtungen nötig. Wenn die erste Person mißachtet und die zweite konfrontiert die Mißachtung, ohne dabei sich oder die andere Person zu mißachten, wird das Spiel vermieden. Die verschiedenen Nicht-Okay-Verhaltensformen, die in diesem Kapitel beschrieben werden, sind das Ergebnis von Mißachtungen. Wenn man nicht mißachtet, entstehen keine dieser Nicht-Okay-Verhaltensformen.

Manchmal ist es schwierig festzustellen, ob eine Mißachtung wirklich stattgefunden hat. Mißachtungen können beabsichtigt oder unbeabsichtigt sein, und sie können von jedem Einzelnen unterschiedlich beurteilt werden. Ich sage vielleicht etwas, ohne eine bewußte Absicht, dich zu mißachten, und du nimmst es als Mißachtung auf. Auch nachdem du mich deswegen konfrontiert hast, sehe ich es vielleicht immer noch nicht als Mißachtung an.

Ein anderes sehr häufig vorkommendes Verhalten, das man konfrontieren muß, nennt man *Neubestimmen* oder *Umdefinieren*[22]. Wenn jemand neubestimmt, reagiert er nicht direkt auf das, was gerade vor sich geht, sondern er ändert die Bedeutung des soeben Gesagten, so daß es mit seiner eigenen Auslegung von Wirklichkeit übereinstimmt. Wenn man einen Neubestimmer etwas fragt, wird er oft eine andere Frage beantworten, eine Frage, die er selbst konstruiert hat, und damit verlagert er den Kern der Unterhaltung. Das geschieht oft in so unauffälliger, spitzfindiger Weise, daß keiner der beiden Beteiligten die Neubestimmung bemerkt, obwohl der andere ein gewisses Unbehagen, das sich in die Unterhaltung eingeschlichen hat, verspüren mag. Eine Frage wurde beantwortet, aber nicht die, die gestellt worden war. Das folgende Beispiel stellt eine der häufig vorkommenden Arten von Neubestimmung dar:

Angestellter: „Wann werden die Prämien ausgezahlt?"
Chef: „Ach ja, ich mach mir große Sorgen wegen der Prämien. Ich betrachte sie als eine sehr wichtige Angelegenheit."

In diesem Beispiel wurde auf eine *Wann-Frage* mit einer *Wie-ich-empfinde-Antwort* reagiert. Es kommt auch recht häufig vor, daß jemand eine *Wer-Frage* neubestimmt, indem er eine *Wann-, Wo-, Was-* oder *Wie-Antwort* darauf gibt. Eine Möglichkeit, mit Neubestimmungen zurechtzukommen, ist, einfach darauf hinzuweisen, daß du keine Antwort auf deine Frage bekommen hast, daß du aber gern eine hättest. Eine andere Methode ist, die gleiche Frage in klarer *Erwachsenen-Form* zu wiederholen.

Vielleicht eines der schwierigsten Verhalten, das eine Konfrontation rechtfertigt, ist das *passiv-aggressive Verhalten*. Diese Form von Rebellion, die bereits näher besprochen wurde, ist ein indirekter und schädlicher Ausdruck von Ärger, der sich in Vergeßlichkeit, Aufschieben von Erledigungen und im Abweichen von vereinbarten Arbeitsweisen äußert. Einer der Gründe, weshalb passiv-aggressives Verhalten so schwer zu konfrontieren ist, liegt darin, daß die Person, die dieses Verhalten an den Tag legt, oft ausgezeichnete Entschuldigungen und Erklärungen parat hat und sie auf solche Weise vorbringt, daß derjenige, der mißachtet wurde, nicht mehr sicher ist, ob er nicht selbst aus einer Mücke einen Elefanten gemacht hat.

Passiv-aggressives Verhalten kostet Unternehmen jährlich Millionen. Beschäftigte, die stillschweigend zustimmen oder sich bereiterklären, etwas zu tun, was sie in Wirklichkeit nicht tun wollen, machen oft Fehler, vergessen oder verschieben es auf später und verpassen sogar wichtige Fristen und Termine; sie melden sich „krank", vertrödeln Zeit usw. Wer weiß, wie viel Gerät falsch bedient oder beschädigt wird, wie viele Aufträge verlegt oder unsachgemäß ausgeführt werden von Leuten, die sich passiv-aggressiv verhalten? Würden diese Leute die Einladung annehmen, ihre gegenteilige Meinung oder ihren Ärger klar und ohne Umschweife herauszusagen, und wären die Vorgesetzten bereit, ihnen zuzuhören und sie zu verstehen — nicht notwendigerweise ihnen zuzustimmen — bestünde die Möglichkeit, daß ihre Untergrundrebellion schwächer werden würde, wenn sie nicht sogar ganz verschwände. Wie jedes andere rebellische Verhalten, kann passiv-aggressives Verhalten wirksam aus dem *Fürsorgenden-Eltern-Ich* und/oder dem *Natürlichen-Kind-Ich* konfrontiert werden. (Siehe das Material über das *Rebellische Kind* in dem Abschnitt, der sich mit Transaktionen befaßt, Seite 14 ff.).

Eric Berne bezeichnet bestimmte Verhaltensformen als Galgenhumor[23], ein Verhalten, das häufig wert ist, konfrontiert zu werden, weil es eine Mißachtung andeutet. Berne beobachtete, daß Leute unangebrachterweise über ihr Verhalten lachen, lächeln oder witzeln, wenn es in Wirklichkeit gar nicht komisch ist. Sie lächeln oder lachen sogar häufig über Verhalten, das schmerzliche oder peinliche Folgen hat: „Mensch, ich hab mir vielleicht meinen Finger mit dem Hammer zerquetscht, ha ha!". Andere reagieren meist unbeabsichtigt in der gleichen Weise und bewirken dadurch eine Galgenhumor-Transaktion: „Ja, da hast du ganz schön hingehauen, ha ha!". In diesem Beispiel denkt keiner der beiden, daß es in Wirklichkeit gar nicht witzig oder komisch ist, eine schmerzhafte Fingerverletzung zu erleiden, dennoch lächeln oder lachen beide über das Verhalten, ihre wirklichen Gefühle mißachtend.

Der Angestellte, der seinem Chef sagt, es täte ihm leid, daß er einen wichtigen Termin versäumt hat und gleichzeitig dabei lächelt, gibt ein klares Beispiel von Galgenhumorslächeln. Oft lächelt auch der Vorgesetzte während er die Entschuldigung entgegennimmt, auch wenn er vielleicht verärgert ist. Unabsichtlich unterstützt der Angestellte sein eigenes Nicht-Okay-Verhalten, wenn er darüber lächelt, und auf die gleiche Weise unterstützt der Vorgesetzte, auch unabsichtlich, das Nicht-Okay-Verhalten des Angestellten. Das *Angepaßte Kind* besorgt das Lächeln, um ein Verhalten zu unterstützen, das vom *Kritischen-Eltern-Ich* diktiert wird. Das Galgenlächeln ist oft ein Beweis dafür, daß das *Angepaßte Kind* dem *Kritischen-Eltern-Ich* gefallen will. Das Lächeln, mit dem der Chef seine leichte Verärgerung überdeckt, kann ein Zeichen dafür sein, daß er einer „Fühl-nicht"-Einschärfung folgt, er lächelt, statt zu fühlen. Manchmal ist das Lächeln für eine Person bezeichnend, die nicht möchte, daß sich der Empfänger der Information schlecht dabei fühlt, auch wenn er selbst als Sender es schecklich empfindet.

Wenn jemand unpassenderweise lächelt, ist es wichtig, daß du nicht auch lächelst; du brauchst manchmal nur einfach sagen, daß du das Verhalten nicht komisch findest. Beim Konfrontieren meines eigenen Galgenlächelns habe ich es als Hilfe empfunden, mich selbst zu fragen, was es bedeutet. Indem ich das tat, entdeckte ich oft etwas von meinem eigenen angepaßten Verhalten. Ich hatte zum Beispiel bemerkt, daß ich zum Lächeln neigte, wenn mir jemand etwas über einen Unglücks- oder Todesfall, der sich gerade ereignet hatte, erzählte. Als ich mich fragte, was das Lächeln bedeute, fand ich, daß ich lächelte, statt über das Unbehagen zu reden, das ich empfand, weil ich nicht wußte, was ich zu der gerade gehörten Nachricht sagen sollte. Ich erkannte dann jedoch, daß es okay war, über mein Unbehagen zu reden und daß es mir helfen würde, eine passendere Erwiderung zu geben.

Psychospiele soll man konfrontieren. Detaillierte Information über das angemessene Konfrontieren von Spielen ist an anderer Stelle dieses Buches, in Kapitel 5, zu finden.

Am Cathexis Institut wurde der Begriff des *wettbewerbsorientierten Bezugsrahmens* als ein Mechanismus entwickelt, der es verhindert, daß Menschen ihre Bedürfnisse erfüllt bekommen[24]. Unter Bezugsrahmen ist die Art und Weise zu verstehen, auf die ich mich selbst, die Menschen meiner Umgebung und mich selbst in den Beziehungen zu anderen Menschen wahrnehme. In manchen Familien ist der Bezugsrahmen wettbewerbsbetont: Familienmitglieder wetteifern um Dinge wie Streicheln oder Okay-Sein, die die Familie fälschlicherweise als knapp ansieht. In solchen Familien wird den Kindern beigebracht, daß nur eine begrenzte Anzahl von Wünschen erfüllt werden kann und nur begrenzte Mengen von Streicheleinheiten zur Verfügung stehen. In einer Familie mit solch einem Bezugsrahmen kommt es oft vor, daß viele Wünsche der Familienmitglieder nicht erfüllt werden. Sie beginnen zu glauben, daß, wenn eine Person einen Wunsch hat, es für eine weitere Person nicht in Ordnung ist, sich zur gleichen Zeit auch etwas zu wünschen. Es entwickelt sich häufig ein Wettstreit über die Frage, wer in der Familie seine Bedürfnisse und Wünsche befriedigt bekommt, da man der Auffassung ist, daß unmöglich jeder bekommen kann, was er braucht. Mitglieder einer solchen Familie lernen deshalb nicht viel über das Kompromisseschließen (jetzt zu bekommen, was ich will, und später, was du willst oder umgekehrt oder beide bekommen jetzt einen Teil dessen, was sie möchten und den Rest später), und sie entwickeln keine Fähigkeit, die Befriedigung ihrer Wünsche aufzuschieben. In der gleichen Familie wird Kindern beigebracht, daß ihr Okay-Sein direkt davon abhängt, wie sie bei einem Vergleich mit Geschwistern und mit anderen abschneiden. Statt die Charakteristika eines Kindes direkt zu beschreiben (Jo ist niedlich, Susan ist klug, Tim hat rote Haare), beschreiben diese Eltern häufig das Besondere in vergleichender Weise (Jo ist *niedlicher* als Susan, Susan ist *klüger* als Jo, Tims Haar ist *roter* als das von Jo). Eltern vergleichen Geschwister miteinander und auch mit Kindern außerhalb der Familie. Eltern selbst vergleichen sich auch mit anderen. Von ihrer Okay-Grundposition hängt es ab, ob sie bei den Vergleichen gewinnen oder verlieren. „Wenn du mehr Geld hast als ich, dann bist du okay und ich bin nicht okay." „Wenn ich etwas bekomme, das du nicht bekommst, dann bin ich okay und du bist nicht okay." Ein weiteres Merkmal eines wettbewerbsorientierten Bezugsrahmens ist, daß ich in einem Disput nicht mit dem Ziel der Problemlösung argumentiere, weil ich mit dir konkurriere. Ich werde stattdessen argumentieren, um zu gewinnen oder zu verlieren, je nachdem wie meine Okay-Grundposition ist.

Wettbewerbsbezugsrahmen finden sich in vielen Unternehmen. Der oberste Boß eines Unternehmens mag zum Beispiel nicht bereit sein, qualifizierte Leute einzustellen aus Angst, sie könnten seine eigenen Fähigkeiten in den Schatten stellen. Anders ausgedrückt: Wenn ein Untergebener sehr befähigt ist, fühlt sich sein Vorgesetzter in seinen Fähigkeiten herabgesetzt und nicht okay. Manchmal wollen Chefs keine qualifizierten Arbeiter anstellen, weil sie fürchten, daß sie dann selbst überflüssig werden. Innerhalb von Abteilungen sagen Wetteiferer oft nichts Positives zu ihren Kollegen, weil sie der Meinung sind, daß sie selbst nicht okay sind, wenn ein anderer etwas gut macht. Man kann es auch so ausdrücken: Leute in einem Wettbewerbsbezugsrahmen beurteilen ständig das Okay-Sein durch Vergleichen.

Eine der besten Methoden, mit diesem Wettbewerbsgerangel fertig zu werden ist, zuerst einmal deine eigenen Gedanken und Gefühle und die des anderen zu betrachten. Frage dich und die andere Person: „Wie können wir beide gewinnen? Wo bin ich bereit, nachzugeben, wo bist du bereit, nachzugeben?“ Dann kannst du einen beide Seiten befriedigenden Beschluß oder zumindest eine wirksame Lösung aushandeln. Stellt es sich heraus, daß die andere Person weiterstreitet, um zu gewinnen, statt sich einzusetzen, ein Problem zu lösen, kannst du zu echtem Problemlösen einladen, indem du dich weigerst, weiter am Wettbewerb teilzunehmen und immer wieder Möglichkeiten aufzeigst, die in Betracht zu ziehen sind.

Als ich meine Wetteiferei konfrontierte, wurde ich mir deren Unsinnigkeit bewußt. Nach meiner Rückkehr von einem Kongreß erzählte ich einigen Freunden, daß ich ein großer Therapeut bin. Sie fragten mich, weshalb ich das glaube, und ich sagte: „Weil die Leute auf dem Kongreß schlechte Therapeuten waren.“ Da fiel es mir zum ersten Mal auf, daß das Verhalten anderer Leute nichts über mich aussagt. Ich lernte, meine Ich-Zustände innerlich zu wechseln und mir zu sagen: „Hör mit dem Vergleichen auf, es bringt nichts.“ Das bedeutet nicht, daß ich aufgehört habe, anderer Leute Verhalten zu beobachten, um zu lernen, was ich tun und was ich nicht tun muß. Es bedeutet einfach, daß ich jetzt ihr Verhalten direkt bewerte und auswerte („Das ist wirksam“) statt zu vergleichen („Er ist fähiger als ich“) und daß vergleichende Okay-Urteile dabei nicht mehr mitwirken.

Pingelig-Sein[25] ist ein weiteres Phänomen, das man konfrontieren soll. Wenn jemand übergenau ist, greift er ein winziges Teilstück aus dem Ganzen (vielleicht ein einzelnes Wort, eine Phrase oder eine Tatsache) heraus und bezieht sich ausschließlich auf dieses, wodurch er das Wesentliche der Angelegenheit verpaßt. Ein Vorgesetzter sagt seinem Untergebenen, daß er wirklich unzufrieden mit ihm ist, weil er fünfmal hinereinander zu spät gekommen ist. Der Untergebene, der zu Pingeligkeit neigt, erwidert, daß er nur an vier Tagen zu spät gekommen war. Nun debattieren sie darüber ob es vier oder fünf Tage waren und übersehen die Tatsache, daß das eigentliche Problem das wiederholte Zuspätkommen ist. Es ist ratsam, einen solchen Kleinigkeitskrämer einzuladen, sich an das Hauptthema zu halten und es zu vermeiden, sich auf Einzelheiten zu konzentrieren.

Zu verallgemeinern[26] ist ein Verhalten, das man konfrontieren soll. Wenn jemand verallgemeinert, sind seine Aussagen so allgemein oder so vieldeutig, daß es einer Menge Fragen bedarf, um herauszufinden, was er meint. Zum Beispiel beschwert sich ein Mitarbeiter bei seinem Vorgesetzten, daß die Leute in seiner Abteilung „ihre Arbeit nicht tun"; er sagt nicht, welche Leute und auch nicht, in welcher Beziehung sie ihre Arbeit nicht tun, und er bleibt auch andere erhellende Informationen schuldig. Nun fragt ihn der Chef, was er meint. Der Mitarbeiter antwortet: „Sie verständigen sich nicht gut untereinander". Das ist immer noch eine Verallgemeinerung, und der Chef setzt seine Fragen fort, was sich manchmal endlos hinzieht. Wenn du mit jemandem zu tun hast, der verallgemeinert, kannst du auf die Verallgemeinerung hinweisen und darauf, daß spezifische Informationen helfen würden. Du kannst auch Fragen zu den einzelnen Elementen der Angelegenheit stellen, die dazu dienen, bestimmte Antworten herauszulocken, die dann euch beiden helfen, zu dem Kern des Problems vorzustoßen.

Konfrontation — ja oder nein

Wenn jemand in Verhalten verstrickt ist, das zu konfrontieren ist, habe ich drei Möglichkeiten: Ich kann ihn konfrontieren, ich kann alle Transaktionen mit ihm unterlassen oder ich kann das Verhalten akzeptieren. Die Wahl, die ich treffe, hängt von verschiedenen Faktoren ab. Bei meiner Entscheidung werde ich die Situation, mein Verhältnis zu dem Betreffenden, wenn überhaupt eines besteht, meine eigenen Gefühle und den Grad, in welchem das fragliche Verhalten für die Person selbst ärgerlich, gefährlich oder schädlich ist, berücksichtigen. Versuchte ich, jedes kleine bißchen schädliche Verhalten, das ich bemerke, zu konfrontieren, würde ich wahrscheinlich nicht viel anderes erledigt bekommen und ganz bestimmt hätte ich nicht viel Spaß. Würde ich die Transaktionen mit jedem, der sich konfrontierbar benimmt, abbrechen, hätte ich bald keine Freunde und Bekannten mehr. Würde ich jedes Verhalten kommentarlos akzeptieren, mißachtete ich mich selbst und nähme denen, die mir nahe stehen, die Gelegenheit, etwas über meine Gedanken und Gefühle bezüglich ihres Verhaltens zu erfahren und somit vielleicht auch die Gelegenheit, ihr Verhalten zu ändern. In Wirklichkeit können wir Leute durch unser Konfrontieren nicht ändern. Die Leute ändern sich selbst. Wir können jedoch so fürsorgend konfrontieren, daß Möglichkeiten eröffnet werden, die unsere Beziehungen zu anderen verbessern.

Ich konfrontiere, wenn es so aussieht, als ob dadurch einschneidende Probleme gelöst oder vermieden werden könnten. Ich achte darauf, daß die Angelegenheit für mein *Kind* von Bedeutung ist. Ganz allgemein lohnt sich eine Konfrontation, wenn dabei etwas für mein *Kind* herauskommt.

Wie konfrontiere ich?

Konfrontation ist im wesentlichen das Geben von *konstruktiven negativ bedingten Streicheleinheiten*. Deshalb ist sie ein noch wirksameres Instrument, eine Veränderung herbeizuführen, wenn man sie in die Gesamtheit unseres täglichen Umgangs mit unseren Mitmenschen, bei dem auch eine Menge *positives Streicheln* gegeben wird, einbezieht. Bekommst du von mir für das, was du tust und auch einfach nur dafür, daß du du selbst bist, viele positive Streicheleinheiten, wirst du wahrscheinlich wohlüberlegt auf mein konstruktives negativ bedingtes Streicheln reagieren. Konfrontiere ich dich andererseits regelmäßig und gebe dir nur selten positiv bedingtes und bedingungsloses Streicheln, wirst du meine Konfrontation nicht als konstruktiv ansehen können. Tatsächlich wirst du sie vielleicht als von meinem *Kritischen-Eltern-Ich* kommend erleben und negativ darauf reagieren.

Bevor du zu konfrontieren beginnst, tust du gut daran, einige wichtige Punkte zu überprüfen. Erstens, bist du in einem deiner wirksamen Ich-Zustände? Konfrontationen vom *Kritischen-Eltern-Ich* oder *Rebellischen Kind* sind selten wirksam. Zweitens, berücksichtige den Ort. Wäre es besser, diese Konfrontation privat zu machen? Häufig ist es besser. Wäre es eine Mißachtung, die andere Person in dieser Situation um ihre Aufmerksamkeit zu bitten (Anders formuliert: Will oder muß diese Person ihre Aufmerksamkeit auf etwas anderes richten)? Merkst du, daß der andere deine Konfrontation nicht hören will, wegen des Ich-Zustandes, in dem er sich gerade befindet, ist es sinnvoll, ihn durch Kreuzen von Transaktionen, wie bereits beschrieben, einzuladen, den Ich-Zustand zu wechseln oder auf eine günstigere Gelegenheit zu warten, bei der du wahrscheinlich die gewünschte Reaktion bekommst. Den richtigen Moment für eine Konfrontation abzupassen ist sehr wichtig. Die Situation zu mißachten ist oft ein sicheres Mittel, die Konfrontation scheitern zu lassen.

Oft ist es wichtig, einen *Vertrag* für eine Konfrontation abzuschließen, bevor du damit beginnst. Dazu brauchst du die Leute einfach nur fragen, ob sie zuhören und antworten werden auf das, was du zu sagen hast. Wenn mir zum Beispiel etwas nicht gefällt, was mein Chef tut, könnte ich ihm bei passender Gelegenheit etwa folgendes sagen: „Herr Müller, ich wüßte gern, ob ich Ihnen erzählen darf, wie ich mich wegen des gestrigen Vorfalls fühle. Würden Sie mir zuhören?“ Oder: „Ich mache mir ernste Gedanken über das, was sich gestern abgespielt hat, und ich würde gern mit Ihnen darüber sprechen. Würden Sie mir zuhören und versuchen, mich zu verstehen?“ Oder: „Ich habe Angst, daß Sie mich vielleicht feuern, wenn ich Ihnen sage, daß ich wütend auf Sie bin. Werden Sie mich anhören, wenn ich Ihnen meine Gefühle von Ärger schildere, ohne mich hinauszubefördern?“ Es gibt Leute, die etwas gegen diese Methode einzuwenden haben, weil mitunter jemand „Ja“ sagt, wenn er in Wirklichkeit „Nein“ meint. Wenn du dir darüber Gedanken machst, schlage ich vor, eine Sicherheitsklausel in den Vertrag einzubauen. Zum Beispiel: „Ich möchte Sie bitten, etwas zu tun, aber nur wenn Sie es wirklich wollen. Ich fürchte, daß Sie ja sagen, auch wenn Sie lieber nein sagen möchten. Werden Sie mir ehrlich sagen, wie Sie wirklich empfinden?“ Nachdem die Person das versprochen hat, kannst du fragen, ob sie bereit ist, deine Konfrontation anzuhören.

Eines meiner Ziele beim Konfrontieren ist es, mit dem Energiestrom der betreffenden Person zu schwimmen; d.h. sich ganz auf das, was die andere Person sagt, einzustellen, zu erkennen zu geben, wie ich das Gesagte verstanden habe und zu einem beide Seiten zufriedenstellenden Abschluß zu kommen. Nehmen wir zum Beispiel an, daß Joe ärgerlich auf mich ist, weil er glaubt, ich habe seine Fähigkeiten und Anstrengungen nicht wirklich erkannt. Ich habe ihm das Streicheln, das er wollte, nicht gegeben. Daraufhin besorgt er sich sein Streicheln durch das unauffällige Demonstrieren seiner Unzufriedenheit. Joe will gestreichelt werden. Er bekam es nicht für gute Leistung, deshalb verschafft er es sich nun durch Zuspätkommen. Wenn ich erkenne, daß er es braucht, um seiner selbst und seiner Leistung willen akzeptiert zu werden, und wenn ich bereit bin, ihm diese Anerkennung zu geben, ist Joe frei, seine Energie zur Erlangung eines gemeinsamen Zieles einzusetzen, das Vorteile für das Unternehmen, für ihn wie auch für seinen Chef birgt.

Es ist leichter, mit dem Energiefluß der Menschen zu schwimmen, wenn ich mir vor Augen halte, daß fast jedes Verhalten, egal wie negativ es auch erscheinen mag, von irgendwelchen positiven Absichten motiviert ist. Im obigen Beispiel war die Absicht (gestreichelt zu werden) hinter dem Verhalten gut. Joe war sich seiner Absicht jedoch nicht bewußt und sein Verhalten war unwirksam. Das Streicheln brachte ihm nicht das, was er eigentlich wollte. Joe war sich vielleicht des Zusammenhangs zwischen seiner Unpünktlichkeit und seinem Ärger auf mich nicht bewußt. Vielleicht hat er es sogar noch nicht einmal gemerkt, daß er auf mich ärgerlich war. Jedenfalls gab sein Verhalten zu verstehen, daß er etwas wollte, das er nicht bekam. Bin ich empfindsam für Hinweise, wie sie sich in Joes Verhalten ausdrückten, und erkenne ich die positiven Absichten dahinter an, sind meine Konfrontationen viel wirkungsvoller.

Während der Konfrontation ist es eine Hilfe, sich auf das zu konzentrieren, *was du willst*, statt auf das, *was du nicht willst*. Gib den Leuten „Tu-das"- statt „Tu-das-nicht"-Anweisungen, zum Beispiel: „Füllen Sie die Bestellung so aus", statt „füllen Sie die Bestellung nicht so aus." — Eine Mutter sagt besser zu ihrem Kind: „Bleib im Garten" anstatt „geh nicht auf die Straße". Auf diese Weise hilfst du dem Menschen, seinen Energiestrom einfach in eine andere Richtung umzuleiten, statt zu versuchen, den Strom zu stoppen.

Eine andere Möglichkeit, mit dem Energiestrom anderer zu schwimmen ist, sie zu ermuntern, ihre Ansichten vorzutragen, während du sorgfältig und objektiv zuhörst. Wenn sie fertig sind, wiederholst du in deinen Worten, wie du sie verstanden hast; dann wissen sie, daß sie gehört wurden und daß du ihre Lage verstehst, auch wenn du ihnen nicht unbedingt zustimmst. Dieses Zuhören und Wiederholen macht es wahrscheinlicher, daß der andere dir zuhören und deine Ansichten verstehen wird und vielleicht aufgrund deiner Konfrontation Änderungen vornimmt.

Wenn ich konfrontiere, gehe ich gern behutsam oder locker vor. Wirksame Konfrontation braucht nicht ernst oder schwerwiegend zu sein. Wenn jemand zu spät zur Arbeit kommt, rufe ich ihm vielleicht in freundlichem Tonfall zu: „Hallo Joe, sind wieder ein bißchen spät dran, wie? Passen Sie schön auf!" Manchmal mache ich sogar einen kleinen Witz beim Konfrontieren: „Unterbrechen Sie mich noch ein einziges Mal, dann müssen Sie einen ausgeben!" Die beste Zeit zum Konfrontieren ist, *bevor* ein Verhalten ernsthaft lästig oder schädlich wird und *bevor* sich jemand darüber ärgert. Das ist jedoch nicht immer möglich. Sofortiger Ärger ist eine angebrachte Reaktion auf bestimmte Verhaltensformen.

Ist Ärger wirklich okay?

Wie schon an anderer Stelle besprochen, ist Ärger eine der vier Grundemotionen; eines der vier Gefühle, die Kleinkinder auf natürliche Weise zeigen, bevor sie auf das, was in der Welt vorgeht, mit gelernten Reaktionen antworten. Für ein Kleinkind ist Ärger eine natürliche Reaktion, wenn es nicht bekommt, was es will. Für mich gilt das gleiche, solange ich auf Hier-und-Jetzt-Ereignisse reagiere: Ärger ist eine angebrachte Reaktion, wenn ich nicht bekomme, was ich will. Und das direkte Zeigen von Ärger ist okay.

Viele Leute glauben, daß es nicht okay ist, Ärger auszudrücken, und es gibt verschiedene Gründe für diesen Glauben. Wie ich es sehe, beruht dieser Komplex der Menschen bezüglich des Zeigens ihres Ärgers größtenteils auf den Erfahrungen, die sie als Kind von *unangebrachten* Ärger- oder Zornesausbrüchen machten. Es wurde geschrien und geschimpft, es gab Schläge, Schmerzen und Tränen und möglicherweise unkontrollierte Wut. Wenn sie mitansahen, wie Menschen auf diese schädliche Weise Ärger ausdrückten, mußten sie zu dem Schluß kommen, daß Ärger explosiv, gefährlich, verletzend und feindlich ist. Andererseits denken einige Leute, daß Ärger nicht okay ist, weil sie ihre Eltern *nie* Ärger offen ausdrücken sahen. Wenn Menschen außerhalb der Familie ihren Ärger ausdrückten, sagten sie vielleicht: „Komisch, Mama und Papa benehmen sich nie so", und sie entschieden, daß es nicht okay ist. Ärger zu zeigen. Einige religiöse Lehren werden fälschlich so ausgelegt, als ob wir niemals ärgerlich sein sollten. Viele Menschen wurden als Kinder bestraft, weil sie Ärger zeigten. Andere mußten miterleben, wie wütende Eltern sich gegenseitig und anderen wehtaten und entschieden, daß sie sich niemals so benehmen würden. Kein Wunder, daß diese Menschen zu der Entscheidung kamen, Ärger ist nicht okay! Was sie jedoch nicht wußten: Ärger, das natürliche Gefühl, war nie der eigentliche Schuldige in jenen Fällen. Das Problem lag darin, daß die Menschen ihren Ärger von einem ihrer schädlichen Ich-Zustände aus abreagierten. Sie brachten ihr Gefühl nicht auf direktem, angemessen Weg zum Ausdruck. Wahrscheinlich hatten sie ihren Ärger so lange zurückgestaut, bis sie beschlossen, daß ein vielleicht sogar nichtiger Anlaß ihnen die Rechtfertigung für einen explosionsartigen Ausbruch vom *Kritischen-Eltern-Ich* oder *Rebellischen Kind* ab.

Warum wird Ärger in dieser Weise aufgestaut?

Die Menschen halten ihren Ärger zurück und stauen ihn auf, weil ihr eigenes *Kritisches-Eltern-Ich* ihr *Natürliches Kind* anweist, nicht ärgerlich zu werden, oder weil sie sich übermäßig an andere Leute anpassen. Überanpassung ist ein Vorgang, bei dem eine Person durch *Gedankenlesen* herauszubekommen versucht, was andere von ihr erwarten, und die sich dann anstrengt, diesen imaginären Wünschen nachzukommen. Bei einer Überanpassung entscheidet jemand, wie andere sich fühlen, oder was sie denken oder tun werden, wenn er eine bestimmte Handlung durchführt oder Gefühle oder Stimmungen ausdrückt. Als Ergebnis seiner Gedankenleseversuche entscheidet er vielleicht, daß andere schlimm reagieren werden, wenn er Ärger über Kleinigkeiten zeigt. Deshalb paßt er sich übermäßig an sie an, indem er seinen Ärger zurückhält und sich aufstauen läßt, bis er so ärgerlich oder wütend ist, daß das Ausdrücken seiner Gefühle *gerechtfertigt* ist. Dann gibt er diesem aufgestauten Ärger allzuoft von seinem *Kritischen-Eltern-Ich* oder *Rebellischen Kind* her Ausdruck. Weil er seine kleinen Ärger nicht angemessen ausdrückt, wenn sie sich bemerkbar machen, wird er letztlich seinem großen alten Ärger auf unangemessene Weise Luft machen. Oder er wird vielleicht seinen Ärger verdeckt, durch *unabsichtliches* Verhalten, Leistungsschwäche, Fehler, Unfälle, Krankheiten, sexuelle Probleme oder Gefühlskälte und Verschlossenheit manifestieren.

Um sich von seinen unangenehmen Gefühlen zu befreien, drückt man sie auf angemessene Weise aus. Zurückgehaltene Gefühle lösen sich nicht einfach in Nichts auf; sie werden aufbewahrt, um irgendwann in der Zukunft zum Ausbruch zu kommen. Ärger wird auf die eine oder andere Weise ausgedrückt; Ärger zu unterdrücken schafft ihn nicht aus dem Weg, noch verhindert es seinen Ausbruch. Mit anderen Worten: *Was du nicht geradeheraus sagst, wirst du auf Umwegen zeigen.*

Kann Ärger denn nicht einfach vermieden werden?

Der Versuch, Ärger zu vermeiden, ist wie der Versuch, zu vermeiden zu leben. Offen gesagt würde ich lieber nie wieder in meinem Leben ärgerlich sein; und wenn ich alle dazu bringen könnte, mich gern zu haben und niemals auf mich ärgerlich zu sein, würde ich das Ärgern bestimmt sein lassen. Aber da es Utopia nicht gibt, mache ich mich am besten mit der Tatsache vertraut, daß ich mich bis an das Ende meiner Tage hin und wieder verärgert fühle und daß einige Leute von Zeit zu Zeit auf mich ärgerlich sind. Ich bin deshalb entschlossen zu lernen, mit meinem eigenen Ärger und anderer Leute Konfrontationen in wirksamer Weise fertigzuwerden. Durch Ärger kann auch Energie für das Lösen von Problemen erzeugt werden. Benutzen wir diese Energie richtig, so können wir die meisten Probleme bewältigen, denen wir uns gegenübersehen. Weigern wir uns, unsere Ärgerenergien zum Problemlösen einzusetzen, lenken wir sie in Bahnen, in denen sie noch mehr Probleme für uns verursachen. Die Energie ist einfach da, um von uns genutzt zu werden, und ich habe mich entschieden, ihren wirksamen, positiven Gebrauch zu erlernen.

Ein Beispiel des wirksamen Gebrauchs von Ärgerenergie erlebte ich vor vielen Jahren, als ich mir Geld leihen wollte. Weil ich schon etwas schuldete, lehnten einige Banken meine Kreditanträge ab. Bei jeder Ablehnung wurde ich ärgerlicher. Schließlich benutzte ich meine Ärgerenergie dazu, mein Leben zu verbessern. Ich beschloß, meinen Beruf zu wechseln, damit ich nie wieder in eine ähnliche Situation geraten würde.

Wie konfrontiere ich wirksam, wenn ich ärgerlich bin?

Wenn ich ärgerlich bin, liegt es oft daran, daß ich etwas haben will, was ich nicht bekomme. Ich lade dich ein, an ein noch nicht lange zurückliegendes Ereignis zu denken, bei dem du ärgerlich warst, und dich zu fragen: „Was wollte ich, das ich nicht bekam?" Ist es wahr, daß du etwas wolltest, das du nicht kriegen konntest? Wenn dem so ist, warst du dir dessen seinerzeit bewußt? Wolltest du, daß sich jemand ändern sollte? Ich schlage vor, daß du das nächste Mal, wenn du ärgerlich bist, dich auf das konzentrierst, *was du willst*, und wie du ändern kannst, *was du tust*, um es zu bekommen. Es trifft oft zu, daß die Leute entscheiden, ihr Tun zu ändern, wenn du einfühlsamer um das bittest, was du willst oder sie einfühlsamer konfrontierst.

Ich fand verschiedene Methoden hilfreich, Ärger auf wirksame Weise auszudrücken. Zuerst ordne ich paarweise echte Positive und echte Negative, wenn ich konstruktive Kritik übe. Zum Beispiel: „Hätten Sie den Kunden so behandelt, wie Sie es gewöhnlich tun, würde ich mich nicht beschweren." Zweitens achte ich darauf, daß ich meinen Ärger von meinem *Natürlichen Kind* ausdrücke und von einer Okay-Grundposition. Ich sage den Leuten, wie *ich empfinde*; ich richte meine Aufmerksamkeit auf mich und nicht auf sie. Ich gebe meinen Gefühlen von Ärger auch dadurch Ausdruck, daß ich einfach meinem Herzen Luft mache, statt sie von meinem *Erwachsenen* zu erklären oder zu lächeln, während ich spreche. Wenn ich meinen Gefühlen auf gesunde Weise freien Lauf lasse, brauche ich sie nicht auf Umwegen zu zeigen. Als Drittes lasse ich die Leute wissen, über welche ihrer Verhaltensweisen ich mich ärgere, damit sie anhand dieser Information entscheiden können, ob sie ihr Verhalten ändern wollen. Die Entscheidung liegt bei ihnen. Als letztes sage ich ihnen, was ich statt dessen will. Ich kann das von meinem *Natürlichen Kind, Erwachsenen* oder von meinem *Fürsorgenden-Eltern-Ich* aus tun. Oftmals genügt es nicht, zu sagen: „Ich will, daß Sie aufhören, dies oder jenes zu tun," weil es der anderen Person nicht sagt, was sie stattdessen tun soll oder was du eigentlich wirklich von ihr willst. Die Konfrontation würde sich so anhören: „Marie, ich fühle mich wirklich etwas verärgert. Sie hatten mir mitgeteilt, daß Sie die Lieferung bis Mittwoch 15 Uhr haben würden, und jetzt ist es Freitag morgen und ich habe die Ware noch immer nicht." Um dem Gesagten Nachdruck zu verleihen, kannst du manchmal die Person wissen lassen, welche Auswirkungen ihr Verhalten auf dich hatte: „Weil ich das Material nicht erhielt, sitzen zwei meiner Leute untätig herum, und einer meiner Abnehmer ist ärgerlich auf mich, weil die Lieferung an ihn noch nicht ausgeführt werden konnte." Nun kannst du nach dem fragen, was du willst, indem du aus dem *Fürsorgenden-Eltern-Ich* sagst: „Bitte schicken Sie uns die Sendung, die Sie uns zugesagt hatten", oder aus dem *Erwachsenen* anfragst: „Werden Sie morgen liefern?" oder aus dem *Kind* sagst: „Ich hätte die Lieferung gern so bald wie möglich."

Welche Reaktion erwarte ich von jemandem, den ich konfrontiert habe?

Es ist nicht immer notwendig, eine sofortige Reaktion zu erwarten. Tatsächlich ist eine Konfrontation sehr wirksam, wenn du deine Gefühle, Gedanken und Bitten so mit anderen teilst, daß eine Reaktion darauf nicht erforderlich ist. *Erfordert* deine Konfrontation eine Reaktion, ist diese oft defensiv und deshalb bekommst du nicht das gewünschte Ergebnis. Eine der einfachsten Methoden, eine reaktionsfreie Konfrontation vorzubereiten ist, zuvor mit der betreffenden Person einen *Vertrag* zu schließen, nach dem sie dich erst einmal nur anhört und dann über das Gesagte nachdenkt, statt überhaupt irgendwie zu reagieren. Ihre Reaktion wird in ihrem weiteren Verhalten zu finden sein.

Wenn du eine Reaktion auf deine Konfrontation willst, ist es sinnvoll, von dieser Person einen der folgenden erkennbaren Hinweise zu erwarten: Daß sie deine Konfrontation versteht und es ihr leid tut oder sie bereit ist, ihr Verhalten zu ändern; daß sie versteht, was du sagst und daß sie erst darüber nachdenken und später darauf zurückkommen wird; oder daß sie dich versteht, deine Meinung jedoch nicht teilt und nicht bereit ist, ihr Verhalten zu ändern. In der zuletzt genannten Situation könnte Spielraum für einen Kompromiß sein. Wenn nicht, und das Verhalten ist dir ausreichend lästig, kannst du entscheiden, die Beziehung abzubrechen.

Obwohl ich mit Recht erwarten darf, daß mich die Leute wissen lassen, was sie als Erwiderung auf meine Konfrontation bereit oder nicht bereit sind zu tun, bestehe ich nicht auf einer solchen Antwort bei einer ersten Konfrontation. Mißachtet die Person nach einer Konfrontation jedoch weiter, ist es angebracht, eine Zusage für eine Verhaltensänderung zu verlangen.

Was ist, wenn meine erste Konfrontation nichts bringt?

Wenn deine zaghafte oder spielerische Konfrontation zu keinem Ergebnis führt, das für dich akzeptabel ist, hast du wiederum drei Möglichkeiten: Du kannst aufhören, mit der Person Transaktionen auszutauschen; du kannst das Verhalten einfach akzeptieren oder du kannst die Konfrontation verstärken. Zu verstärken bedeutet, die Energie und vielleicht die Eindringlichkeit der Konfrontation zu erhöhen.

Ich muß dabei an das brutale, jedoch wirksame Beispiel einer verstärkten Konfrontation denken, nämlich an die Geschichte von dem Esel, der nicht auf die Anweisungen seines Herrn reagieren wollte.

Der Besitzer verstärkte die Konfrontation zunächst durch lauter und lauter werdendes Schimpfen und dann durch Benutzung der Peitsche. Der Esel zeigte keine Reaktion. Deshalb wurde ein Berater (diplomierter Eselantreiber) hinzugezogen. Der Beratungsexperte sah sich den Esel an, ging zu seinem Wagen, holte ein Vierkantholz heraus und versetzte dem Esel einen kräftigen Schlag genau zwischen die Ohren. Das überraschte Tier entschied sofort, Blickkontakt mit dem Beratungsexperten aufzunehmen und folgte bald bereitwillig seinen Anweisungen. Der Experte lächelte und erklärte dem Besitzer: „Zuerst müssen Sie mal seine Aufmerksamkeit erwecken."

Manchmal wird eine einfache Konfrontation von der betreffenden Person nicht wirklich beachtet. Manche Menschen werden ihr Verhalten so lange nicht ändern, bis sie sich richtig unbehaglich fühlen mit dem, was sie tun oder mit den Reaktionen anderer auf das, was sie tun. Weil sie keine unangenehmen Gefühle erleben, werden sie vielleicht eine schwache Konfrontation ignorieren. Dann ist Verstärkung erforderlich.

Eine Eskalation wird manchmal notwendig, weil das *Kind* der zu konfrontierenden Person nicht glaubt, daß du es mit deiner Konfrontation ernst meinst. Wenn du mit jemand seit längerer Zeit Umgang pflegst, und diese Person während dieser Zeit ein dich störendes Verhalten an den Tag gelegt hat, ohne von dir deswegen wirksam konfrontiert worden zu sein, wird ihr *Kind* vielleicht nicht glauben, daß du wirklich eine Verhaltensänderung willst. Warum sollte es? Ich denke dabei an den Schulanfänger, der von der Lehrerin ermahnt wurde, ein bestimmtes Verhalten zu unterlassen. Manchmal war sie konsequent in der Erwartung, daß das Kind auf sie höre, manchmal war sie inkonsequent und duldete das Verhalten ohne Kommentar und ohne Strafe. Das Kind setzte deshalb sein störendes Verhalten fort, besonders dann, wenn die Lehrerin das Zimmer verlassen hatte. Erst als sie rigoros auf ihrer Erwartung bestand, hörte es auf *zu testen*. Jetzt konnte sich das Kind entspannen, weil es verstand, daß die Lehrerin *es wirklich ernst meinte.*

Erinnerst du dich noch an Joe, der eine milde Konfrontation wegen Zuspätkommens erfuhr? Nehmen wir an, Joe kommt weiter zu spät. Ich verschärfe die Konfrontation, indem ich mich zu ihm setze, mich mit ihm über das Zeitproblem unterhalte und ihm ausdrücklich klar mache, daß ich wirklich erwarte, ihn pünktlich bei der Arbeit zu sehen. Dieser Grad von Konfrontation ist bei den meisten Menschen gewöhnlich wirksam. Es gibt jedoch Leute, die in rebellischem Verhalten verstrickt sind und eine noch schärfere Konfrontation brauchen.

Es gibt bestimmte Situationen, in denen eine Eskalation der ursprünglichen Konfrontation nicht hilft. Diese Situationen ergeben sich, wenn das konfrontierte Verhalten nur das Symptom eines anderen Problems ist. In den beiden vorangegangenen Beispielen mit Joe hatte ich es mit *Oberflächenverhalten* zu tun, d.h. ich habe das Symptom des Zuspätkommens behandelt, als ob es das Problem wäre. Wenn Joes Unpünktlichkeit keine versteckte Motivation hat, wird meine Konfrontation wahrscheinlich wirksam sein. Sogar wenn seine Unpünktlichkeit für etwas anderes symptomatisch wäre, hätte eine Konfrontation des Oberflächenverhaltens vielleicht vorübergehend Erfolg. Das Problem würde jedoch wiederkehren, denn es gibt eine tiefere Ursache für sein Verhalten, die nicht durch Konfrontation behoben wird. Ich will das durch ein Beispiel illustrieren: Nehmen wir einmal an, daß ich jede kleine Verletzung, die ich mir zuziehe, sofort mit Jod oder Mercurochrom behandele, und sie heilt. An die nächste kleine Wunde gehe ich auch wieder mit den gleichen Mitteln, und es sieht auch so aus, als ob sie so heilt wie sonst, doch dann geht sie wieder auf. Wenn das geschieht, muß ich aufhören, die Wunde auf die altbewährte Weise zu behandeln, da das Problem dadurch nicht gelöst wird. Statt dessen muß ich herausfinden, was die Entzündung verursacht und mich dann um die Ursache kümmern. Häufig kann eine tieferliegende Ursache ganz leicht behandelt werden, wenn sie erst einmal erkannt ist. Manchmal jedoch sind immer radikalere Behandlungsmethoden erforderlich. Das gleiche gilt, wenn die üblichen Konfrontationen beim Kurieren eines Verhaltens keine Wirkung erzielen. Wiederholt eine Person immer und immer wieder das gleiche Verhaltensmuster, muß ich die dem Verhalten zugrundliegenden Ursachen konfrontieren. In Joes Fall würde ich anfangen, die Konfrontation zu eskalieren, indem ich mich mit ihm zusammensetze, sein Verhalten beschreibe und ihn frage, was nach seiner Meinung los ist.

Ich bin vielleicht sogar bereit, ihm einige meiner eigenen Eindrücke in Form von Fragen zu geben. Statt ihm zu *sagen:* „Ich denke, daß Sie zu spät kommen, weil sie eine Wut auf mich haben", *frage* ich ihn, ob er zu spät kommt, weil er wütend auf mich ist. Sagt er, daß er sich über mich ärgert, werde ich ihn fragen, was ihn ärgert und objektiv seine Erklärung anhören. Ich würde ihm dann zu erkennen geben, daß ich seine Gefühle verstehe. Muß ich zugeben, daß seine Gründe, auf mich wütend oder ärgerlich zu sein, legitim sind, würde ich ihm mitteilen, auf welche Weise ich mein Verhalten zu ändern gedenke. Finde ich andererseits, daß er, was vor sich geht, nicht richtig wahrgenommen oder verzerrt hat, würde ich dies mit ihm besprechen. Auf jeden Fall würde ich mit ihm über eine Lösung des Problems verhandeln. Ich bin vielleicht zu einem Kompromiß bereit, wenn dies die Situation rechtfertigt. Das Ziel einer konstruktiven Konfrontation ist es, daß wir *beide* gewinnen. Wenn die zugrundeliegenden Ursachen erkannt und berücksichtigt werden, ist es wahrscheinlich, daß die andere Person bereit sein wird, einen Vertrag zur Verhaltensänderung einzugehen.

Nehmen wir jedoch einmal an, daß Joe weiter zu spät kommt. Ich habe jetzt zu entscheiden, ob ich weiter eskalieren oder das Verhalten annehmen soll. Mancher Mitarbeiter ist so wertvoll, daß ich bereit bin, einiges an seinem Verhalten zu übersehen. Verhält es sich so mit Joe, laß ich die Konfrontation fallen und gebe ihm zu verstehen, daß ich seine Unpünktlichkeit in Kauf nehme. Verhält es sich nicht so, ist weitere Konfrontation notwendig, mitsamt ihren Folgen. In der nächsten Konfrontation werde ich die Folgen beschreiben, die sich ergeben, wenn Joe nicht bereit ist, sein Verhalten zu ändern. Solche Folgen können sogar eine Kündigung einschließen. Das würde sich dann so anhören: „Joe, wir haben bei verschiedenen Anlässen über Ihre Unpünktlichkeit gesprochen. Sie wissen, daß andere Kollegen ihre Arbeit nicht effektiv ausüben können, wenn Sie zu spät kommen. Wir sind wirklich darauf angewiesen, daß Sie rechtzeitig hier sind." (Bitte achte darauf, daß der Chef eine *Erwachsenen-Beurteilung* über die Wichtigkeit des Pünktlichseins abgibt, gegenüber einer *Eltern-Bewertung,* daß „die Leute pünktlich bei der Arbeit sein sollen". Der Chef wäre vielleicht bereit, Joes Verhalten zu akzeptieren, wenn es nicht gravierende *Erwachsenen-Gründe* gäbe, auf einer Verhaltensänderung zu bestehen.) „Ich bin an dem Punkt angelangt, wo ich eine Kündigung ernsthaft in Erwägung ziehe. Ich möchte es jedoch Ihnen überlassen zu entscheiden, ob Sie weiter hier arbeiten, statt diese Entscheidung selbst zu treffen. Wenn Sie Ihr Arbeitsverhältnis fortsetzen wollen, müssen Sie sich entscheiden, pünktlich am Arbeitsplatz zu erscheinen. Wenn Sie vorhaben, sich selbst hinauszubefördern, dann werden Sie weiter zu spät kommen. Joe, es liegt mir so viel an der Klärung dieser Angelegenheit, daß ich Ihnen einen halben Tag frei gebe, damit Sie darüber nachdenken können." Bei guter Personalführung werfen Vorgesetzte keine Beschäftigten hinaus. Ein guter Chef braucht niemals jemanden zu feuern. Er versetzt die Mitarbeiter in die Lage, die natürlichen Konsequenzen ihres Verhaltens zu erleben. Er sagt ihnen klipp und klar, was die Position von ihnen verlangt und was sie leisten müssen, um den Job zu behalten. Entscheiden sie, sich nicht danach zu richten, besorgt ihr eigenes Verhalten ihre Entlassung.

Es ist wichtig, daß Personalführung miteinschließt, den Leuten angemessene Gelegenheit zur Änderung zu bieten und diese Änderung durch direkte Anweisungen zu unterstützen. Eine endgültige Bewertung sollte keine Überraschungen bergen, noch sollte eine Kündigung als Überraschung kommen. Die Entscheidung, *sich* zu kündigen, ist die des Angestellten selbst.

Dieses Konzept ist genauso brauchbar, wenn man Kinder disziplinieren oder ihnen Grenzen setzen muß. Sie können selbst entscheiden, ob sie die Konsequenzen ihres Verhaltens tragen und erleben wollen, nachdem diese Konsequenzen deutlich erklärt wurden, oder ob sie ihr Verhalten lieber ändern. Es hilft Kindern (wie auch Erwachsenen) zu verstehen, daß Folgen und Verhalten in direktem Zusammenhang stehen. Sonst könnten sie leicht denken, *du hast mir das angetan,* und sie erkennen nicht ihre eigene Verantwortung für das Geschehene.

Wann höre ich auf zu konfrontieren?

Natürlich möchte ich den Leuten helfen, ihr Verhalten mir gegenüber zu ändern, wenn ich es unannehmbar finde. Ich halte es auch für angemessen, von meinen Freunden, Verwandten und Geschäftspartnern zu erwarten, daß sie mich mit der gleichen Rücksicht behandeln, die ich ihnen entgegenbringe. Es könnte jedoch mein Vorteil sein, von der verstärkten Konfrontation abzulassen, wenn es klar wird, daß die Person sich nicht ändern wird, oder nur mit der Konsequenz, daß unsere Beziehung gefährdet ist. Wenn das Positive einer Beziehung das Negative überwiegt, entscheide ich vielleicht, nicht mehr zu konfrontieren und das Verhalten zu akzeptieren.

Es erweist sich als sehr vernünftig, meinen *Erwachsenen* zu benutzen, wenn ich entscheide, wieviel Energie ich in eine Konfrontation zu investieren bereit bin. Ich frage mich: „Ist mir die Sache so viel wert, daß ich weiter konfrontiere?“ Wenn ja, „wie weit bin ich bereit, bei meiner Konfrontation zu gehen?“ Ein wichtiger Punkt, der zu beachten ist, ist des anderen Bestreben nach Änderung. Das kann ich spüren und anhand seiner Reaktionen sogar vorausberechnen. Eine völlige und sofortige Änderung zu erwarten, ist unrealistisch; aber ereignen sich die Mißachtungen jetzt seltener und sind sie weniger intensiv? Ist dem so, könnte es sich lohnen, die Konfrontationen fortzusetzen, bis die ganze Angelegenheit bereinigt ist. Weigert sich der andere, sein Verhalten zu ändern, habe ich zu entscheiden: Bin ich bereit, mich an seine Mißachtungen zu gewöhnen, und kann ich mich selbst noch okay fühlen und unter diesen Umständen gut mit der Situation leben? Oder ist es sinnvoller, die Beziehung abzubrechen? Diese Richtlinien sind bei Eheschließungen und -scheidungen genauso anwendbar wie bei Einstellungen und Entlassungen.

Auf welche Hauptschwierigkeiten, welche heimlichen Fallen muß man achten?

Wenn jemand einen anderen konfrontiert, neigt er oft dazu, die Angelegenheit aufzubauschen, sie größer zu machen, als sie in Wirklichkeit ist. Das kommt daher, daß er zorniger, ärgerlicher wird, als die Sache wert ist oder weil er über mehr als nur über das zu konfrontierende Ereignis spricht. Das kommt vom *Rabattmarkensammeln.* Bei einer Konfrontation wärmt ein Sammler alte Geschichten und schlechte Gefühle auf, die er seinerzeit nicht zur Sprache und nicht zum Ausdruck gebracht hatte. Rabattmarkensammler sparen ihre schlechten Gefühle auf, bis sie einen berechtigten Grund haben, sie auszudrücken. Sie lernten dieses kleine Manöver in ihrer Kindheit, als es nicht recht war, zu zeigen, wie und was sie fühlten, es sei denn, sie hatten einen verdammt guten Grund dafür. Du kannst vermeiden, Angelegenheiten aufzubauschen, wenn du geringe Anlässe gleich bei ihrem Auftreten angemessen konfrontierst und wenn du darauf achtest, daß dein Ärger auf Hier-und-Jetzt-Situationen bezogen ist, statt auf vergangene Ereignisse.

Ich lade die Leute immer ein, von der Vergangenheit zu lernen und für die Zukunft zu planen, statt über die Vergangenheit zu grübeln und sich über die Zukunft Sorgen zu machen. Die Sicherheit der Zukunft liegt in der Stabilität der Gegenwart. Eines der unvermeidbaren Probleme beim Aufwärmen alter Geschichten oder Ereignisse, auch wenn sie sich erst gestern zugetragen hatten, besteht darin, daß sich die Leute selten darüber einig sind, was seinerzeit gesagt oder getan wurde und was nicht. Sie verschwenden dann ihre Energien mit Debatten über diese Meinungsunterschiede, statt sie auf die anstehenden Probleme zu konzentrieren. Ein einfaches Mittel, in das „Hier und Jetzt" zu gelangen, ist zu fragen: „Wie fühlst und empfindest du jetzt?" „Was willst du jetzt von mir?" oder „Was kann ich jetzt tun, damit du aufhörst, ärgerlich auf mich zu sein?"

Eine andere häufig auftretende Schwierigkeit ist die Versuchung, anderen Leuten zu erzählen, was in ihrem Kopf vorgeht. Du kannst diese Schwierigkeit umgehen, wenn du zuerst ihr spezielles Verhalten beschreibst und dann fragst, was los ist, statt es ihnen zu sagen: „Herr Schmitt, als Sie heute zur Arbeit kamen, grüßte ich Sie, aber Sie erwiderten meinen Gruß nicht. Ich fragte Sie dann, ob Sie den Bericht fertig hätten, und Sie reichten ihn mir schweigend. Was haben Sie?" Oder du fragst vielleicht sogar: „Sind Sie über mich ärgerlich?" Wir können Verhalten beobachten, und vielleicht können wir sogar ziemlich genaue Vermutungen anstellen über das, was jemand empfindet, aber wir wissen doch eigentlich nicht, was jemanden motiviert oder welches Denken oder Fühlen sich hinter seinem Verhalten verbirgt, wenn wir nicht danach fragen. Die Schlüsse, die wir aus anderer Leute Verhalten ziehen, sind oft falsch. Selbst wenn unsere Vermutungen richtig sind, würde es nur abwehrende Reaktionen erzeugen, wenn wir den Leuten sagten, was sie fühlten oder weshalb sie sich so und nicht anders verhalten. Willst du erfahren, was eine Person zu bestimmtem Verhalten veranlaßt, ist es sinnvoll, die einzige Person, die es mit Sicherheit weiß, *zu fragen,* statt sie deinen Vermutungen gegenüberzustellen.

Eine weitere Schwierigkeit besteht darin, daß sich die Leute allzuoft nicht auf eine Angelegenheit allein beschränken. Ich werfe vielleicht eine Frage zu deinem Verhalten auf, und als Antwort bringst du eine ähnliche oder eine ganz andere Frage zu meinem Verhalten ins Gespräch. Vielleicht bringe ich auch vier verschiedene Punkte auf einmal zur Sprache, statt erst einmal einen davon abzuschließen. Wenn jemand auf meine Konfrontation wegen etwas, das *er* tat, mit einer Konfrontation wegen etwas, das *ich* tat, antwortet, würde ich ihn einladen, die Angelegenheit so lange zurückzustellen, bis wir mit dem ursprünglichen Thema fertig sind.

Rhetorische Fragen sind eine weitere Schwierigkeit. Oft werden Fragen gestellt, die die Leute gar nicht wirklich beantwortet haben wollen, und die eigentlich Ersatz für Feststellungen sind: (Ärgerlich) „Warum hast du Sam erzählt, daß ich nicht tun wollte, um was er mich gebeten hatte?“ In diesem Fall versuche ich nicht wirklich herauszufinden, *warum* du es getan hast; ich will es eigentlich gar nicht wissen. Ich will, daß du weißt, daß ich ärgerlich bin über das, was du getan hast und daß du so etwas besser nicht noch einmal tust. Es wäre wirksamer, wenn ich sagen würde: „Marie, ich ärgere mich über dich, weil du Sam erzählt hast, daß ich nicht tun wollte, um was er mich gebeten hatte.“ Auch wenn ich wissen wollte *warum,* hätte eine Warum-Frage vielleicht keine Wirksamkeit, weil diese Art von Frage zu einer abwehrenden Reaktion einlädt. *Warum* erinnert oft an solche *Kritischen-Eltern-Fragen* wie „Warum hast du dein Zimmer nicht aufgeräumt?“ oder „Warum hast du ins Bett gemacht?“ und führt deshalb leicht dazu, das *Angepaßte Kind* zu stimulieren. Fragen nach was, wo und wie sind besser als Fragen nach warum. Die Frage: „Was sind die Gründe für dein Zuspätkommen?" ist oft wirksamer als „warum kommst du zu spät?" Die erste Frage bringt wahrscheinlich eher *Fakten,* die für die Problemlösung wichtig sind, hervor, während die zweite eher *Entschuldigungen* hervorbringt, die die Lösung des Problems verzögern.

Beim Konfrontieren laden *Du*-Botschaften zu Abwehrreaktionen ein. Alternativen dazu sind wiederholte *Ich*-Botschaften, die andere einladen, zu verstehen, was du sagst: „Herr Schmitt, ich fühle mich wirklich verärgert, wenn ich an meinem Schreibtisch sitze und auf Arbeit warte, die mir versprochen wurde. Wenn ich die Sachen verspätet erhalte, kann ich meine eigene Arbeit nicht rechtzeitig abliefern."

Häufig fangen die Leute Psychospiele an, statt andere wirksam zu konfrontieren. Es ist nicht ungewöhnlich, innerhalb eines Unternehmens jemanden zu finden, der JEHIDES spielt, während eine andere Person mit „tritt mich" bei dem Spiel mitmacht. Ein Chef weist zum Beispiel einen Untergebenen an, einen bestimmten Termin nicht zu verpassen, wohlwissend, daß gerade dieser Untergebene dafür bekannt ist, Termine zu verschwitzen. Welche Gründe kann ein Vorgesetzter haben, die Vorgeschichte zu mißachten und den gleichen Angestellten mit einer ähnlichen Aufgabe zu betrauen, die er eventuell auch wieder versäumt? Ein Chef wäre besser beraten, entweder keine fristgerechte Arbeitsabwicklung zu erwarten oder auf wiederholte Versäumnisse mit drastischeren Maßnahmen zu reagieren. Welche Gründe hat andererseits ein Mitarbeiter, der rechtzeitigen Erledigung einer Terminsache zuzustimmen und sie dann doch zu vergessen? Es könnte so aussehen, als ob der Mitarbeiter „getreten" werden will und daß der Chef ihn „erwischen" will, statt das Problem zu lösen.

Beweismaterial für das Karpmansche Drama-Dreieck findet sich häufig in Unternehmen und Organisationen. Es äußert sich in dem Spiel „Gerichtssaal", das im nächsten Kapitel beschrieben wird. Ganz allgemein ist es ratsam, die Rolle des „Verfolgers", „Retters" oder „Opfers" zu vermeiden.

Denke bitte daran, daß sich die Leute in dem Versuch, sich selbst zu schützen, häufig mit Spielen befassen und Konfrontationen vermeiden. Dies ist ein weiteres Beispiel einer *Okay-Motivierung* hinter einem *Nicht-Okay-Verhalten,* und es ist eines, für das ich volles Verständnis habe. Manche Menschen haben das Gefühl, daß sie dem „Sei-perfekt"-Antreiber folgen müssen, und sie glauben, daß sie ein schweres Verbrechen begehen und nicht nur eine kleine Übertretung, wenn sie einen Fehler machen. Manche Chefs glauben zum Beispiel, daß einen Fehler zu machen soviel bedeutet, wie nicht männlich oder ein schlechter Vorgesetzter zu sein. Menschen machen nun einmal Fehler und können von ihnen lernen. Ich bin dafür, daß die Menschen nach hervorragenden Leistungen und nicht nach Vollkommenheit streben. Konfrontation, die aus dem *Fürsorgenden-Eltern-Ich, Erwachsenen-* oder *Natürlichen-Kind-Ich* kommt, lädt niemanden ein, sich verwundbar und defensiv zu fühlen und vermeidet das Sei-perfekt-Syndrom.

Auf welche andere Weise kann ich Menschen einladen, nicht defensiv zu sein?

Wenn ich bereit bin, selbst Vorbild zu sein, indem ich Konfrontationen annehme, ohne mich zu verteidigen, ist das für andere eine Erlaubnis, das gleiche zu tun. Das trifft besonders auf Chefs zu, die Vorbild für ihre Mitarbeiter, und auf Eltern, die Vorbild für ihre Kinder sind.

Wie vermeide ich, defensiv zu sein, wenn ich konfrontiert werde?

Wenn du auf der Empfängerseite von Ärger oder irgendeiner Unstimmigkeit oder einer Konfrontation stehst, ist es wirksam, wenn du das Gegenteil von „Mißachten" tust; du ziehst dein eigenes Denken und Fühlen in Betracht und das der anderen Person, und dann versicherst du dich, daß ihr beide euch einig seid über den Punkt eurer Unstimmigkeit. Eine bewährte Technik, die sicherstellt, daß du die andere Person wirklich verstehst, und durch die vermieden wird, daß die andere Person sofort in Verteidigungsstellung geht, ist reflektierendes, aufmerksames, mitdenkendes Zuhören. Reflektierendes Zuhören bedeutet auch das Überprüfen deiner eigenen Wahrnehmungen durch Wiederholen des Gehörten mit deinen eigenen Worten: „Ich kann verstehen, daß Sie besorgt und ärgerlich sind, weil der Bericht nicht rechtzeitig für die Sitzung fertig geworden ist", bevor du auf die Konfrontation antwortest: „Der Bericht ist nicht fertig, weil die Kopiermaschine defekt ist. Wir erwarten jedoch, daß die Kopien noch rechtzeitig zum Beginn der Sitzung verteilt werden können." Fast jeder kann das sagen, was du soeben zu deinem Chef gesagt hast, Wort für Wort; wenn jedoch dessen *Erwachsener* nicht eingeschaltet ist, wird er dir kaum wirklich zuhören. Wenn er reflektierend zuhört, ist seine psychische Energie in seinem *Erwachsenen-Ich-Zustand* und kann deshalb nicht in seinem *Kritischen-Eltern-Ich* oder *Angepaßten-Kind-Ich* sein. Das bedeutet, daß sich der Mitarbeiter nicht zu verteidigen braucht und dadurch die Verständigung verbessert wird. Wenn ein Mitarbeiter von einem Kunden kritisiert wird, kann er leicht defensiv werden. Zum Beispiel: „Herr Schmidt, wir haben gerade Ihre Sendung erhalten und mußten feststellen, daß eine wichtige Überschrift beim Drucken ausgelassen wurde. Ich bin wirklich sehr verärgert, weil es bedeutet, daß wir eine wichtige Postwurfsendung nicht rechtzeitig aufgeben können und dadurch wahrscheinlich erhebliche Umsatzeinbußen erleiden werden." Verteidigende Reaktion: „Das ist das erste Mal, daß uns so etwas passierte, und ich bin sicher, daß es an irgendeinem Fehler liegt; Sie hatten es wahrscheinlich auf dem Original weggelassen." Reflektierendes Zuhören: „Herr Schmidt, ich kann verstehen, daß Sie verärgert sind. Material zu erhalten, das nicht in einwandfreiem Zustand ist, und dazu noch einen wichtigen Termin zu versäumen, ist bestimmt Grund genug, ärgerlich zu sein." Der Beschäftigte kann dann noch weitere Informationen durch reflektierendes Zuhören sammeln wollen. Zeigt es sich, daß die Kritik des Kunden berechtigt ist, stellt er die Angelegenheit richtig, so gut er kann. Ist die Kritik nicht gerechtfertigt, lädt er den Kunden ein, die Tatsachen zu untersuchen. Es wäre dann ratsam, mit dem Kunden gemeinsam Alternativen zu suchen und konstruktive Vorschläge zu machen.

Wie kann ich andere ermutigen, wirksam zu konfrontieren?

Menschen, die es nicht gewohnt sind, Ärger auszudrücken, brauchen dazu sehr viel Ermutigung. Wie schon erwähnt, ist es ein echtes Zeichen von Vertrauen, wenn jemand bereit ist, mit dir böse zu sein, insbesondere, wenn er seinen Ärger in vernünftiger Weise ausdrückt. Er vertraut dir, daß du ihn nicht verlassen oder entlassen wirst und ihm nicht böse oder feindlich bist. Er vertraut darauf, daß du stark genug bist, mit seinem Ärger fertigzuwerden und nicht gleich davon umgeworfen wirst. Wenn du die Menschen also ermutigt hast, auf empfindsame Weise ehrlich und aufrichtig mit dir zu sein, ist es außerordentlich wichtig, daß du sie verstehst und auf sie eingehst, statt dich zu verteidigen. Denk daran, daß Leute, die es nicht gewöhnt sind, Ärger zu zeigen, es wahrscheinlich in der Anfangsphase von ihrem *Rebellischen-Kind-* oder *Kritischen-Eltern-Ich* aus tun. Wie oft habe ich erlebt, daß Vorgesetzte verzweifelten, wenn es bei einem TA-Trainingsprogramm darum ging, sich innerhalb ihres Unternehmens offen auszusprechen und aus sich herauszugehen. Die Untergebenen werden offener und direkter, und die Chefs neigen dann zu der Befürchtung, daß sie den Respekt dieser Untergebenen verlieren, statt dieses veränderte Verhalten als das positive Zeichen anzusehen, das es wirklich ist: Wenn die Untergebenen etwas gerade heraus sagen, brauchen sie es nicht auf Umwegen zu zeigen und verursachen ihren Unternehmen durch ihr passiv-aggressives Verhalten nicht Kosten, die in die Hunderte, Tausende, ja gar Millionen gehen.

Kapitel 9

Wie wende ich als Vorgesetzter die Transaktions-Analyse an?

Die bisher behandelten Grundsätze gelten nicht nur fürs Privatleben. Sie sind ebenso wichtig für wirksame und erfolgreiche Personalführung. Sie funktionieren in einem Okay-Unternehmen besonders gut.

Was ist ein Okay-Unternehmen?

Ein Okay-Unternehmen ist eine Organisation, ein Betrieb oder eine Gruppe, die aufgrund von Richtlinien die Bedürfnisse, Wünsche und Gefühle von Menschen — Personal, Geschäftsführung, Kunden, Wähler, Studenten, Lehrer, Patienten, Belegschaft, Aktionäre, Vorstandsmitglieder, Insassen, die Öffentlichkeit usw. — besonders berücksichtigt. Die Ziele des Okay-Unternehmens sind klar, und seine Energien werden zum Erreichen dieser Ziele eingesetzt. Das Okay-Unternehmen ist sich seines Platzes in der Gemeinschaft und seiner Verantwortung für die Gemeinschaft, die Gemeinde, die Umwelt und die Teile der Außenwelt, die von seinen Aktivitäten beeinflußt werden, bewußt. Es würde beispielsweise umweltverseuchende, unmoralische oder diskriminierende Praktiken vermeiden. Soweit dies möglich ist, sorgt ein Okay-Unternehmen für eine physisch und emotionell gesunde Umwelt, in der sich seine Mitarbeiter wohlfühlen. Es fördert Zusammenarbeit statt Konkurrenzkampf oder Wetteiferei zwischen seinen Beschäftigten. Es ist bereit, etwas über menschliches Verhalten und über Motivierung zu lernen, und es benutzt diese Informationen, um die Lebensqualität zu verbessern und die Zufriedenheit der Verbraucher zu erhöhen, statt Menschen zu manipulieren. Diese Einstellung wirkt sich positiv auf das Betriebsergebnis dieses Unternehmens aus.

Es klingt so, als ob dein Betrieb kein Okay-Unternehmen ist. Was kannst du dagegen tun?

Wenn es den Anschein erweckt, als ob dein Unternehmen nicht okay ist, hast du verschiedene Möglichkeiten: Du kannst innerhalb dieser Nicht-Okay-Organisation arbeiten und dich selbst schützen, indem *du* okay bleibst, auch wenn es das Unternehmen nicht ist. Du kannst Änderungen im Betrieb anregen, im kleinen wie im großen. Oder du kannst entscheiden, daß es für dich das beste ist, die Organisation zu verlassen. Nur du kannst diese Entscheidung treffen, und es sind eine Menge Fakten dabei zu berücksichtigen. Einer davon ist deine Position im Unternehmen. Je höher dein Rang in der Firmenhierarchie ist, desto stärker kann sich deine persönliche Verhaltensänderung auf das Unternehmen auswirken. Der Direktor einer Firma kann zum Beispiel in seiner gesamten Organisation Okay-Sein fördern und verbreiten. Andererseits kann aber auch der Arbeiter am Ende des Fließbandes durch Okay-Taten und Okay-Verhalten seinen Kollegen und seinem direkten Vorgesetzten gegenüber eine Änderung veranlassen. Ausschußvorsitzende, Geschäfts- oder Fachbereichs-, Abteilungs- und Büroleiter, alle können ihre unmittelbare Umgebung und die ihnen unterstellten Mitarbeiter beeinflussen. Weil das Verhältnis Vorgesetzter — Untergebener so wichtig für die Schaffung eines Okay-Unternehmens ist, befaßt sich dieses Kapitel mit wirksamer Supervision (Anmerkung der Übersetzer: Der Begriff Supervision hat im amerikanischen Geschäftsleben eine klare und doch umfassende Definition. Im deutschen Sprachgebrauch ist es nicht soeinfach mit einem Begriff getan, man kann unter Supervision u.a. Personalführung, Dienstaufsicht oder Erfolgskontrolle verstehen).

Was ist das Wichtigste bei der Personalführung?

Supervision (Personalführung) ist das Bereitstellen von Anleitungen, Informationen, Erfahrungen und eines Rahmens, in dem ein vorher vereinbartes Ziel verfolgt wird. Vernünftige Personalführung ist ein Prozeß, bei dem Vorgesetzte und Untergebene Ideen, Informationen und Gefühle auf zuverlässiger, glaubwürdiger Grundlage austauschen. Es ist deshalb äußerst wichtig, daß der Vorgesetzte eine Atmosphäre schafft, in der sich die Leute frei fühlen, ihre *Natürlichen-Kind-Wünsche, -Bedürfnisse* und *-Gefühle* auszudrücken. Das Ziel ist es, dem Untergebenen zu helfen, seine Aufgaben so selbständig zu erledigen, wie es seine Stellenbeschreibung erlaubt, und seine Zufriedenheit mit seiner Arbeit zu fördern. Transaktionsgemäß ausgedrückt, Vorgesetzter und Untergebener streben nach Okay-Parellel-Transaktionen.

Wünschst du, deine Wirkung als Vorgesetzter und Manager zu verbessern, ist es ratsam, deinen persönlichen Werdegang zu untersuchen. Wer bist du? Davon ausgehend, daß du dein Personal von deinem *Eltern-Ich* aus führst, wenigstens die meiste Zeit, besteht eine gute Chance, daß du bei der Ausübung deiner leitenden Tätigkeit nachmachst, wie deine Eltern dich erzogen. Waren sie zum Beispiel verständnisvoll, wenn sie dich bei einem Fehler ertappten, dann ist damit zu rechnen, daß du Verständnis zeigst, wenn ein Untergebener einen Fehler macht. Du wirst Konflikte wahrscheinlich auf die gleiche Weise lösen, vielleicht schlichtend eingreifen, wenn deine Eltern ähnliche Situationen auf diese Weise meisterten. Waren deine Eltern großzügig im Streicheln — positiv bedingtes für deine Leistungen, wie auch bedingungsloses für nur Du-selbst-Sein — ist anzunehmen, daß auch du großzügig streichelst. Du wirst dazu neigen, nachzumachen, wie deine Eltern die Unzulänglichkeiten anderer Leute konfrontierten. Standen sie deiner konstruktiven Kritik offen gegenüber? Wenn ja, dann erhöht sich die Wahrscheinlichkeit, daß du der konstruktiven Kritik deiner Untergebenen offen gegenüberstehst. Wenn sie um das baten, was sie wollten oder ein offenes Ohr für deine Wünsche hatten, wirst du auch als Chef dazu neigen, ihr Verhalten zu kopieren. Kurz gesagt, ob du mit ihren Methoden einverstanden warst oder nicht, die wichtigsten Personen deiner Kindheit hatten wahrscheinlich großen Einfluß darauf, wie du heute Menschen leitest. Du kannst nun mit deinem *Erwachsenen* das Erziehungsverhalten, das du als Kind erfahren und gelernt hast, untersuchen und entscheiden, welches Verhalten du beibehalten willst. Du kannst entscheiden, dein *Kritisches-Eltern-Ich* auszuschalten und zu denken, ehe du handelst. Je besser du dich selbst kennst, um so besser hast du deine schädlichen Persönlichkeitszustände unter Kontrolle. Hier findest du eine Übung, die du dazu benutzen kannst, dich selbst, den Chef, genau zu betrachten und zu entscheiden, welche Veränderungen du an dir vornehmen willst:

Wer bist du als Vorgesetzter?

1) Waren deine Eltern hauptsächlich fürsorglich oder kritisch?
Welche Art von Botschaften hast du gehört und welche Beispiele wurden gegeben in bezug auf:
   Arbeiten?
   Entspannen?
   Streicheln?
   Vollkommen-Sein?
Vermittelst du die gleichen Botschaften an deine Mitarbeiter? Wenn du mit deinen Antworten nicht zufrieden bist, was wirst du dagegen tun?

2) Wie haben deine Eltern Konflikte gelöst?
Behandelst du deine eigenen und die Konflikte deiner Mitarbeiter in der gleichen Weise?
Wenn du mit deinen Antworten nicht zufrieden bist, was wirst du dagegen tun?

3) Welche Art von Streicheln gibst du?
Scheint es dir so, als ob du keine Zeit hast, mehr zu tun, als Anweisungen zu geben oder Nicht-Okay-Sein zu konfrontieren?
Wenn du mit deinen Antworten nicht zufrieden bist, was wirst du dagegen tun?

4) Wie konfrontierst du die Unzulänglichkeiten deiner Untergebenen?
Von welchem Ich-Zustand aus konfrontierst du?
Tust du das vor anderen?

Wenn du mit deinen Antworten nicht zufrieden bist, was wirst du dagegen tun?

5) Stehst du konstruktiver Kritik deiner Mitarbeiter und Freunde, wie auch deiner Vorgesetzten aufgeschlossen gegenüber?
Wenn du mit deiner Antwort nicht zufrieden bist, was wirst du dagegen tun?

6) Fragst oder bittest du um das, was du willst, und erwartest du, daß andere das gleiche tun?
Wenn du mit deiner Antwort nicht zufrieden bist, was wirst du dagegen tun?

7) Gehst du mit deinen Gefühlen wirksam um?
Was hast du zum Beispiel gemacht, als du das letzte Mal ärgerlich warst?
Wenn du nicht damit zufrieden bist, wie du mit deinen Gefühlen umgegangen bist, was wirst du beim nächsten Mal tun?

Wen leitest du? Wie sind die *Eltern-, Erwachsenen-* und *Kindheits-Ich-Zustände* deiner Mitarbeiter? Welche Bedürfnisse, Wünsche, Gefühle, Gedanken und Einstellungen haben sie? In welcher Beziehung sind sie wie du? In welcher bist du wie sie? Ihr habt alle *Natürliche-Kind-Bedürfnisse, -Wünsche* und *-Gefühle,* und ihr alle habt die Befähigung zu gesundem Denken. Die sechs Ich-Zustände jedes einzelnen deiner Leute ähneln wahrscheinlich sehr deinen eigenen. Es besteht kein Zweifel, daß ihr alle das Potential für Okay-Sein und für Nicht-Okay-Sein habt, und daß ihr euch gegenseitig von einem Augenblick zum anderen ins Okay-Sein oder Nicht-Okay-Sein einladet. Jeder von euch kann auf Okay- und auf Nicht-Okay-Weise reagieren. Ihr gleicht euch alle, indem ihr alle selber eigene Werte und Würde besitzt, die respektiert werden müssen. Daß seine Transaktionen okay bleiben, kann jeder lernen.

Auf welche heimtückischen und gefährlichen Fallen muß man beim Leiten von Mitarbeitern achten?

Manche Fallen sind das Ergebnis deines eigenen Drehbuches und deiner eigenen Grundposition von Okay-Sein und Nicht-Okay-Sein. Du hast viele Kindheitsentscheidungen getroffen, die deine gegenwärtigen zwischenmenschlichen Beziehungen beeinflussen, Entscheidungen, die dich selbst und andere, Männer, Frauen, Freunde, Untergebene, Vorgesetzte, die Arbeit, Streicheln, Perfektion, Stärke und vieles mehr betreffen. Einige dieser Entscheidungen mögen deine Effektivität als Chef beeinträchtigen.

Eine andere gefährliche und heimtückische Falle ist die emotionelle Symbiose, ein Thema, das eingehender in Kapitel 10 behandelt wird. Als Vorgesetzter neigst du vielleicht dazu, symbiotische Beziehungen, in denen du und deine Untergebenen in einer ungesunden Abhängigkeit zu einander stehen, zu suchen und fortzusetzen. Ohne dir dessen bewußt zu sein, führst du vielleicht Situationen herbei, in denen der eine von euch den Wunsch hat, zu erziehen, und der andere sich wünscht, erzogen zu werden. Einer besorgt das Denken und kümmert sich um den anderen, indem er fürsorgend und/oder kritisch ist, während sich die reagierende Person entweder fügsam oder rebellisch verhält. In einer Symbiose (dauerndes Zusammenleben zweier Lebewesen zum beiderseitigen Nutzen) neigen beide Beteiligten dazu, ihre Positionen zu tauschen, jedoch verständigen sie sich selten auf den Ebenen *Natürliches Kind — Natürliches Kind* oder *Erwachsener — Erwachsener* um ihre Symbiose zu unterbrechen. Leider schließen Vorgesetzte und auch Unternehmensleiter häufig ihre *Kindheits-Ich-Zustände* aus und wirken aus ihrem *Erwachsenen-* und ihrem *Eltern-Ich-Zustand.* Lösungen zu diesem Problem werden im nächsten Kapitel erörtert.

Ganze Unternehmen sind häufig symbiotisch. Das Management, vom Direktor abwärts, ist im *Eltern-* und *Erwachsenen-Ich* und die Untergebenen sind im *Angepaßten Kind (siehe Abbildung 9 auf Seite 216).* Mit seinen Untergebenen ist jeder einzelne im *Eltern-* und *Erwachsenen-Ich;* im Umgang mit seinen eigenen Vorgesetzten schlüpft er ins *Angepaßte Kind.* An der Art, wie diese symbiotischen

Organisationen funktionieren, läßt sich erkennen, daß die Chefs ihr *Natürliches Kind* nicht an den Arbeitsplatz mitbringen. Der Chef wird als jemand angesehen, der keine Streichelzuwendungen braucht und keine persönlichen Wünsche hat. Andererseits wird der Untergebene für Nicht-Okay-Verhalten gestreichelt. Von ihm wird nicht erwartet, daß er denkt und kreativ ist, noch daß er berechtigte Wünsche hat, die man berücksichtigen sollte. Häufig bezieht der Untergebene, was immer an Energie und Motivierung für die Erledigung einer Aufgabe erforderlich ist, von seinem Chef. Zur Erzeugung psychischer Energie formen sie eine Symbiose; der Untergebene ist für die Motivierung zu schöpferischer Arbeit von seinem Vorgesetzten abhängig.

Eine weitere heimtückische Falle in der Personalführung ist das Problem der *Übertragung* (von Transaktionen). Wenn ich immer noch unverarbeitete, unerledigte Gefühle zu meiner Mutter, meinem Vater oder anderen Menschen, die in meiner Kindheit wichtig für mich waren, hege, neige ich dazu, diesen Gefühlen zu erlauben, meine gegenwärtigen Beziehungen zu stören. Wie bereits dargelegt, bedeutet Übertragung das Verlagern unverarbeiteter Gefühle aus der Vergangenheit in die Gegenwart. Es kann auch als eine „als ob"-Beziehung angesehen werden: Ich sehe dich, *als ob* du jemand anderes wärst zum Beispiel eine kritische Mutter oder ein kritischer Vater. Das Problem der Übertragung ist besonders akut in einer Chef-Untergebener-Beziehung. Der Chef kann im *Erwachsenen-Fürsorgenden-Eltern-Ich* oder im *Natürlichen Kind* sein und dennoch von dem Untergebenen so empfunden werden, als ob er im *Kritischen-Eltern-Ich* ist. Die Reaktion vom *Angepaßten Kind* des Untergebenen ist entweder *fügsam* oder *rebellisch.* Frau Schmidt, Direktorin eines großen Unternehmens, fragt zum Beispiel Herrn Jones, ob er schon mit dem Budget fertig ist. Herrn Jones Reaktion ist, Schuld und Unzulänglichkeit zu spüren und zu stottern, als er ihr antwortet. Offensichtlich ist er im *Fügsamen Kind*, seinen Vater vor sich sehend, wie er ihn wegen irgendeiner Kleinigkeit, die er nicht erledigt hatte, konfrontiert, genau wie es in seiner Kindheit geschah. Er erlebt wieder die gleiche Furcht, Schuld und das generelle Empfinden von Nicht-Okay-Sein, und das geschieht, obwohl Frau Schmidt eigentlich nur eine *Erwachsenen-Frage* nach Information gestellt hatte. Herr Grün andererseits reagiert auf dieselbe Frage mit dem Zuknallen der Tür und dem Davonstürmen in einer sehr rebellischen Weise. Auch hier werden alte Kindheitsgefühle wiedererlebt, trotz der Tatsache, daß die Situation in keiner Weise der ähnelt, die Herr Grün in seiner Kindheit mit seiner Mutter erlebt hatte.

In Betrieben und Organisationen gibt es viele andere Beispiele für Übertragung. Wie oft beobachtest du eine Veränderung in dem Verhalten von Beschäftigten, wenn ihr Chef den Raum betritt? Manche hören auf zu denken und stottern fast, wenn sie ihn sehen. Andere werden argwöhnisch und ziehen sich zurück. Viele stellen abrupt ihr *Natürliches-Kind-Verhalten* ab. Einige geben vielleicht an, indem sie den Chef durch ihr Benehmen zu beeindrucken versuchen oder ihm gefallen wollen. In solchen Situationen wird der Chef so gesehen, als ob er jemand anderes wäre, eine Person aus der Vergangenheit des Beschäftigten, zu der er noch unerledigte Gefühle hat. Der Chef erhält dann Reaktionen aus dem *Angepaßten Kind* (diese Beispiele setzen voraus, daß das Verhalten des Chefs, vergangenes wie gegenwärtiges, diese Reaktionen eigentlich nicht rechtfertigt).

Der Chef mag selbst auch in Übertragungs-Transaktionen verwickelt sein. Er hat vielleicht falsche *Eltern-Vorstellungen* davon, wie Untergebene oder wie Frauen oder wie Männer sind. Er sieht deshalb vielleicht einen Untergebenen als *fügsam* oder als *rebellisch* an, obwohl das in Wirklichkeit gar nicht der Fall ist. Er neigt dazu, auf einen *Erwachsenen-Stimulus* seiner Untergebenen so zu reagieren, als ob er von dessen *Angepaßten Kind* käme; der Chef reagiert darauf aus seinem *Kritischen-* oder *Fürsorgenden-Eltern-Ich.* Diese Art von Übertragung ergibt sich zum Beispiel, wenn Frau Weiß Herrn Schmitt von ihrem *Erwachsenen* aus um Informationen bittet, die ein bestimmtes Projekt betreffen, das er erledigt haben wollte. Herr Schmitt reagiert, indem er ihr sagt, sie solle sich beruhigen und nicht so aufgeregt sein. In Wirklichkeit ist Frau Weiß gar nicht aufgeregt und braucht nicht beruhigt zu werden. Sie will einfach nur Informationen. Mit demselben Stimulus von Frau Weiß könnte Herr Schmitt sie als rebellisch ansehen und mit einer abrupten Antwort reagieren. In jedem Fall wird Frau Weiß sich wahrscheinlich über die unangebrachte Reaktion wundern.

Kindheitserfahrungen und der Nachahmungstrieb können ein anderes Problem bei der Personalführung verursachen, nämlich Psychospiele. Eltern machen ihren Kindern Psychospiele vor, und die Kinder lernen rasch, welche Rollen sie in ihren eigenen Spielen mit den Eltern annehmen müssen. Sie gewöhnen sich daran, die Rolle des „Verfolgers", „Opfers" oder „Retters" bei den Familienspielen zu übernehmen. Deshalb neigen sie als Vorgesetzter oder Untergebener dazu, die alten, bekannten Rollen zu spielen und andere einzuladen, die passenden Ergänzungsrollen zu übernehmen. Herr Jones unterläßt es beispielsweise gewohnheitsmäßig, seinen Untergebenen ausreichende Informationen für die Ausführung einer Aufgabe zu geben. Seine Leute versuchen, den Auftrag zu erledigen, indem sie vermuten und raten, was der Chef will, denn sie wissen, daß es nicht okay ist, um Erklärungen zu bitten (sie spielen „Tritt-mich"-Opfer). Herr Jones findet später Gründe, ihre Arbeit zu beanstanden; als „Verfolger" spielt er JEHIDES (Jetzt hab ich dich endlich, du Schweinehund). Alle haben schließlich schlechte Gefühle von Ärger und Mißtrauen — die negative Belohnung.

Die vorangegangenen allgemeinen Bemerkungen zu Übertragungs-Transaktionen und zu Psychospielen passen auch in das Gebiet der Supervision. Ebenso lassen sich die Begriffe von *Macht, Erlaubnis und Schutz* anwenden. Ein Chef, der mächtig ist, ist jemand, der Selbstbewußtsein hat und sich angemessen zu behaupten weiß. Er demonstriert seine Macht durch das ständige Vorbild effektiver, erfolgreicher Arbeit; er praktiziert selbst, was er von anderen erwartet. Ein Chef kann *Erlaubnis* durch gesprochene Botschaften erteilen („es ist okay, zu ..."), jedoch wird die überzeugendste Erlaubnis dort erteilt, wo er das Verhalten, das er von anderen erwartet, selbst vormacht. Ein Vorgesetzter, der bereit ist, Konfrontation anzunehmen, lädt seine Mitarbeiter dadurch ein, Konfrontationen anzunehmen und von ihnen zu profitieren, statt sich zu verteidigen. Ein Chef, der von seinen Leuten erwartet, daß sie kostenbewußt arbeiten, *erlaubt* ihnen, kostenbewußt zu sein, wenn er selbst Sparsamkeit vormacht. Häufig beschweren sich Mitarbeiter, daß sie mit einem knappen Etat auskommen müssen, während ihr Chef extravagante Ausgaben macht. Leute nehmen unerwünschte Erlaubnis genau so leicht an und reagieren entsprechend, wie sie auf Beispiele positiven Verhaltens reagieren. Beschwert sich zum Beispiel ein Vorgesetzter bei anderen über seinen Chef, gibt er seinen Untergebenen damit Erlaubnis, sich bei Dritten über ihn zu beschweren, statt zu ihm zu kommen.

Ein Chef bietet *Schutz* auf verschiedene Weise. Es ist zum Beispiel sehr beruhigend für Untergebene zu wissen, daß ihr Chef für sie da ist, besonders dann, wenn es ein Problem gibt, und daß er zu seinen Abmachungen steht. *Schutz* bedeutet nicht, daß der Chef seine Untergebenen gegen die Folgen ihrer eigenen Handlungen in Schutz nimmt. Es bedeutet vielmehr, daß die Untergebenen sich darauf verlassen können, daß ihr Chef geradeheraus, unparteiisch und unvoreingenommen handelt. Wenn ein Kunde oder ein Kollege sich über einen seiner Untergebenen beschwert, verhält sich der wirksame Chef neutral und konzentriert sich auf die Lösung des Problems. Untergebene fühlen sich beschützt, wenn sie merken, daß ihr Vorgesetzter fair und offen und ehrlich ist, auch wenn es bedeutet, daß er konfrontiert und eine andere Meinung vertritt. Diese drei Begriffe, *Macht, Erlaubnis, Schutz,* führen zu wirksamer Verständigung und wirksamer Personalführung.

Struktur und *Streicheln* sind wichtige Elemente wirksamer Personalführung. Sie sind die Grundlage, von der aus zu Verhaltensänderungen ermuntert wird und auf die sich die Einführung und Anwendung neuer Programme stützt. Die nächsten Seiten befassen sich mit praktischen Hilfen, die den Bedürfnissen des *Natürlichen Kindes* nach Struktur gerecht werden und mit verschiedenen Strukturtypen, die für eine gesunde, erfolgreiche Personalführung unerläßlich sind. Es gibt notwendige Rahmenrichtlinien für Mitarbeitergespräche, für Einstellungen, Entlassungen, Beschlußfassungen, für das Treffen von Entscheidungen, für das Übertragen und Übernehmen von Verantwortung, und vieles mehr. Wenn wichtige Bestandteile, wie das *Wer, Wann, Wie, Wo und Was* genau definiert und bei der Durchführung konsequent angewandt werden, empfindet der Mitarbeiter seine Arbeit als angenehmer. Sein Bedürfnis, zu prüfen, ob der Vorgesetzte auch meint, was er sagt, schwindet, wenn eine angemessene Struktur vorhanden ist.

Was ist mit den Mitarbeitergesprächen?

Zusammenkünfte des Vorgesetzten mit seinem Mitarbeiter zum Zweck der Besprechung anstehender Betriebsangelegenheiten bezeichnet man als Mitarbeitergespräch. Dieses Gespräch findet am besten einmal wöchentlich oder einmal in 14 Tagen, jeweils zur gleichen Tageszeit statt. Ich beeile mich zu bemerken, daß kein Gespräch geführt zu werden braucht, wenn kein wichtiger Grund vorliegt; dennoch sollten diese Mini-Konferenzen in regelmäßigen Abständen anberaumt und nur nach gegenseitigem Einverständnis abgesagt werden. Die positive Wirkung auf das *Kind* eines Mitarbeiters ist die, daß er planen und sich darauf verlassen kann, diese exklusive Zeit mit dir, seinem Chef, zu haben; es sagt ihm, daß er für dich wichtig ist. Damit ist nicht gemeint, daß es keine anderen Gelegenheiten für eine zwanglose Unterhaltung oder einen Telefonanruf, die sich häufig als notwendig erweisen, gibt. Manche Chefs vertreten eine Politik der offenen Tür, die ihre Vorteile, aber auch den offensichtlichen Nachteil hat, daß ihre Zeit ständigen Unterbrechungen ausgesetzt ist.

Diese Mitarbeitergespräche sollten von keinen Telefonanrufen oder von Briefeöffnen unterbrochen werden. Es ist eine Zeit, in der ihr euch gegenübersitzt, Angesicht zu Angesicht, ohne einen trennenden Schreibtisch zwischen euch. Es ist eine Zeit, in der es okay ist, einen Kaffee zu trinken, sich bequem und entspannt zu fühlen. Grundsätzlich ist es sehr wichtig, eine Atmosphäre zu schaffen, in der sich ein Mitarbeiter physisch und psychisch frei fühlt, Gefühle und Gedanken von sich zu geben und die ihn überzeugt, daß man ihm zuhören und in angebrachter Weise auf ihn reagieren wird.

Welcher Unterschied besteht zwischen Einzelgesprächen und Gruppenbesprechungen?

Eine Gruppenbesprechung kann außerordentlich wirksam, rationell und leistungssteigernd sein. Sie ist dann angebracht und von Vorteil, wenn Angelegenheiten zu behandeln sind, die alle angehen. Gruppenbesprechungen sind auch ein Hilfsmittel, wenn es darum geht,

Teamatmosphäre zu schaffen. Oft spart eine Gruppenbesprechung Zeit. Wie in Einzelgesprächen, so bieten sich auch in Gruppenbesprechungen Gelegenheiten, das *Kind* zu streicheln. Einen Mitarbeiter vor versammelter Mannschaft zu streicheln, kann ganz besonders erfreulich und erhebend für diesen Mitarbeiter sein, aber es gibt noch andere Streichelquellen. Gruppenbesprechungen bieten Gelegenheit, zu erfahren, was andere machen, und man kann sie dafür streicheln; du kannst auch deine eigenen Ideen mit den anderen teilen und dafür gestreichelt werden.

Konfrontieren soll man am besten in Einzelgesprächen. Ein Mitarbeiter nimmt eher konstruktive Kritik mit seinem *Erwachsenen* an, wenn er nicht vor seinen Freunden und Kollegen konfrontiert wird. Einzelgespräche sind auch dann angebracht und von Vorteil, wenn es um das spezielle Problem eines Einzelnen geht. Gelegentlich ist es für einzelne Mitarbeiter sehr wertvoll, ihre Zeit mit ihrem Chef zu haben, um ihre *Kind-Bedürfnisse* nach Streicheln und Anerkennung zu befriedigen.

Was sollte alles in einer Gruppenbesprechung behandelt werden?

Man sollte sich über den Inhalt wenigstens teilweise einig sein und ihn auf dem vorangegangenen Zusammentreffen festgelegt haben. Die Tagesordnung wird häufig bestimmte Standardfragen einschließen, die wöchentlich besprochen werden müssen: Der Etat, Verkaufszahlen, Fertigungsquoten usw. Ein anderer wichtiger Tagesordnungspunkt ist der Ergebnisbericht der vorangegangenen Gruppenbesprechung. Mit dem Ergebnisbericht legt der Verantwortliche *Rechenschaft* über seine Tätigkeit ab; wird eine Anweisung gegeben oder eine Entscheidung getroffen, wird dies sofort als Tagesordnungspunkt für die nächste Besprechung festgehalten. Durch direkte Beobachtungen können weitere wertvolle Tagesordnungspunkte gefunden werden. Ich möchte vielleicht gerne sehen, wie jeder einzelne meiner Verkäufer mit den Kunden umgeht oder zusehen, wie die Dame in der Zentrale Anrufe beantwortet, damit ich diesen Mitarbeitern helfen kann, ihre Leistungen zu verbessern, oder damit ich sie für besondere Leistungen streicheln kann. Es versteht sich von selbst, daß ich diese Leute nicht heimlich belausche, mich anschleiche oder sie ertappen oder überraschen will; Beobachtungen, wie ich sie meine, bedürfen der vorherigen Zustimmung des Mitarbeiters. Ein weiteres wertvolles Instrument für die Planung eines Konferenzinhalts ist eine Mappe, die den Namen des Vorgesetzten oder des Mitarbeiters trägt. Sobald Fragen oder Themen auftauchen, wird eine einfache Notiz in die Mappe gelegt, so daß beide, Vorgesetzter und Mitarbeiter, sich an wichtige Punkte, die sie sonst vielleicht vergessen würden, erinnern können. Diese Notizen werden dann für die Vorbereitung der nächsten Konferenz herangezogen.

Die Vorbereitung auf ein Mitarbeitergespräch ist äußerst wichtig. Es dauert vielleicht nicht mehr als fünf oder zehn Minuten, um die Punkte, dic du bei der nächsten Zusammenkunft zu behandeln oder zu erledigen wünschst, kurz schriftlich festzuhalten. Es ist ratsam, daß beide, Vorgesetzter und Mitarbeiter, diese Vorbereitung treffen. Der Inhalt der Konferenz wird noch verbessert, wenn man Rollenspiele durchführt und vorbildliches Verhalten demonstriert; das bedeutet, daß ein Mitarbeiter, der Grenzen oder Vorschriften durchsetzen oder jemanden konfrontieren soll, erst einmal hören muß, wie du das machst, oder er muß die ganze Szene mit dir durchspielen, während du entweder die Rolle des Konfrontierenden oder die des zu Konfrontierenden übernimmst. Dieses Vorgehen kann dem Mitarbeiter eine wertvolle Hilfe bei der nächsten Auseinandersetzung mit einem kniffligen Problem sein. Nachdem er deine Demonstration gesehen oder bei einem Rollenspiel mitgewirkt hat, ist er besser darauf vorbereitet, sich mit einem Problem geschickt und souverän auseinanderzusetzen.

Das sollten Chefs wissen: Chefs brauchen nicht auf alle Fragen eine Antwort zu wissen. Wenn du etwas nicht beantworten kannst, gib es zu.

Ich bin der Meinung, daß es außerordentlich wichtig ist, in der Tagesordnung jedes Mitarbeitergesprächs eine bestimmte Zeitspanne für freie Aussprache vorzusehen. Ich habe festgestellt, daß Mitarbeiter bereitwilliger und freier mit ihren Vorgesetzten reden und Vorschläge und Beschwerden offen vorbringen, wenn ein Programmpunkt auf der Tagesordnung dafür vorhanden ist. Auch der Vorgesetzte hat einen Vorteil durch die Planung einer freien Aussprache, einer Meckerstunde. Seine Bereitschaft zu konfrontieren und an Problemen zu arbeiten, statt seinen Kopf in den Sand zu stecken, wird dadurch erhöht, und er erhält Gelegenheit, positives Streicheln zu geben.

Ein Vertrag für freie Aussprache besteht darin, daß der Vorgesetzte und sein Mitarbeiter echte Gefühle auf konstruktive Weise austauschen. Zum Beispiel mag dem einen danach sein, positives Streicheln für etwas zu geben, was der andere seit der letzten Mitarbeiterbesprechung erledigt hat oder für gute Leistung allgemein. Einer mag positiv bedingungsloses Streicheln für den anderen haben. Einer möchte vielleicht den anderen wissen lassen, daß er negative Gefühle bezüglich bestimmter Verhaltensweisen des anderen hat und daß er wünscht, der andere möge etwas Bestimmtes dagegen tun. Der eine hat vielleicht konstruktive Rückinformationen oder konstruktive Kritik für den anderen. Der Vertrag für freie Aussprache vereinbart, daß positives Streicheln und Konfrontation angehört und anerkannt werden, daß es kein bedingungslos negatives Streicheln gibt, und daß sich eine Konfrontation auf das angestrebte Resultat konzentrieren muß. Statt zu sagen: „Tu das nicht“, sagt der Konfrontierende: „Ich hätte gern, daß du statt dessen dies tust.“

Als Berater lade ich jedes Unternehmensmanagement ein, seinen Beschäftigten klar zu machen, daß freie Aussprache erwartet und geschätzt wird. Freie Aussprache kann jedoch nicht durch Anweisungen allein ausgelöst werden. Wenn ein Chef kein gutes Vorbild gibt, wie er konstruktive Kritik annimmt, und wenn er nicht zeigt, daß er erfolgreich mit dem Ausdruck schlechter Gefühle anderer Leute fertig wird, ist es unwahrscheinlich, daß seine Mitarbeiter bereit sind, mit ihm frei von der Leber weg zu reden. Ich lade dich, den Chef, ein, deine Mitarbeiter darüber zu informieren, daß ihre Fähigkeit zur freien Aussprache bei einer Beförderung in Betracht gezogen wird. Leute, die lernen können, ihre Gefühle offen, einfühlsam und engagiert auszusprechen, sind die besten Führungskräfte.

Wer soll was entscheiden?

Sei darauf vorbereitet, die Entscheidungen anderer zu akzeptieren, wenn du ihnen Entscheidungsbefugnis erteilt hast. Wenn du deine Mitarbeiter nach Ideen fragst, dir jedoch vorbehalten willst, eine Entscheidung selbst zu treffen, sag das von vornherein. Zum Beispiel: „Ich muß eine Entscheidung treffen, und ich möchte gern wissen, was Sie davon halten, bevor ich mich festlege." Es ist okay, Entscheidungen zu ändern, wenn du neue Informationen erhältst. Es ist wichtig, Konsequenz nicht mit Sturheit zu verwechseln. Beim Treffen von Entscheidungen bedeutet *Konsequenz*, einen Standpunkt einzunehmen, der auf logischem Denken beruht, und dabei zu bleiben. *Beweglichkeit* ist die Bereitschaft, die ursprüngliche Entscheidung aufgrund neuer Informationen zu ändern. *Inkonsequent* ist es, wenn Entscheidungen ohne triftige Gründe geändert werden, nur aufgrund von Launen oder Gefühlen, während *Sturheit* bedeutet, daß ein Standpunkt weiter vertreten und weiter an ihm festgehalten wird, obwohl es gute Gründe gibt, ihn aufzugeben oder zu ändern.

Wirksame Supervision ermutigt die Mitarbeiter, mitzudenken und ihre eigenen Entscheidungen innerhalb ihres Verantwortungsbereiches zu treffen. Liegt es in meiner Verantwortlichkeit, eine Entscheidung zu fällen, und möchte ich, daß du sie triffst, steht es dir zu, dies abzulehnen. Es handelt sich nämlich um eine Einladung zum „Retten", und wenn du sie annimmst, bist du wahrscheinlich letzten Endes das „Opfer". Wenn du mir zum Beispiel sagst, wie ich eine Angelegenheit handhaben soll, und die Methode funktioniert nicht, kannst du dich als Versager fühlen. Oder ich kann auf „Verfolger" umsteigen und dir die Schuld an dem Versagen geben. Mach deine Leute darauf aufmerksam, wenn sie Informationen, die sie für die Entscheidungsfindung besitzen, nicht benutzen. Gib ihnen die Informationen, die sie für ihre Entscheidungen brauchen. Hat ein Mitarbeiter andere Ansichten bezüglich bestimmter Richtlinien oder ist er mit Anweisungen seiner Vorgesetzten nicht einverstanden, sollten diese Unstimmigkeiten mit dem Vorgesetzten direkt besprochen werden, statt mit anderen Mitarbeitern. Falsch wäre es, zu sagen: „Es ist die Idee des Chefs, ich bin nicht damit einverstanden". Solch eine

Bemerkung ist unangebracht und schmälert die Macht dieser Person. Wenn du mit deinem Chef über deine abweichende Meinung sprichst und ihn nicht umstimmen kannst, solltest du am besten diese Entscheidung akzeptieren, ohne das Gefühl zu haben, diese Unstimmigkeit überall ausposaunen zu müssen.

Welche Rolle fällt dem Chef bei Unstimmigkeiten zwischen seinen Mitarbeitern zu?

Es ist wichtig, daß ein Vorgesetzter es vermeidet, die Rolle des Richters oder Geschworenen zu übernehmen, wenn jemand mit Beschwerden über einen Dritten zu ihm kommt oder wenn Kläger und Angeklagter in seinem Büro erscheinen. Es ist von großem Nutzen für den Chef, einen Beschwerdeführenden nach Möglichkeit dazu zu bewegen, sich mit der Person, die ihm Schwierigkeiten bereitet, direkt auseinanderzusetzen. Dabei könnte ein Gespräch mit dem Chef über das Vorgehen oder das Rollenspiel eine große Hilfe sein. Manchmal will sich der Beschwerdeführende nicht an die entsprechende Person oder Gruppe wenden; in diesen Fällen muß der Chef objektiv und neutral bleiben und vielleicht eine Dreier-Konferenz einberufen.

In einer Dreier-Konferenz ist es wichtig, nicht zum „Retter“ oder „Verfolger“ zu werden, wenn ein Mitarbeiter mit den Handlungen eines anderen unzufrieden ist. Es ist ganz einfach, in einer solchen Situation in das „Gerichtssaal“-Spiel hineingezogen zu werden. Um „Gerichtssaal“ zu vermeiden, ist es für den Chef ratsam, die Leute aufzufordern, miteinander zu reden, statt ihm ihre Beschwerden vorzutragen. Er wird sich dann nur einmischen, um die Diskussion auf dem richtigen Kurs zu halten, mit dem Ziel vor Augen, den Konflikt zu lösen, und einen geeigneten Vertrag abzuschließen. In einigen Fällen ist es zu jedermanns Vorteil, wenn der Chef darauf besteht, daß eine Konfliktlösung gefunden wird, die beiden Parteien und dem Unternehmen nützlich ist.

Ist es irgendwann auch einmal okay, jemanden zu übergehen?

Es muß nicht extra erwähnt werden, daß es riskant ist, jemanden zu übergehen. Man begegnet diesem Problem jedoch häufig in vielen Unternehmen. Wenn du dich mit jemandem in einem Konflikt befindest, rate ich dir dringend, dein Bestes zu tun, das Problem mit der betreffenden Person direkt aus der Welt zu schaffen. Dazu ist vielleicht eine Konfrontation erforderlich, und für eine Weile ist eine gewisse Verschlimmerung der Situation in Kauf zu nehmen; das ist aber fast immer besser, als jemanden zu übergehen. Wenn du beschlossen hast, doch diesen Weg über den Kopf deines Vorgesetzten hinweg zu gehen, vergewissere dich, ob du ehrlich und aufrichtig mit ihm bist und warst. Eine Zwischenstufe kann ein Gespräch mit einem Kollegen deines Chefs sein, dem du deine Schwierigkeiten schilderst und den du um Rat und vielleicht um Vermittlung bittest. Wenn das nichts bringt, dann lade deinen direkten Vorgesetzten ein, mit dir zusammen objektives Feedback von „oben" einzuholen. Achte darauf, daß du den Eindruck „ich werde mich über dich beschweren" auf jeden Fall vermeidest. Wenn dein Vorgesetzter es ablehnt, dich zu begleiten, gib ihm zu verstehen, daß du beabsichtigst, allein zu gehen, und laß ihn wissen, was du zu sagen vorhast. Manchmal ist ein Vorgesetzter strikt dagegen, daß du zu seinem Chef gehst, und ich warne dich vor diesem Schritt, wenn du nicht bereit bist, seine Ablehnung zu riskieren.

Wie kann ich die Annahme neuer Rollen, neuer Pflichten und neuer Verantwortungen leichter machen?

Das so oft zitierte Peter-Prinzip[1] ist ein grundlegendes Problem, wenn man jemandem neue, größere Verantwortungen übertragen will. Wird die Person nun auf die Ebene ihrer Inkompetenz erhoben, wird sie durch die Beförderung überfordert? Wie kannst du erkennen, ob ein Mitarbeiter so weit ist, ein neues Projekt, eine andere Rolle oder eine Beförderung zu verkraften? Wie kannst du ihm helfen, sich auf das Neue vorzubereiten?

Die Tatsache, daß ich gut verkaufen kann, bedeutet nicht unbedingt, daß ich andere Verkäufer erfolgreich zu leiten verstehe. Obwohl dieses Konzept allgemein bekannt ist, mißachtet man es doch häufig. Auch die Tatsache, daß ich ausreichend befähigt bin, einen Bezirk zu leiten, bedeutet nicht unbedingt, daß ich das ganze Drum und Dran, das diese Position mit sich bringt, in Kauf nehmen will. Vielleicht fühlt sich mein *Kind* mit meinem augenblicklichen Maß an Verantwortung wohl und würde sich gegen die Opfer, die diese Beförderung von mir verlangt, auflehnen und es mir erschweren, Leistungen zu bringen, die meinen Fähigkeiten entsprechen. Was wird jedoch geschehen, wenn ich diese Gelegenheit, mich zu verbessern, nicht wahrnehme? Häufig werden neue Aufgaben aus dem *Angepaßten Kind* heraus übernommen. Die Leute glauben vielleicht, daß sie keine andere Wahl haben; daß sie entlassen werden, wenn sie die ihnen zugedachte Aufgabe ablehnen. Sie nehmen die Position vielleicht an, um den Vorgesetzten oder ihrem imaginären Publikum einen Gefallen zu tun. Sie glauben vielleicht, daß andere sie für Verlierer halten, wenn sie nicht befördert werden wollen und keinen Wert auf mehr Verantwortung oder höheren Status legen. Somit übernehmen sie aus einem *Angepaßten-Ich-Zustand* heraus neue, verantwortungsvolle Aufgaben, die sie in Wirklichkeit lieber nicht hätten.

Wenn du einem Mitarbeiter eine neue, verantwortungsvolle Aufgabe überträgst, kommt es darauf an, daß er sie übernimmt, weil sie eine bestimmte Anziehung auf sein *Kind* ausübt, und weil sein *Erwachsener* sie für sinnvoll hält. Fragen wie! Was haben Sie davon, wenn Sie diese Aufgabe übernehmen?" „Wollen Sie diesen Job wirklich?" „Was für Gründe haben Sie, sich diese neue Verantwortung zu wünschen?" „Hat es Sinn für Sie?" können euch beiden helfen zu beurteilen, ob sich der ganze Aufwand für die geplante Veränderung lohnt.

Es ist auch wichtig sicherzustellen, daß der Mitarbeiter alles hat, was er braucht, um die neue Aufgabe auszuführen. In manchen Unternehmen entstehen schwerwiegende Probleme dadurch, daß einem Mitarbeiter eine verantwortungsvolle Position übertragen wird, man aber versäumt, ihm die dazugehörenden Vollmachten zu erteilen. Das geschieht häufig, wenn ein Chef Schwierigkeiten mit dem Delegieren von Vollmachten hat. Es bringt den Untergebenen in eine verzwickte Situation: Obwohl er die Verantwortung trägt, hat er nichts zu sagen. Er muß sich sogar wegen banaler Angelegenheiten an seinen Chef wenden und seine Wirksamkeit ist erheblich eingeschränkt. Weil seine Untergebenen merken, daß er nur wenig wirkliche Macht besitzt, übergehen sie ihn häufig und wenden sich an seinen Chef, der seinem Mitarbeiter nicht die notwendige Unterstützung zukommen läßt. Eine unbefriedigende Situation wie diese kann dadurch vermieden werden, daß man Verantwortung und Autorität aufeinander abstimmt. Wenn du der Meinung bist, daß ein Mitarbeiter die Autorität, die mit bestimmten Positionen verbunden sein sollte, nicht verdient, wäre es das Beste, ihm diese Verantwortung gar nicht erst zu übertragen. Es hilft beim Delegieren von Verantwortung, Richtlinien festzulegen, die die Arten von Entscheidungen, die ein Mitarbeiter treffen darf, abgrenzen, ihm jedoch, dieser Verantwortung entsprechend, eine gewisse Autonomie einzuräumen. Er darf zum Beispiel über Ausgaben bis zu einer bestimmten Summe oder im Rahmen eines vorgegebenen Etats entscheiden. Er besitzt Vollmacht, A zu tun, jedoch nicht B. Je klarer diese Richtlinien sind, umso leichter ist es für den Mitarbeiter, seine Aufgaben zu erfüllen.

Wie entscheide ich, wen ich einstelle?

Verschiedene Methoden, die sich nützlich erwiesen haben, einem Beschäftigten die Übernahme seiner neuen Rolle und seiner neuen Verantwortung zu erleichtern, sind ebenso nützlich bei der Auswahl neuer Mitarbeiter. Vor allem ist es wichtig, festzustellen, ob die Person die Stelle *haben will* und ob es für sie Sinn hat, diesen Job zu übernehmen. Dann tut man gut daran, zu untersuchen, ob der Anwärter zusätzlich zu seinen technischen Fähigkeiten, die er für die Position braucht, ausreichende *People Skills* besitzt, und ob seine vorherrschenden Ich-Zustände gut mit den Erfordernissen der Position zu vereinbaren sind.

Ich habe festgestellt, daß Angestellte der Personalbüros dazu neigen, Bewerber einzustellen, deren vorherrschende Ich-Zustände ihren eigenen schmeicheln. *Kritische Eltern* bevorzugen *Fügsame Kinder; Fügsame Kinder* andere *Fügsame Kinder* oder *Fürsorgende Eltern; Fürsorgende Eltern Fügsame Kinder; Erwachsene Erwachsene,* usw. Leute mit einer gesunden Mischung von *Fürsorgendem-Eltern-Ich, Erwachsenem* und *Natürlichem-Kind-Ich* neigen dazu, Personen einzustellen, die ebenfalls aus diesen wirksamen Ich-Zuständen heraus operieren. Es wäre jedoch sinnvoller, Stellenanwärter danach zu beurteilen, ob und wie ihre vorherrschenden Ich-Zustände zu der angestrebten Position passen. Personen mit einem hohen Energiespiegel im *Fürsorgenden Eltern-Ich, Erwachsenen-* und *Kindheits-Ich* bewähren sich sehr gut in einer großen Anzahl verschiedener Positionen; dieser Personentyp eignet sich jedoch nicht unbedingt für jede Aufgabe. Ein Angestellter, der einen hohen Energieanteil im *Fügsamen Kind,* jedoch einen niedrigen im *Erwachsenen* hat, wird vielleicht in einer Stellung zufriedener sein, in der er mit niedrigeren oder sich wiederholenden Arbeiten beschäftigt ist und kann daher für diesen Job besser geeignet sein. Es ist wichtig, den Haupt-Ich-Zustand oder die Haupt-Ich-Zustände, die die Position erfordert, zu erkennen und dann, während des Vorstellungsgesprächs, sowohl mit Hilfe deines *Kleinen Professors,* als auch mit deinem *Erwachsenen,* festzustellen, ob der Bewerber hohe Anteile der erforderlichen Ich-Zustände besitzt. Einige einfache zusätzliche Fragen beim Vorstellungsgespräch können darüber Aufschluß geben, besonders, wenn sich der Gesprächsleiter daran erinnert, auf nichtverbale Hinweise, wie auch auf die eigentlichen Antworten zu achten.

Fragen wie die folgenden können Informationen über den *Kindheits-Ich-Zustand* des Bewerbers ans Licht bringen:

> Was machen Sie in Ihrer Freizeit?
> Aus welchem Grund haben Sie sich um diese Stelle beworben?
> Gibt es Gelegenheiten, bei denen Witze und ein bißchen Spaß während der Arbeit okay sind?
> Erklären Sie das bitte etwas näher.

Um die Selbstsicherheit des *Kindes* eines Bewerbers zu testen, kannst du fragen: „Was möchten Sie mir gern von sich erzählen?" Oder

„welchen Beitrag können Sie unserem Unternehmen leisten?" Oder „Was betrachten Sie als Ihre Stärken oder Ihre Schwächen?" Wenn der Bewerber auf eine deiner Fragen keine Antwort hat, versucht er dann, etwas vorzutäuschen oder gibt er zu, es nicht zu wissen? Stellt er Fragen? Führt er ein Einstellungsgespräch mit dir? Sucht er deinen Blick? Positive Antworten auf mehrere dieser Fragen bedeuten, daß sein *Kind* eine Ich-bin-okay-Position einnimmt.

Um Informationen über den *Erwachsenen-Ich-Zustand* des Kandidaten zu erhalten, sind Fragen zu stellen, die sich auf Situationen beziehen, die er höchstwahrscheinlich an seinem Arbeitsplatz antreffen wird. An den Antworten kannst du erkennen, wie schlagfertig er ist. Achte auf nichtssagende und ausweichende Antworten. Versteht er alles gut? Ist er bereit, um Erklärungen zu bitten, wenn er etwas nicht versteht? Kann er gut in Begriffen denken? Kann er sich gut verständigen? Stellt er intelligente Fragen?

Um seinen *Eltern-Ich-Zustand* zu bewerten, kannst du dem Bewerber Fragen stellen, die sich auf seine eigenen Wertvorstellungen, seine Ansichten und ähnliches beziehen. Welche Einstellung hat er zu Arbeit, Arbeitszeit, Bezahlung, Spaß, äußerer Erscheinung, Sprache? Hört er gut zu? Um sein *Fürsorgendes-Eltern-Ich* zu bewerten, kannst du Fragen zu Arbeitssituationen stellen, die verständnisvolle und einfühlsame Reaktionen erfordern. Zum Beispiel: „Was würden Sie zu einem Kunden sagen, der sich über X beschwert hat?"

Worauf muß man sonst noch achten?

Wie präsentiert sich der Bewerber ganz allgemein? Hat er ein sicheres Auftreten? Ist er bestimmt? Schneidet er von sich aus neue Themen an? Geht er einfach nur auf das ein, was du sagst? Was schließt du aus seinem Äußeren und der Kleidung, die er für dieses Vorstellungsgespräch gewählt hat? Was entnimmst du dem Klang und Tonfall seiner Stimme?

Wie häufig mißachtet der Kandidat? Bekommst du von ihm eine Antwort auf deine Frage oder beantwortet er eine andere? Legt er sich bei seinen Antworten fest oder bleibt er vage? Ist er aufmerksam? Unterbricht er? Was tut er, wenn er von dir unterbrochen wird?

Vergewissere dich, daß das *Kind* des Bewerbers den Posten will und daß sein *Erwachsener* sich über die Pflichten und die Verantwortung, den Zeitaufwand, das Verhältnis zu über- und untergeordneten Mitarbeitern und die Vergütung im klaren ist. Das erreicht man am besten durch eine Stellenbeschreibung, die der Bewerber durchlesen und der er zustimmen kann, bevor er die Position annimmt. Diagramme, die den Organisationsaufbau und Organisationsfluß darstellen und Handbücher über Firmenrichtlinien und Verfahren sind besondere Hilfsmittel bei der Einstellung von Mitarbeitern. Ist der neue Mitarbeiter erst einmal auf seinem Posten, werden sie als wichtige Form der Struktur beinahe zur Pflichtlektüre.

Wie steht es mit Referenzen?

Im allgemeinen kann man wohl sagen, daß Bewerber als Referenzen Leute nennen, von denen sie annehmen, gut bewertet zu werden. Wenn ich mich an diese Leute wende, bitte ich sie häufig, den Bewerber objektiv zu beurteilen. Manchmal bringe ich sie dazu durch Fragen wie: „Würden sie ihn einstellen, wenn Sie in meinen Schuhen steckten?" „Ist das eine Person, die Sie gern als Arbeitskraft für ein Mitglied ihrer Familie hätten?" „Wo liegen ihre Stärken, wo ihre Schwächen?" Fragen dieser Art bringen häufig eine vollständigere, ehrlichere Auskunft, als man normalerweise erhält.

Welche besonderen Bedürfnisse haben Leute in neuen Positionen?

Es ist wichtig, für Leute, die neue Aufgaben lernen oder neue Verantwortungen übernehmen, Unterstützung bereitzuhalten. Eine Friß-oder-stirb-Einstellung kann potentiell fähige Menschen einladen, sich unnötig abzustrampeln. Es ist allgemein bekannt, daß Beschäftigte während dieser Zeit von ihren Vorgesetzten Extra-Streicheleinheiten brauchen.

Wenn einem Mitarbeiter neue Aufgaben und neue Verantwortung übertragen werden, möchte er oft, daß dein *Fürsorgendes-Eltern-Ich* sein *Kind*-Ängste und *Kind*-Unsicherheiten versteht. Gleichzeitig kannst du ihm *Erwachsenen*-Informationen geben, die sein *Kind* auch unterstützen. Achte darauf, daß der neue Mitarbeiter weiß, wie etwas zu erledigen ist und vergewissere dich, daß du es richtig vormachst. Achte ebenfalls darauf, daß deine Anweisungen, etwas Althergebrachtes auf eine neue, andere Art zu erledigen, befolgt werden. Unsummen werden ausgegeben, um sicherzustellen, daß die Leute wissen, wie sie ihre Arbeit machen sollen, und dann wird die Sache einfach fallengelassen, weil die Vorgesetzten die Mitarbeitergespräche nicht dazu benutzen, festzustellen, ob die neuen Methoden auch angewandt werden. Es ist ratsam, in die Mitarbeiterbesprechungen Diskussionen über das neue System oder die neue Idee einzuplanen und sich darauf einzustellen, regelmäßig darüber zu sprechen.

Gibt es überhaupt eine „gute" Methode, jemanden zu entlassen?

Die Grundsätze, die in Kapitel 8 über Konfrontation und verschärfte Konfrontation dargelegt wurden, finden hier Anwendung. Der wirksame Vorgesetzte hat nur in ganz seltenen Fällen jemanden zu entlassen. Er gestaltet und lenkt eine Situation so, daß der *Beschäftigte* entscheidet, ob er sein Arbeitsverhältnis weiterführen will und seine Entscheidung durch seine Taten und sein Verhalten anzeigt.

Was ist zum Streicheln am Arbeitsplatz zu sagen?

Die allgemeinen Grundsätze über positives und negatives Streicheln sind auch bei der Personalführung anwendbar. Manche Chefs und Untergebene scheinen nur negatives Streicheln zu wollen, zu verlangen und/oder zu geben. Erinnern wir uns: Wenn der Streichelhunger deines *Kindes* durch negatives Streicheln gestillt wird, spürst du das Bedürfnis nach positivem Streicheln nicht so stark. Umgekehrt wird das Bedürfnis nach negativem Streicheln und nach Psychospielen vermindert, wenn du das negative Streichelmuster in ein positives verwandelst. Einige Vorgesetzte und Untergebene streicheln nur für Leistung und geben kein bedingungsloses Streicheln. Das nehmen die Leute gewöhnlich übel, weil es so aussieht, als ob sie immer etwas erbringen müssen, um Anerkennung zu erlangen. Einige Chefs und Untergebene nehmen kein positives Streicheln an; das kommt tatsächlich sehr häufig vor. Wenn man diesen Leuten mit positivem Streicheln kommt, mißachten sie es entweder offen oder heimlich in ihrem Kopf. Ein anderes häufiges Problem ist, daß die Untergebenen glauben, der Chef brauche kein Streicheln, und der Chef stimmt ihnen oft auch noch zu. Er ist deshalb immer streichelhungrig. Andererseits spricht ein Chef vielleicht nur mit seinen Mitarbeitern, um Anweisungen zu geben oder negativ zu streicheln für etwas, das nicht oder schlecht erledigt wurde. Das hat wiederum häufig mit Kindheitsprogrammierung zu tun und mit der Art und Weise, wie Menschen etwas über Streicheln lernten. Viele Streichelprobleme werden gelöst, wenn der Chef sein Streichelmuster ändert; aber nicht alle, weil sie so tief im Drehbuch des Mitarbeiters eingraviert sind.

Manche Menschen ziehen bestimmte Streichelarten anderen vor oder finden es leichter, sie anzunehmen. Zum Beispiel akzeptiert eine Mitarbeiterin vielleicht kein Streicheln für ihr Äußeres, jedoch schätzt sie es sehr, für ihre Intelligenz gestreichelt zu werden. Ein Mitarbeiter nimmt vielleicht verbales Streicheln nicht gut auf, ist aber von einem freundlichen Klaps auf die Schulter sehr beeindruckt. Der fähige und engagierte Chef weiß, wie wichtig es ist, unterschiedliche Menschen unterschiedlich zu streicheln und sucht Gelegenheiten, seinen Mitarbeitern die positiven Streichelzuwendungen zu geben, die sie vorziehen.

Es ist schwierig, so fürsorglich zu streicheln, daß der Empfänger die Echtheit spürt, wenn du selbst streichelhungrig bist. Ich rate dir, die Menge von eingehenden Streicheleinheiten zu erhöhen, indem du Streichelverträge mit Untergebenen, Mitarbeitern, Freunden, Kollegen und Vorgesetzten abschließt: „Findest du es okay, wenn ich gelegentlich angebe und dich um Komplimente bitte für etwas, das ich gut gemacht habe? Ich bin bereit, das Gleiche für dich zu tun." Es ist auch eine gute Idee, jemanden im Betrieb zu finden, mit dem du ein

Vertrauensverhältnis entwickelst. Diese Person wird dir nicht nur als Streichelquelle dienen, sondern auch durch den Gedanken- und Meinungsaustausch eine wertvolle Stütze sein, wenn du dich mit einem Problem herumschlägst oder einen Konflikt mit einer anderen Person zu lösen hast. Wähle jemanden, der die Stärke besitzt, objektiv zu sein. Allzuoft wird die schlaueste Person in der Firma ausgewählt; das ist jemand, der dir zustimmt. Leider haben diese Menschen häufig mit der gleichen Meinung auch die gleichen Kümmernisse und Beschwerden wie du und werden dir wenig nützen. Ihr beide könntet dann sehr leicht auf das „Ist-es-nicht-schrecklich"- oder „Wenn-ihr-nicht-wärt"- Psychospiel verfallen.

Zusammenfassend läßt sich sagen, daß ein wirksamer Chef drei Arten von Streicheln gibt:
Positiv bedingtes Streicheln,
negativ bedingtes Streicheln, wenn angebracht,
positiv bedingungsloses Streicheln.
Negativ bedingungsloses Streicheln gibt er nicht. Seine Richtlinien sind: „Ich streichle dich für das, was du tust, und ich streichle dich dafür, daß du bist, wie du bist." Diese beiden Formen positiven Streichelns — bedingtes für „was du tust" und bedingungsloses für „wie du bist", wirken sehr wohltuend, schlichtend und energieerzeugend. Sie laden die Batterie auf, mit der der menschliche Motor läuft und läuft. Konstruktives Streicheln für etwas, was jemand tut, ist ebenfalls ein wichtiger Bestandteil wirklicher Anteilnahme und Fürsorge. Du erreichst, daß dein negativ bedingtes Streicheln konstruktiv ist, wenn du daran denkst
a) vom *Fürsorgenden-Eltern-Ich, Erwachsenen* und *Natürlichen-Kind-Ich* zu streicheln;
b) zu sagen, wie du das empfindest, was der andere tut, und was du statt dessen getan haben willst, und
c) das Wort „tu" zu benutzen statt „tu nicht".
Schließlich wird dein positives Streicheln mehr Wirkung haben, wenn du es genau auf den Empfänger ausrichtest: Unterschiedliches Streicheln für unterschiedliche Menschen.

Wie kannst du die Wirksamkeit deiner Mitarbeiterbesprechungen oder Abteilungskonferenzen erhöhen?

Die Richtlinien, die ich gleich vorstellen werde, können jeder Gruppe zu reibungslosem Funktionieren verhelfen, ob es sich um ein regelmäßiges Treffen oder eine einmalige Zusammenkunft handelt. Viele der Regeln haben auch bei der wirksamen Gestaltung spezieller Ereignisse Gültigkeit. Wenn man sich an diese Regeln hält, vermeidet man langweilige Konferenzen. Dadurch wird auch ausgeschlossen, daß Konferenzen nur um der Konferenz willen abgehalten werden, aus Gewohnheit und ohne einen bestimmten Grund.

Ganz allgemein gehören zu einer erfolgreichen Konferenz oder Tagung drei wesentliche Vorgänge: *Planen, Entscheiden und Verantwortung übernehmen.* Bei einer Veranstaltung, die nicht mindestens zwei dieser Prozesse einschließt, besteht die Gefahr, daß sie erfolglos verläuft. Wenn keines dieser drei Elemente einer Konferenz zu Grunde liegt, besteht kein Anlaß, sie abzuhalten, es sei denn, der Zweck der Veranstaltung ist es, einfach eine Struktur für die zwischenmenschliche Verständigung zu schaffen, in der positives Streicheln stattfindet.

Eine weitere Voraussetzung für eine erfolgreiche Konferenz ist, klare Ziele für diese Zusammenkunft zu haben. Es hilft, wenn sich möglichst mehrere Personen mit der Zielsetzung einer Konferenz befassen. Dadurch werden die Ziele klarer und das Interesse der Teilnehmer größer. Es empfiehlt sich, Zweck und Ziel am Anfang jeder Konferenz bekanntzugeben, damit die Teilnehmer sich daran orientieren können, egal, ob eine formelle Tagesordnung eingehalten wird oder nicht.

Wer plant das Programm einer Konferenz? Eine allgemeine Regel besagt, je mehr Teilnehmer am Planungsprozeß beteiligt sind, umso erfolgreicher wird die Konferenz. Ich habe viele Zusammenkünfte erlebt, die ein Reinfall wurden, weil der Abteilungsleiter die ganze Planung übernommen hatte. Meistens lassen sich Tagesordnungspunkte im voraus festlegen, indem die Teilnehmer veranlaßt werden, die Fragen, die sie auf der nächsten Besprechung behandeln wollen, schriftlich, telefonisch oder in einem direkten Gespräch anzumelden.

Es ist ebenfalls sehr nützlich, am Ende jeder Konferenz dem Planen der nächsten eine gewisse Zeit zu widmen. Wenn Programme im voraus aufgestellt werden, haben die Teilnehmer genügend Zeit, sich darauf vorzubereiten. Es empfiehlt sich, ein schriftliches Programm vor jeder Konferenz an die Teilnehmer auszugeben. Planst du eine Konferenz oder lieferst du einen Beitrag, vergewissere dich, daß es in ihrem Verlauf Gelegenheiten für die drei wichtigen Prozesse gibt, Entscheidungen treffen, Verantwortung übernehmen und Planen. Viele Veranstaltungen werden zu Flops, weil sie nur aus Dasitzen und Berichte anhören bestehen, ohne den Teilnehmern eine Gelegenheit zu bieten, etwas beizusteuern. Weil sie nicht herausgefordert werden, ihre Ideen und Vorschläge in die Diskussion zu bringen, fühlen sie sich vom Inhalt der Konferenz nicht angesprochen und betrachten sie als unnötige Vergeudung ihrer wertvollen Zeit. Das trifft häufig zu, wenn die meisten wichtigen Punkte bereits vor der Konferenz entschieden worden sind. Allzuoft werden Entscheidungen von einer einzelnen Person getroffen, während man besser andere mitwirken lassen sollte. Was beim Fällen von Entscheidungen zu beachten ist, wurde bereits am Anfang dieses Kapitels behandelt. Je mehr Mitarbeiter aktiv und engagiert teilnehmen, um so größer sind die Aussichten, daß die Konferenz ein Erfolg wird. Wenn die einzige Person, die bei der Konferenz etwas zu tun hat, der Vorsitzende ist, fühlen sich die anderen weniger einbezogen.

Werden im Verlauf einer Konferenz Entscheidungen gefällt, ist es von großem Nutzen, auch gleich festzulegen, wer für die weitere Bearbeitung oder die Durchführung der Beschlüsse verantwortlich sein soll. Es gibt viele Gründe, die es ratsam erscheinen lassen, mit der Entscheidungsvollmacht gleichzeitig die Verantwortung zu übertragen. In einer Konferenz erhalten die Teilnehmer Gelegenheit, TA-Verträge über Aufgaben, die sie interessieren und die ein logischer Teil ihrer Arbeit sind, abzuschließen. Dadurch entfällt häufig nicht nur die Notwendigkeit, Verantwortung zu übertragen, sondern es bietet sich eine Gelegenheit, die Person, die Aufgaben übernimmt und sich um ihre wirksame Durchführung kümmert, zu streicheln.

Ein weiteres wichtiges Element einer Konferenz ist die Verständigung von Mensch zu Mensch. Schaff eine Atmosphäre, die die Leute ermutigt, ihre Ansichten offen auszusprechen. Das erreichst du, indem du bekanntgibst, daß der Meinungsaustausch zwischen den Gruppenmitgliedern erwünscht ist, und, was noch wichtiger ist, indem du den Leuten, die Kommentare und Beiträge beisteuern, zuhörst und sie dafür streichelst. Nicht jede Verständigung braucht über den Konferenzleiter zu gehen. Zwanglose Unterhaltungen zwischen den Teilnehmern, die dem Ziel und Zweck der Konferenz dienen, sind nützlich. Die Leute unterhalten sich wirklich gerne miteinander, und zwanglose oder enthusiastische Diskussionen bringen häufig schöpferisches Material aus dem *Natürlichen Kind* der Teilnehmer an die Oberfläche. Diskussionen in entspannter Atmosphäre können besonders bei Veranstaltungen, in denen es auf einfühlsame, offene Aussprache ankommt, nützlich sein. Vergiß aber bitte nicht, daß solche Frei-von-der-Leber-Besprechungen im voraus vertraglich vereinbart sein müssen, und daß Themen, die die Unzulänglichkeiten einzelner berühren, am besten unter vier Augen behandelt werden. Konferenzen sind wichtige Streichelquellen; jedoch sind viele Sitzungen so aufgebaut, daß es kaum Gelegenheit für positiven Streichelaustausch zwischen den einzelnen Teilnehmern gibt. Wenn das Streicheln nicht spontan oder durch direktes Nachahmen eines Vorbildes geschieht, wäre es gut, eine besondere Streichelstruktur zu schaffen. Es kann zum Beispiel eine Pause oder eine Unterbrechung sein, in der die Teilnehmer sich zwanglos im Rahmen der Konferenz unterhalten können, oder es wird von vornherein eine Streichelzeit festgelegt, in der die Teilnehmer animiert werden, ihre Zustimmung oder Anerkennung den einzelnen Beiträgen anderer Teilnehmer gegenüber auszudrücken.

Eine passende Struktur erhöht die Wirkung eines Treffens. Wie du dich erinnern wirst, ist eine Struktur notwendig, Aufgaben, Pflichten und Verantwortung formell festzulegen, zu teilen und zu verteilen sowie Richtlinien und Verfahren zu bestimmen. Es ist deshalb wichtig, die Tagesordnung so zu gliedern, daß sie diesen Prozeß fördert, wie in vorliegendem Abschnitt beschrieben. Konferenzen bringen am meisten, wenn sie pünktlich beginnen und nicht länger als eineinhalb bis zwei Stunden dauern. Die Verantwortung für den Ablauf der Konferenz kann gegliedert sein und vom Vorsitzenden, von Komiteemitgliedern und von nur zu diesem Zweck gewählten Ausschußmitgliedern getragen werden. Manchmal hilft es, eine Struktur durch regelmäßigen Wechsel des Vorsitzes zu schaffen.

Wenn Mitarbeiter aktiv an einer Konferenz beteiligt sind, entwickeln sie einen gewissen Korpsgeist, ein Zusammengehörigkeitsgefühl. Dieses Gefühl ist nicht nur für jeden Einzelnen sehr befriedigend, es hebt auch die Schlagkraft der Truppe. Diese Richtlinien haben auf verschiedene Möglichkeiten hingewiesen, Mitarbeiter formell und zwanglos an der Planung und Durchführung einer Konferenz zu beteiligen. Mitmachen und engagiert sein sind Schlüssel für eine erfolgreiche Konferenz.

Wie setzt du diese Ideen in die Tat um?

Eine Möglichkeit, damit anzufangen, ist die, klare und deutliche TA-Verträge mit deinen über und unter dir stehenden Mitarbeitern abzuschließen. Wie bereits an anderer Stelle erwähnt, ist ein Vertrag eine Vereinbarung zum gegenseitigen Nutzen. Wenn du dich bisher in einer bestimmten Weise verhalten hast und nun beabsichtigst, dein Verhalten zu ändern, ist es wichtig, den Leuten, die davon betroffen sind, dein Vorhaben anzukündigen. Durch dieses Mitteilen und durch die Angabe der Gründe für deine Veränderung wird es wahrscheinlicher, daß dein verändertes Verhalten ein positives Echo erhält. Wenn du zum Beispiel bisher nicht um das, was du wolltest, gebeten hattest und nun beabsichtigst, dies zu tun, erkläre und begründe es. Das auf Gegenseitigkeit beruhende Mitarbeitergespräch erfordert von beiden Seiten Einigkeit darüber, daß es sich um einen zweigleisigen Prozeß handelt. Das bedeutet, daß beide Mitarbeiter für die Tagesordnung, für Entscheidungen, und für besondere Aufgaben verantwortlich sind. Es ist ebenfalls sinnvoll, einen Nicht-Mißachtungspakt zu schließen. Das bedeutet, daß du bereit bist, Konfrontationen vom *Fürsorgenden-Eltern-Ich, Erwachsenen-* oder *Natürlichen-Kind-Ich* anzunehmen und auch von diesen Ich-Zuständen aus zu konfrontieren.

Es ist für dich wichtig, daß du vormachst, wie du um das, was du willst, bittest oder fragst und klar erkennen läßt, daß du von anderen das gleiche erwartest. Es ist äußerst wichtig und sollte selbstverständlich sein, eingegangene Verpflichtungen und Abmachungen einzuhalten und andere wissen zu lassen, daß du es auch von ihnen erwartest. Wenn irgend möglich, müssen Änderungen der Abmachungen vorher besprochen und die Zustimmung dazu eingeholt werden. Ich habe zum Beispiel vereinbart, mich mit dir zu einem bestimmten Zeitpunkt zu treffen; ein wichtiger Kunde kommt aber dazwischen und will mich zu der gleichen Zeit sprechen. Ich muß dem Kunden sagen, daß ich mich wieder bei ihm melden werde, und dann mit dir über die Terminänderung verhandeln. Können mögliche Konflikte auf diese Art nicht vermieden werden, muß unser ursprünglicher Vertrag, uns zu treffen, eine Klausel enthalten, die es erlaubt, die Vereinbarung zu verschieben, wenn es wichtige geschäftliche Gründe dafür gibt. Immer, wenn jemand zustimmt, etwas zu tun oder eine Aufgabe zu übernehmen, stellt diese Zustimmung einen Vertrag dar, für dessen Einhaltung die Person verantwortlich ist. Es ist wichtig, jeden Vertragsbruch anderer zu konfrontieren und die Verantwortung für eigene Vertragsbrüche zu übernehmen, beides von deinem *Erwachsenen*. Wenn man sich auf jeden Mitarbeiter eines Unternehmens verlassen kann, daß er das, was er zu tun verspricht, auch tut, ist ein großer Schritt in Richtung auf ein Okay-Unternehmen getan.

Kapitel 10

Was hat das mit meinem Privatleben zu tun?

Wie kann ich dieses Material in meinen engeren persönlichen Beziehungen anwenden?

Wenn Leute von Beziehungen reden, dann reden sie auch über Vertraulichkeit. Als Berne die sechs Möglichkeiten, Zeit zu gliedern, beschrieb, drückte er seine Auffassung aus, daß die Menschen sehr wenig Zeit in einem Zustand echter Vertraulichkeit zubringen. Ich teile diese Auffassung, daß Vertraulichkeit selten ist, nicht. Ich bin vielmehr der Meinung, daß Vertraulichkeit täglich von vielen Menschen erlebt wird. Sie wird zwischen Menschen gleichen und unterschiedlichen Geschlechts erlebt und ausgetauscht. Sie wird zwischen Eltern und Kind, zwischen Kollegen, unter Verwandten und Freunden und manchmal mit Zufallsbekanntschaften erlebt. Vertraulichkeit, wie ich sie sehe, ist einfach das Mitteilen von echten Gefühlen, besonders der vier natürlichen, ursprünglichen Gefühle wie Ärger, Trauer, Angst und Freude. Vertraulichkeit ist es auch, wenn ein Mensch seine Bedürfnisse und Wünsche offen ausdrückt, und andere angemessen darauf reagieren. Wir haben bereits festgestellt, daß bei Vertraulichkeit Transaktionen zwischen *Natürlichem Kind* und *Natürlichem Kind* beteiligt sind. Transaktionen zwischen *Fürsorgendem-Eltern-Ich* und *Natürlichem Kind* gehören ebenfalls dazu.

Vertrauen ist notwendig, um miteinander vertraulich zu werden. Es gehört zum Beispiel wirkliches Vertrauen dazu, jemandem, der wichtig für dich ist, zu zeigen, daß du ärgerlich auf ihn bist. Wenn ich meine Gefühle von Ärger mit dir teile, muß ich darauf vertrauen können, daß du mich weder verläßt noch abweist. Ich muß darauf vertrauen können, daß du selbstsicher genug bist, um dich selbst als Person nicht abgewiesen zu fühlen, wenn ich meinen Ärger über dein Tun ausdrücke.

Richard Underhill* sagte: „Wenn du nicht „nein" sagen kannst und es meinst, kannst du auch nicht „ja" sagen und es meinen. „Ja" zu sagen und dann das, was man zugesagt hat, nicht zu tun, ist eine Art von Ablehnung. Auf gerade, einfühlsame Weise nicht zuzustimmen, ist ein Ausdruck von Vertraulichkeit.

Im Berufsalltag entsteht Vertraulichkeit häufig, wenn Leute offen miteinander reden, wenn sie sich gegenseitig ihre Standpunkte klar machen. Bei gegenseitigem Vertrauen können Menschen unterschiedlicher Meinung sein, ohne sich gegenseitig herabzusetzen. Wenn Menschen auf sensible Art offen miteinander sind, können sie Konfrontationen leichter geben und annehmen. Vertraulichkeit am Arbeitsplatz nimmt auch die Form von positivem Streicheln an. Die Leute werden gestreichelt für ihr Tun, wie auch für nur Sie-selbst-Sein. Die Vertraulichkeit der Mitarbeiter untereinander schafft am Arbeitsplatz eine Atmosphäre, in der der Mensch sich akzeptiert und respektiert fühlt und deshalb Freude an seiner Arbeit hat. Wenn Beschäftigte an ihrem Arbeitsplatz nicht frank und frei miteinander reden, kann das verheerende Folgen haben: Sie haben keinen Spaß an ihrer Arbeit; sie sprechen nicht aus, was sie denken und fühlen, sie leiden einfach insgeheim. Wenn sie doch über ihre Gefühle und Gedanken reden, dann gewöhnlich nicht mit jemandem, der ihre Situation beheben könnte. Sie reden stattdessen mit demjenigen, der ihnen am ehesten zustimmt. Häufig werden Beschäftigte am Arbeitsplatz scheitern, ohne zu ahnen, was sie falsch gemacht haben und wo eine Änderung ihres Tuns und Verhaltens notwendig gewesen wäre.

Wenn mir etwas an den Menschen liegt, bin ich bereit, meine Gefühle über ihr Tun mit ihnen zu teilen und um das, was ich von ihnen will, zu bitten. Menschen, die miteinander vertraut sind, haben oft das Gefühl des Einsseins, und ein Energiefluß bewegt sich zwischen ihnen, der zu Freude und Wohlbehagen führt. In jeder Form von Vertraulichkeit ist es erforderlich, daß ich bei aller einfühlsamen Offenheit in dem anderen Menschen die ihm eigenen Werte und seine

* Dr. Phil Richard Underhill ist Erzieher und Berater in Richmond, Virginia und ein geprüfter Transaktions-Analytiker mit Lehrberechtigung.

Würde anerkenne und respektiere. Weil ich daran glaube, will ich mit anderen verständnisvoll, fürsorgend und anteilnehmend umgehen.

Auch wenn ich nicht der Meinung bin, daß Vertraulichkeit selten ist, muß ich zugeben, daß es ein flüchtiger Zustand ist. Viele Untersuchungen wurden angestellt, um den Grund dafür zu finden. Blanck & Blanck[27], die in psychoanalytischen Fachkreisen anerkannt sind, haben auf verschiedene Typen von Angst als Grund für Schwierigkeiten im Leben eines Menschen hingewiesen. Nach meiner Meinung ist Angst auch ein Hauptgrund für das Vermeiden von Vertraulichkeit. Diese Ängste entstehen nach und nach während der frühen Entwicklungsphase eines Kindes. Werden die Bedürfnisse und Wünsche des Kindes in jeder Entwicklungsphase erfüllt, so daß jede entwicklungsbedingte Angst, sobald sie aufkommt, gelöst und verarbeitet wird, entwickelt sich das Kind zu einem vollkommenen, gesunden Menschen, der keine Angst davor hat, mit anderen vertraulich zu sein. Bleiben einige dieser Ängste unverarbeitet, werden sie im Erwachsenenleben zu Hindernissen, die den Weg zu Vertraulichkeit und Intimität versperren. Manche Menschen fürchten, fertiggemacht, andere, verlassen oder abgewiesen zu werden. Diese tief verwurzelten Ängste können beim erwachsenen Menschen noch geheilt werden. Es ist nicht zu spät, Entwicklungsschritte, die wir in der Kindheit übersprungen hatten, nachzuholen.

Häufig reden die Leute davon, einmal vertraulich gewesen zu sein und am Ende als Verlierer dagestanden zu haben. Es ist bezeichnend, daß diese Leute, nach ihren Verliererbeziehungen befragt, selten viele Beweise ihrer ständig gleichbleibenden Offenheit Partnern, Freunden oder Mitarbeitern gegenüber erbringen konnten. Gewöhnlich kommt dann heraus, daß sie letzten Endes wegen Mangel an Vertraulichkeit abgewiesen wurden. Wenn du Schwierigkeiten in deinen persönlichen Beziehungen hast, gebe ich dir den Rat, nach den Ursprüngen deiner Ängste zu forschen und die hinter dir liegenden Beziehungen zu untersuchen. Wurdest du abgewiesen, weil du offen zu der anderen Person warst oder nicht offen genug? Lag es an einem Kindheitserlebnis, daß du Abneigung oder Widerwillen empfandest, mit dieser Person vertraulich zu werden? Ich glaube, daß Angst ein Hauptgrund für die Schwierigkeiten mancher Menschen ist, einen Zustand der Vertraulichkeit zu schaffen. Mangel an Einfühlungsvermögen ist ein anderer Grund, ein Grund, der auch von unerledigten, nicht in sich abgeschlossenen Kindheitsentwicklungen herrührt. Es ist schwierig, angemessen auf die Bedürfnisse und Wünsche anderer zu reagieren, wenn du dich selbst als bedürftig und unerfüllt erlebst. In diesem Fall wirst du dazu neigen, mit den anderen um das, was vorhanden ist, zu wetteifern, statt großzügig mit ihnen zu teilen. Andere werden diese Einstellung spüren und lieber nicht mit dir zusammen sein wollen. Wenn du um Streichelzuwendungen, die frei zu haben sind, mit anderen im Wettstreit liegst, lädst du zu den Psychospielen ein, die Beziehungen zerstören.

Dr. Stephen Karpman hat auf eine besondere Angst, die vertrauliche Beziehungen blockiert, hingewiesen: Die Menschen haben Angst, daß der andere als Preis für das Zusammensein ihr ganzes Leben umkrempeln wird, wenn sie wirklich eine enge Beziehung mit ihm eingehen[28]. Diese Idee kam mir aus meinem persönlichen Leben bekannt vor! Es gab eine Zeit, da hatte ich Angst, einer anderen Person wirklich nahe, eng verbunden zu sein, weil ich fürchtete, meine Individualität zu verlieren, meine Freunde aufgeben zu müssen, nicht mehr in der Lage zu sein, viele der Dinge zu tun, die ich immer tun wollte. Jetzt weiß ich, daß ein echtes vertrautes Verhältnis aus einem ständigen Geben und Nehmen besteht, das beiden Partnern erlaubt, ihre Bedürfnisse und Wünsche zu erfüllen. Die meisten Schwierigkeiten können durch Verhandlungen und Kompromisse aus der Welt geschafft werden. Nur selten sind wirkliche Opfer erforderlich.

Karpman begründet seine These so: Wegen der Angst, seine ganzen Lebensgewohnheiten ändern zu müssen, bedient sich der Mensch einer Verlierermasche. Er entwickelt gewisse Ansichten und Einstellungen, die andere Leute auf Distanz halten. Es gibt eine Unmenge von Verlierermaschen, die meisten sind jedoch Abwandlungen von zwei Grundtypen. Mit Verlierermasche A blockiert eine Person Intimität durch herablassendes, unvermitteltes, verschlossenes oder ausweichendes Verhalten. Auch hier kam mir die Karpman'sche Ansicht irgendwie bekannt vor. Jedesmal, wenn ich herablassend, schroff, verschlossen oder ausweichend war, fand ich mich allein wieder. Leute, die den zweiten Typ von Verlierermasche anwenden, sind eifrig, unnachgiebig, lästig. Dieses Verhalten inspiriert gewöhnlich die andere Seite, als Selbstverteidigung die A-Masche anzuwenden.

Es gibt tausende von Möglichkeiten, wie die Menschen andere einladen, auf Distanz zu bleiben und Vertraulichkeit und Intimität auszuweichen. Menschen sorgen zum Beispiel für Abstand, wenn sie im *Kritischen-Eltern-Ich, Rebellischen* oder *Fügsamen Kind* sind. Sie schaffen Abstand, wenn sie mehr negatives als positives Streicheln geben. Wenn sie Antreiber-Verhalten annehmen[29] („Beeil dich", „Sei perfekt", „Sei stark", „Streng dich an", „Mach es mir recht"), schaffen sie Distanz zwischen sich und anderen. Wenn jemand von einer anderen Person erwartet, daß sie durch Gedankenlesen „weiß", wie er sich fühlt und was er will, wenn er andere Menschen mißachtet und ihnen erlaubt, ihn zu mißachten, oder wenn er es versäumt, seine Gedanken und Gefühle auszudrücken, erzeugt er Distanz und vermeidet Vertraulichkeit und Intimität.

Die Programme für Vertraulichkeit, wie auch die für Distanz, für Freude und Leid, werden zum größten Teil in der Kindheit beschlossen und festgelegt. Die Entscheidungen, die wir treffen und die Methoden, die wir wählen, um diese Entscheidungen auszuführen, sind sehr stark von dem beeinflußt, was wir in unserer eigenen Familie beobachten. Während wir unsere Mütter und Väter beobachten, lernen wir, wie sich Mann zu Frau und Frau zu Mann verhält. Wir lernen, welche Gefühle akzeptiert und welche nicht akzeptiert werden und welche Methoden wir anwenden dürfen. Anhand dieser Beobachtungen entscheiden wir, wie wir uns in unserer Familie einrichten und in ihr zurechtkommen — und in der Welt. Wir entscheiden, ob unsere künftigen Beziehungen so sind, wie die, die unsere Eltern uns vormachten. Ob es uns nun gefällt, wie sie miteinander leben und zurechtkommen oder nicht, wir neigen dazu, die gleichen Beziehungen zu entwickeln. Leider schaffen wir sehr häufig ähnliche Verhältnisse in unserer eigenen Ehe, auch wenn wir uns vorgenommen hatten, daß „mir das nie passieren wird". Wir heiraten vielleicht jemanden, der die entgegengesetzten Charakterzüge zu haben scheint, die unser Vater oder unsere Mutter besitzen; zu unserer Bestürzung entpuppt sich die Person oftmals Vater oder Mutter ähnlicher, als wir uns selbst eingestehen mögen. Oft heiraten wir jemanden, der so ist, wie der

Vater oder die Mutter, die uns nie akzeptiert hat. Dann können wir uns für den Rest unseres Lebens weiter mit dem gleichen Gerangel und Ringen um Anerkennung herumquälen.

Das gleiche Phänomen findet man in Unternehmen. Im Grunde genommen sind Unternehmensorganisationen und manchmal Abteilungen dieser Organisationen „Familien". Diese „Familien" haben „Eltern". Und sie haben auch „Kinder", die einen oder beide Elternteile beobachten und anhand dieser Beobachtungen eine Anzahl verschiedener Entscheidungen darüber treffen, was okay und was nicht okay ist, wie nah sie jemanden kommen lassen und wieviel Abstand sie schaffen werden. Das Beispiel Vorgesetzter ist ein wesentlicher Faktor, von dem es abhängt, ob offene Aussprachen jemals in dieser Organisation stattfinden. Wenn Vorgesetzte Offenheit demonstrieren, werden ihre Mitarbeiter meistens auch offener sein.

Hogie Wyckoff[30] hat hervorragende Arbeit geleistet, um zu veranschaulichen, wie die amerikanische Gesellschaft zu dem Mangel an Vertraulichkeit beiträgt, der in Amerika zu erleben ist. Damit soll nicht gesagt werden, daß andere Länder und andere Kulturen keine derartigen Schwierigkeiten haben; sie haben sie, wenn auch aus anderen Ursachen. Wenn Hogie Wyckoff über das Zuweisen von Sexualrollen spricht, macht sie darauf aufmerksam, daß Kinder aus den Büchern, die sie lesen, aus den Fernsehsendungen, die sie sehen und aus der Werbung, der sie ausgesetzt sind, lernen, daß Männer eigentlich keine Gefühle zeigen und Frauen nicht denken sollten. Da es bei Vertraulichkeit um Transaktionen zwischen *Natürlichem Kind* und *Natürlichem Kind* oder zwischen *Fürsorgendem-Eltern-Ich* und *Natürlichem Kind* geht, wie kann Vertraulichkeit jemals erreicht werden, wenn die Herren der Schöpfung eigentlich keine Gefühle haben sollten? Natürlich sind auch bestimmte Gefühle der Frauen aus kulturellen und traditionellen Gründen nicht akzeptabel, besonders Zorn und Ärger. Problemlösungen und konstruktives Planen werden durch *Erwachsenen-Erwachsenen-Transaktionen* erreicht. Wie kann das aber jemals klappen, wenn Frauen eigentlich nicht denken sollen? Es ist kein Wunder, daß in einer Gesellschaft, die solche Ideen fördert, die Scheidungsrate immer weiter wächst.

Ist es unrealistisch, sich Vertrautheit zu wünschen?

Trotz der Tatsache, daß so viele von uns Vertrautheit und menschliche Nähe als etwas Unerreichbares ansehen, glaube ich fest daran, daß sie zu erlangen sind und viele Menschen sie regelmäßig erleben. Ich werde Vertrautheit jedoch nur erlangen, wenn ich entscheide, mich selbst wirklich zu mögen. Erst wenn ich diese Entscheidung getroffen habe, bin ich bereit, jemand anderen wirklich gern zu haben und mich um ihn zu kümmern. Ohne diese Entscheidung habe ich nicht die Energie, eine enge Beziehung aufzubauen. Erst wenn ich entscheide, daß alle anderen okay sind, bin ich bereit, meine eigenen Unzulänglichkeiten unter die Lupe zu nehmen, statt zu glauben, daß ich immer recht habe und du immer irrst. Ist meine Grundposition „ich bin okay — du bist okay", werde ich meine Zeit nicht damit vertun zu versuchen, dich zu ändern. Ich werde mich stattdessen darauf konzentrieren, daß ich in meinem Umgang mit dir effektiver bin und dich dadurch einladen, dich zu ändern. Vielleichgt entscheide ich ganz einfach, dich so zu akzeptieren, wie du bist, weil ich dein Recht, du zu sein, dein Recht, anders zu sein, respektiere.

Wenn ich mit mir zufrieden bin, wenn ich mich mag, bin ich gewillt, einen Partner aufgrund meiner Überzeugung, daß ich liebenswert und kompetent bin, auszusuchen. Es ist für mich okay, mit jemandem zusammenzusein, der mich schätzt. Meine Wahl eines Partners wird nicht von dem Versuch bestimmt, jemanden zu finden, der wie meine Mutter oder wie mein Vater ist, oder das Gegenteil von beiden. Ich werde keinen Arbeitgeber aussuchen, der mich ablehnt oder der von mir erwartet, daß ich alle anderen Mitarbeiter überfahre und rücksichtslos mit ihnen umgehe, wie es meine Mutter oder mein Vater taten. Ich werde meinen Partner nach meiner allgemeinen Wertvorstellung auswählen, zu der es gehört, sich umeinander zu kümmern. Ich werde jemanden auswählen, der die gleiche positive Einstellung zu offenem Gedanken- und Gefühlsaustausch hat wie ich.

Auf meiner Suche nach Vertrautheit und Vertraulichkeit werde ich weder übertrieben selbstsüchtig noch übertrieben selbstlos sein. Wieder fallen mir die Worte Rabbi Hillels ein: „Wenn ich nicht für mich bin, wer wird für mich sein? Wenn ich nur für mich bin, was bin ich? Und wenn nicht jetzt, wann sonst?" In einem Zustand der Vertraulichkeit kümmere ich mich um mich und um die Menschen in meiner Nähe. In jeder Situation kann ich bei meinem Tun auf mich und die andere Person Rücksicht nehmen.

Ein Hauptziel dieses Buches ist es, Menschen einzuladen, miteinander vertraut zu sein. Einige Konzepte, die Vertraulichkeit fördern, sind:

Vor allem
sei Herr über dein eigenes Fühlen, Denken und Verhalten, und nicht über das anderer.

Teile deine *Natürlichen-Kind-Gefühle* mit, wenn dein *Erwachsener* dir sagt, daß es sinnvoll und angebracht ist.

Konfrontiere Menschen aus deinem *Fürsorgenden-Eltern-Ich, Erwachsenen* oder *Natürlichen Kind.*

Frage nach dem oder bitte um das, was du willst und erwarte von anderen, daß sie das gleiche tun, statt Gedanken zu lesen und von anderen zu erwarten, daß sie wissen, was du willst.

Gib den Leuten positives Streicheln für das, was sie tun und auch einfach nur dafür, daß sie sie selbst sind.

Nimm eine „Ich-bin-okay — du-bist-okay"-Grundposition ein.

Alle Menschen haben das Bedürfnis, ihre Zeit zu strukturieren. Sie tun das vielleicht, indem sie sich von anderen zurückziehen und ihre Zeit allein verbringen. Menschen, die ihre Zeit zurückgezogen, für sich verbringen, bekommen selten viele Streichelzuwendungen. Oder sie beteiligen sich an Riten oder ritenähnlichem Verhalten, das man ihnen während ihrer Kindheit beigebracht hatte. Sie folgen den „anständigen" Formeln und Formen für Grüßen, Essen, Umwerben, Trauern, Verehren, usw. Hierbei fallen einige wenige Streichelzuwendungen an. Oder sie beteiligen sich gemeinsam mit anderen an Aktivitäten wie Arbeit, Hobbys, Spiele usw. Das Streicheln nimmt zu. Oder sie entscheiden sich vielleicht dafür, als Zeitvertreib an halbrituellen Unterhaltungen über aktuelle Geschehnisse teilzunehmen. Das Streicheln nimmt weiter zu. Oder sie übernehmen Rollen in Psychospielen. Das Streicheln wird noch häufiger und intensiver. Von den sechs Möglichkeiten, Zeit zu strukturieren, erzielt Vertraulichkeit die höchste positive Streichelzahl. Für manche Menschen birgt dies auch ein Gefühl höchsten Risikos. Menschen, die sich ihres eigenen Okay-Seins nicht ganz sicher sind, versuchen häufig, durch ihre Beziehung zu anderen Okay-Sein zu finden. Weil ihr Gefühl des Okay-Seins unsicher und schwankend ist und von der Zustimmung und Anerkennung einer anderen Person abhängt, haben sie eine übertriebene Angst vor möglichem negativem Streicheln in vertrautem Rahmen und fürchten außerdem noch den Verlust positiver Streichelzuwendungen. Deshalb suchen sie Vertraulichkeit und betrachten sie gleichzeitig als höchst riskante Situation.

Andererseits sind die Risiken, die Vertraulichkeit birgt, für Menschen, die sich selbst akzeptieren, sehr niedrig. Wenn du dich selbst annimmst, kannst du dich an Vertraulichkeit erfreuen und an den vielen positiven, bedingungslosen Streichelzuwendungen, die sie dir bringt. Du setzt dein eigenes Okay-Sein nicht aufs Spiel. Wenn Menschen dich nicht mögen oder nicht mögen, was du tust, oder wenn sie nicht tun wollen, worum du sie bittest, bist du immer noch okay.

Alle Möglichkeiten, Zeit zu strukturieren, haben ihren eigenen Platz. Ich will nicht mit jedem, den ich treffe oder kurz kennenlerne, vertraulich werden, noch möchte ich meine ganze Zeit nur mit einer Person zusammen verbringen. Ich will meine Gefühle gar nicht den lieben langen Tag mit irgendjemand teilen. Manchmal möchte ich mir nur die Zeit vertreiben, manchmal an gemeinsamen Aktivitäten teilnehmen, manchmal meinen eigenen Kram fern von engen Freunden machen. Vertraulichkeit bedeutet nicht Symbiose. Wir können zusammen getrennt und unabhängig sein.

Was ist Symbiose?

In der Natur gibt es eine Anzahl verschiedener Organismen, die paarweise, in gegenseitiger Abhängigkeit zusammenleben. Ein Beispiel symbiotischen Zusammenlebens ist das Nilpferd und der Madenhacker auf seinem Rücken. Dieser Vogel braucht das Nilpferd als Futterlieferanten, und das Nilpferd braucht den Vogel, weil er es von Maden und Zecken befreit. Symbiosen gibt es auch zwischen Menschen in Form von gegenseitiger Abhängigkeit, in der die eine Person das Bedürfnis hat, die andere *elternhaft* zu behandeln und die andere Person das Bedürfnis hat, sich *elternhaft* behandeln zu lassen. Eine Mutter und ihr Baby sind auf gesunde Weise symbiotisch; das muß so sein, wenn das Baby überleben soll. Die Mutter hat ein starkes Bedürfnis, für ihr Kind zu sorgen, und es bereitet ihr große Freude. Das Kleinkind *bedarf wirklich* der Fürsorge der Mutter, da es noch nicht fähig ist, für sich selbst zu sorgen. Symbiose ist deshalb ein normales Entwicklungsstadium im Kleinkindalter. Wenn alles normal verläuft, übernimmt das Kind mehr und mehr Verantwortung für sein eigenes Wohlergehen, bis die Symbiose gebrochen ist. Hält die symbiotische Beziehung länger als über die ersten zweieinhalb Jahre an, kann sie sich zu einer Behinderung auswachsen und unangenehm und unbequem werden, weil das Kind nicht lernt, selbständig zu werden, und sich immer an jemanden klammern muß, um sich wie eine ganze Person zu fühlen. Diese Rockzipfelbeziehungen sind gewöhnlich ungesund.

Die Schiffs benutzen das Wort „Symbiose", um einen bestimmten Typ ungesunder Beziehungen zu beschreiben, nach dem zwei Menschen übertrieben abhängig voneinander sind[31]. In dieser Form symbiotischen Zusammenlebens benutzt Person 1 ihren *Erwachsenen* (liest Gedanken — häufig falsch), um herauszufinden, was Person 2 fühlt, wünscht oder braucht, oder wie sie reagieren wird. Sie behandelt dann aufgrund ihrer Annahme Person 2 *elternhaft.* Zur gleichen Zeit befindet sich Person 2 in ihrem *Kind* und benutzt weder ihren *Erwachsenen* noch ihr *Eltern-Ich.* Die Transaktionen beider Personen gehen nur zwischen *Eltern-Ich* und *Kindheits-Ich* hin und her. Nach ein paar Minuten tauschen sie vielleicht die Rollen, und nun benutzt Person 2 ihr *Eltern-Ich* oder ihren *Erwachsenen* und Person 1 nur ihr *Kind.* Obwohl die Rollen nun vertauscht sind, finden die Transaktionen immer noch zwischen dem *Eltern-Ich* einer Person und dem *Kindheits-Ich* der anderen Person statt. Es gibt keine Transaktionen zwischen *Eltern* und *Eltern, Erwachsenem* und *Erwachsenem* oder *Kind* und *Kind,* weil in einer Symbiose zwei Menschen nicht zur gleichen Zeit die gleichen Ich-Zustände benutzen. Sie haben es deshalb sehr schwer, bei Okay-Parallel-Transaktionen zu bleiben. Ihre *Eltern-Kind-Transaktionen* betreffen hauptsächlich das *Angepaßte Kind* und das *Kritische-Eltern-Ich.* Es ist für sie sehr schwierig, zusammen wirksam zu denken oder zusammen Spaß zu haben.

In einer symbiotischen Beziehung funktioniert jeweils nur eine vollständige Persönlichkeit in einer bestimmten Situation; beide Lebewesen sind buchstäblich eins geworden, indem sie es aufgegeben haben, andere Teile ihrer Persönlichkeit zu benutzen. Die Ich-Zustände sind so zwischen den beiden Leuten aufgeteilt, daß jeweils nur einer Zugang zu einem bestimmten Ich-Zustand hat, und der andere ihn nicht gleichzeitig annehmen kann. Gewöhnlich sieht die Verteilung der Ich-Zustände so aus, daß eine Person das *Kritische-Eltern-Ich, Erwachsenen-Ich* und *Natürliche Kind-Ich* benutzt und die andere das *Fürsorgende-Eltern-Ich* und das *Angepaßte Kind* mit dem *Kleinen Professor,* der den *Erwachsenen* vertritt.

Gemeinsam stellen diese beiden Leute eine vollkommene Sechser-Persönlichkeit dar. Sie brauchen sich gegenseitig, da sie Hälften eines Ganzen sind.

Ist das der Grund, weshalb wir den Ehepartner „unsere bessere Hälfte" nennen?

Ja, leider könnte das der Grund sein. Unsere Kultur hat uns ermutigt, stereotype maskuline/feminine Rollen anzunehmen, die uns dazu bringen, einige unserer Ich-Zustände zu mißachten, weshalb viele von uns immer auf der Suche nach der besseren Hälfte, dem Teil von uns sind, den wir unterdrückt haben oder nicht entwickeln konnten. Wir empfinden uns unvollständig und brauchen jemanden, der uns fühlen macht, daß wir ganz sind. Es war in dieser Kultur besonders verbreitet, kleine Jungen davon abzuhalten, die meisten ihrer Gefühle zu zeigen, und kleine Mädchen wurden davon abgehalten,

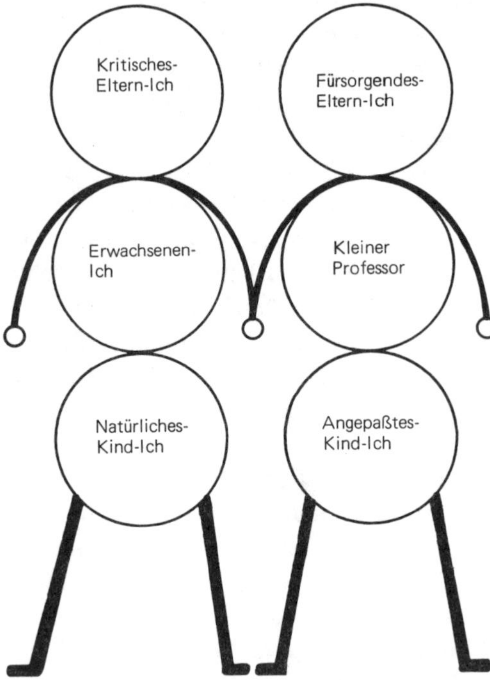

Abb. 8: Symbiotische Beziehung

über die meisten Dinge nachzudenken, so daß die Männer sich jemanden suchten, der ihre zarten Gefühle für sie ausdrückt, und die Frauen jemanden, der das Denken für sie besorgt. Statt zu lernen, alle ihre eigenen effektiven Ich-Zustände zu gebrauchen, gingen sie eine Symbiose mit jemandem ein, der die Ich-Zustände benutzte, die sie nicht zu haben glaubten. Diese symbiotischen Beziehungen, die sich am Anfang angenehm anfühlten und die die Partner als Erfüllung empfanden, neigten später dazu, weiteres Wachsen der beteiligten Personen zu hemmen und zu Psychospielen zwischen ihnen einzuladen. Häufig verflog die Liebe bald, doch die symbiotischen Bande hielten das Paar aneinander gebunden in einem Zustand ungesunder Abhängigkeit.

Soll das heißen, Liebe ist symbiotisch?

Die Liebe zwischen zwei Menschen mit vollständigen Persönlichkeits-Zuständen braucht nicht symbiotisch zu sein. Verliebt zu sein, wie es in Märchen und Sagen beschrieben wird, ist jedoch häufig symbiotisch. Solche Gefühle von Liebe sind intensiv, weil ein Gefühl des Ganzseins dabei ist — er kann sich für mich ärgerlich fühlen, sie kann für mich weinen, usw. Wenn jemand nicht ausdrückt, was er empfindet, wird die andere Person es für ihn ausdrücken; wenn eine Person sich nicht selbst motiviert, ergreift die andere die Initiative. Paare heiraten oft, weil sie entschieden haben, nicht ohne einander leben zu können; leider entscheiden manche recht bald, daß sie, wegen des symbiotischen Verhaltens, das sie ursprünglich angezogen hatte, auch miteinander nicht leben können.

In der Therapie betone ich besonders, wie wichtig es ist, die Symbiose zu brechen. Wenn nur ein Partner dabei mithilft, wird es dem anderen vielleicht unbehaglich oder er wird sogar wütend. Ich erinnere mich an den Telefonanruf der Frau eines Klienten nachts um zwei. Diese kleine alte Dame aus Little Rock, Arkansas, schrie wütend: „Ayub?!" (Abe). Ich antwortete: „Ja?" Dann sagte sie, schrill jede Silbe betonend: „Sym-bi-o-see, Sym-bi-o-see, das Einzige, was ich noch zu hören kriege, Sym-bi-o-see!" Und damit knallte sie den Hörer auf. Obwohl ich mich darüber amüsierte, verstand ich doch die Angst hinter ihrem Ärger. Sie sah in der Therapie ihres Mannes klar eine Bedrohung der Stabilität ihrer engen, aber unglücklichen Beziehung.

Viele Menschen wollen ihre symbiotischen Beziehungen, die vielleicht hundsmiserabel, aber dennoch bindend und ihnen wohlbekannt sind, nicht aus der Balance bringen. Weiterentwicklung und Veränderung werden als Bedrohung dieser Art von Beziehung angesehen. Beide Partner müssen ihre altgewohnten Rollen, Positionen, Einstellungen und Verhaltenswesen beibehalten, soll die Symbiose weiterbestehen; doch gerade das wird zunehmend unangenehm und beschwerlich. Einer muß nicht okay sein, damit eine Symbiose fortbestehen kann. Wenn ein Partner symbiotisches Verhalten aufgibt und der andere nicht, ist es sehr gut möglich, daß der verletzte, gekränkte sich nach jemand anderem umsieht, mit dem er eine Symbiose eingehen kann. Das heißt, die gleiche Ehe noch einmal, wie gehabt, während der Partner, der sich geändert hat, jemanden sucht, mit dem er unabhängig und selbständig zusammen sein kann. Wenn beide bereit sind, ihr symbiotisches Verhalten aufzugeben, können sie lernen, miteinander unabhängig und selbständig zu sein.

Warum haben wir es nicht alle geschafft, die Symbiose der Kindheit zu brechen?

Menschen bleiben von Kindheit an bis ins Erwachsenenleben symbiotisch, wenn ihre Wünsche und Bedürfnisse in den ersten dreißig Monaten ihres Lebens nicht aus einer Okay-Grundposition heraus befriedigt wurden. Man hat sie vielleicht zurückgewiesen, vernachlässigt, mißhandelt, unangebracht erzogen oder von ihren Eltern getrennt. Ihre Eltern hatten vielleicht auf selbständiges Verhalten mit Ärger oder Furcht reagiert. Aus verschiedenen Gründen hat eine symbiotische Person in ihrer Kindheit und aus ihrer Kindheit gelernt, daß sie die besten Überlebenschancen hat, wenn sie ihre eigenen Wünsche und Bedürfnisse abschaltet, um von ihren Eltern nicht abgewiesen oder verletzt zu werden. Sie hat es gelernt, wie sie sich selbst mißachten kann. Vielleicht hat sie gelernt, daß die andere Person eigene Bedürfnisse mißachten muß, wenn sie selbst Bedürfnisse hat. Sie hat ebenfalls gelernt, daß nur ein einziger Wunsch auf einmal erfüllt werden kann, es ist entweder mein Wunsch oder deiner. Der eine gewinnt, der andere verliert. Das Kleinkind lernt, daß es nicht okay ist, weil man ihm nicht das Recht zugesteht, Wünsche und Bedürfnisse zu haben. Es hat ferner gelernt, wie man Gedanken liest. Es versucht herauszufinden, was Mama tun wird, was sie will und was sie erwartet. Durch den Versuch, Gedanken zu lesen, bemüht sich das Kind, für Mutter zu sorgen, damit Mutter für das Kind sorgt. Vielleicht hat es gelernt, nicht zu weinen, zu überleben ohne berührt zu werden, zu rebellieren, keine Gefühle auszudrücken, Schmerzen oder Hunger zu ignorieren. Später dann lernt es, mit anderen umzugehen, indem es die gleichen Methoden und Gedankenmuster anwendet, die seine Eltern benutzten, und indem es die gleichen Ansprüche an andere stellt, die die Eltern einst an ihr Kind stellten. Als Erwachsener glaubt dieser Mensch immer noch, wenn der eine gewinnt, verliert der andere. Er glaubt immer noch, daß nur ein Wunsch auf einmal erfüllt werden kann. Er fühlt immer noch, daß es für die Menschen nicht okay ist, Bedürfnisse und Wünsche zu haben. Und er erwartet, daß jemand, der ihm wirklich zugetan ist, seine Gedanken lesen und herausfinden werde, wie er für ihn sorgen soll oder was er braucht und wünscht.

In einer normalen Symbiose sendet der Säugling Reize an das *Eltern-Ich* seiner Mutter. Die Mutter ihrerseits stellt mittels ihres *Erwachsenen-Ichs* fest, was das Baby braucht und versorgt es aus ihrem *Eltern-Ich*. Die Mutter wird das auch dann tun, wenn sie eigene *Kindheits-Ich-Wünsche* und *-Bedürfnisse* hat; vielleicht hat sie gerade selbst Hunger, verkneift es sich aber zu essen, bis das Baby gefüttert ist. Wenn sie einmal tiefe, ungestörte Nachtruhe braucht, wird sie doch nur leichten Schlaf finden, um da zu sein, falls das Baby schreit. Zu einem gewissen Grad mißachtet sie ihre eigenen *Kind-Ich-Bedürfnisse* zugunsten der Bedürfnisse ihres Kindes. Wird das jedoch übertrieben, kann es für das Baby schwierig werden, zu lernen, seine Befriedigung aufzuschieben, während seine Mutter ihre eigenen Bedürfnisse erfüllt. Weise Eltern achten darauf, daß das Kind angemessene Befriedigung zusammen mit genügend geeigneter Frustration erlebt, um ihm die Entwicklung seiner Unabhängigkeit und Selbständigkeit zu gestatten. Bestimmte Bedürfnisse und Wünsche müssen erfüllt werden und zwar sofort, soll das Kind sich normal entwickeln. Andererseits muß die Mutter allmählich ihre eigenen Wünsche und die ihres Kindes in ein ausgewogenes Verhältnis bringen, damit niemand mißachtet wird und beider Bedürfnisse erfüllt werden. Dadurch lernt das Kind, seine eigene Befriedigung etwas aufzuschieben und die Symbiose zum passenden Zeitpunkt aufzulösen. Tut die Mutter das nicht, wird sie einmal einen Zehnjährigen haben, der Störmanöver veranstaltet, wenn sie ein Telefongespräch zu führen versucht; oder eine Dreizehnjährige, die erwartet, daß Mutter ihr Krankenbett verläßt, um ihrer Tochter das Essen zu richten; oder einen Vierjährigen, der im Supermarkt einen Wutanfall bekommt;

oder eine Sechsjährige, die sie ans Haus fesselt, weil sie alle Babysitter der Umgegend bereits entnervt hat. Mißachtet die Mutter ihr eigenes *Natürliches Kind* zu sehr, während ihr Baby klein ist, wird Baby dafür sorgen, daß Mutter ihr *Natürliches Kind* weiter mißachtet, auch wenn Baby kein Baby mehr ist. Mißachtet sie die *Natürlichen-Kind-Bedürfnisse* ihres Babys, lernt es, sich um die Mutter, statt um sich selbst zu kümmern.

Wenn die normale Symbiose zwischen Mutter und Kind nicht funktioniert, bekommt das Baby nicht, was es braucht und was es gern hat. Das *Kindheits-Ich* der Mutter verständigt den *Erwachsenen* des Babys, den *Kleinen Professor,* daß sie es nicht ausstehen kann, wenn das Baby Bedürfnisse und Wünsche hat und bestimmte Verhaltensarten zur Schau stellt: Das Baby saugt zu kräftig, sein Windelinhalt riecht unangenehm, es schreit, es ist zu wild und unbändig. Als Reaktion darauf kommt das Baby intuitiv mit seinem *Kleinen Professor* zu dem Schluß, daß es nicht geliebt oder versorgt wird, wenn es weiter diese Zeichen seines *Natürlichen Kindes* zum Ausdruck bringt. Deshalb kümmert es sich um Mutters Wünsche, indem es die Äußerungen seines eigenen *Natürlichen Kindes* mißachtet und unterdrückt: Es weint nicht mehr, verhält sich ruhig, saugt nicht mehr so stark, usw. um, wenn schon nicht geliebt, doch wenigstens versorgt zu werden. Die Symbiose ist umgekehrt worden: Trotz seiner begrenzten Fähigkeiten und Möglichkeiten versucht das kleine Kind nun, sich um seine Mutter zu kümmern, in der Hoffnung, daß dies ihm gestatten wird, zu überleben. Indem es seine Mutter vor Dingen bewahrt, die sie „nicht ausstehen" kann, hofft es, sie in einer Verfassung zu halten, die ihr erlaubt, sich um Baby zu kümmern. Kurz gesagt, es hat gelernt, daß Babys auf der Welt sind, um für ihre Mutter zu sorgen.

Wie kann ich feststellen, ob meine Beziehungen symbiotisch sind?

Hast du eine Beziehung, in der du für die andere Person zu sorgen scheinst oder die andere Person häufig kritisierst, ist dieses Verhältnis wahrscheinlich symbiotisch. Brauchst du regelmäßig die Hilfe und

Fürsorge des anderen, fühlst du dich abhängig und willst du, daß die andere Person Entscheidungen für dich trifft und dir sagt, was du tun sollst, weist das ebenfalls auf eine symbiotische Beziehung hin. Personen, die in symbiotischen Beziehungen leben, glauben zu wissen, was der andere Mensch denkt, fühlt oder will. Sie erwarten oft, daß der andere weiß, was *sie* denken oder fühlen oder wollen. Es ist für sie typisch, zu sagen (oder zu denken): „Wenn du mich wirklich lieben würdest, hättest du gewußt, wie ich fühlte und was ich wollte." Oder: „Ein wirklich mitfühlender Mensch hätte gewußt, was ich brauche."

In einer Symbiose sind Gefühle und Verhalten häufig so verteilt, daß die eine Person das hat, was die andere nicht hat. Wenn es zum Beispiel die Situation verlangt, daß eine Person ärgerlich oder traurig ist, drückt sie das vielleicht nicht aus; der Partner fühlt es für sie und drückt es für sie aus. Bei symbiotischen Paaren sind gewöhnlich nicht beide Partner auf den gleichen Gebieten kompetent: Wenn der eine ein guter Koch ist, versucht der andere vielleicht noch nicht einmal Wasser zu kochen.

Wenn es in dem Zusammenleben mit deinem Partner immer so aussieht, als ob ihr beide nicht bekommen könnt, was ihr wollt, und einer sich immer opfern muß, dann habt ihr wahrscheinlich eine symbiotische Verbindung. Scheint sich einer von euch gewöhnlich fix und fertig fühlen zu müssen oder scheint es nicht in Ordnung zu sein, wenn ihr beide zur gleichen Zeit glücklich seid? Wenn dem so ist, seid ihr wahrscheinlich symbiotisch. Fühlst du, daß du jemanden brauchst, um dich zu einer vollwertigen, vollständigen Person zu machen, bist du ein Kandidat für eine symbiotische Beziehung.

Sind Menschen nur in engen persönlichen Beziehungen symbiotisch?

Symbiotisches Verhalten ist keinesfalls auf für uns bedeutsame persönliche Beziehungen beschränkt. Menschen können in jeder beliebigen privaten oder beruflichen Situation, in der sie Kontakt mit ihren Mitmenschen haben, symbiotisch sein. Es beginnt häufig mit einer Mißachtung, die mit Gedankenlesen zusammenhängt. Person A vermutet oder glaubt zu wissen, was Person B fühlt oder denkt oder fühlen, denken oder tun wird, wenn A ein bestimmtes Verhalten an den Tag legt. Zum Beispiel unterläßt ein Untergebener es vielleicht, seinen Chef zu konfrontieren, weil er befürchtet, deshalb abgewiesen zu werden oder den Chef ärgerlich zu machen. Gründet sich diese Befürchtung auf Erfahrungen, kann die Einschätzung der Lage korrekt, vernünftig und gesund sein. „Weiß" er nur durch Gedankenlesen, daß der Chef ärgerlich werden wird, ist das Unterlassen einer angemessenen Konfrontation ungesund. Er wiederholt nicht nur sich selbst mißachtendes Verhalten, das er in seiner Kindheit lernte, als er die Reaktionen seiner Mutter vorauszusehen versuchte, er mißachtet auch die andere Person durch seine Gedankenleserei.

Wie oft warst du dagegen, dich in einer bestimmten Weise zu kleiden oder zu sagen, was du dachtest oder fühltest, weil du des anderen Reaktion darauf voraussahst? Und wie oft hast du etwas getan, in der Annahme, jemand wollte, daß du es tust, ohne dich dessen wirklich vergewissert zu haben? Es ist nicht ungewöhnlich, daß die Leute eine Menge Energie aufwenden, um etwas für jemanden zu tun, das weder bemerkt oder geschätzt noch gewünscht wird. Ein extremes Beispiel dafür spiegelt sich in der kleinen Szene am Ende eines Eheberatungstermins wider, in der die Ehefrau sich ihrem Mann zuwendet und ausruft: „Soll das heißen, daß ich das zwanzig Jahre lang getan habe, und du wolltest gar nicht, daß ich es tat?"

Im Berufsleben nimmt eine Symbiose häufig die Form von, wie Dr. Ken Blanchard es nennt, „Radfahrer-Management" an. Beim Radfahrer-Management sieht der Vorgesetzte so aus, als ob er über einen imaginären Fahrradlenker gebeugt ist, weil er ständig vor seinen Chefs katzbuckelt, vor Vorstandsmitgliedern, Kunden, ranghöheren Mitarbeitern, während er auf seinen Untergebenen herumtrampelt. In TA-Sprache ausgedrückt heißt das, wenn ein Abteilungsleiter mit einem Kunden, seinem Chef oder einem Vorstandsmitglied zusammen ist, befindet er sich gewöhnlich in seinem *Fügsamen Kind.* Er hört auf zu denken, lächelt viel, und es sieht so aus, als ob er sich ständig verbeugt, weil er andauernd zustimmend mit dem Kopf nickt. Sein Chef befindet sich meistens im *Eltern-Ich* und verständigt sich mit dem *Kind* des Abteilungsleiters. Das trifft häufig auch auf das Verhältnis einer Muttergesellschaft zur Tochtergesellschaft zu. Wenn dieser Vorgesetzte jedoch mit seinen Untergebenen umgeht, stellt sich die Symbiose umgekehrt dar: Er steigt um in sein *Eltern-Ich* und verständigt sich mit dem *Kind* der Untergebenen. In solch einer Konstellation kommt es zwischen Vorgesetztem und Untergebenen selten zu *Erwachsenen-Erwachsenen-Transaktionen,* um Probleme zu lösen. Die Transaktionen gehen von *Eltern* zu *Kind* und von *Kind* zu *Eltern,* wobei eine Menge *Erwachsenen-Gedankenleserei* mit im Spiel ist. Die Begründung dafür liefert Abbildung 9 auf S. 216.

Wie man sehen kann, ist diese hierarchische Symbiose eine sehr ungesunde Angelegenheit. *Erwachsenen-Erwachsenen-Transaktionnen* zwecks Informationsaustausch finden nicht über alle Hierarchieebenen hinweg statt; *Erwachsenen-Informationen* kommen nicht nach oben durch, und was nach unten geht, ist an das *Kind* des Empfängers gerichtet. *Kind-Kind-Ärger, -Spaß* und *-Freude* und schöpferische Fähigkeiten werden ebenfalls abgeblockt. Während vielleicht einige *Fürsorgende-Eltern-Ich-Aktivitäten* stattfinden, bewegen sich diese nur in eine Richtung: abwärts. Die Person in der obersten Managementebene wird wahrscheinlich wenige oder gar keine Zuwendungen für ihr *Kind* bekommen, noch wird sie der Meinung sein, diese Zuwendungen zu brauchen, und es gibt auch niemanden, mit dem sie sich von Mensch zu Mensch unterhalten kann. In solch einer Situation ist das beteiligte *Eltern-Ich* gewöhnlich *kritisch;* die *Kind-Reaktion* ist deshalb häufig unverhohlen oder auf Umwegen *rebellisch.* Kurz, es ist eine schwierige Situation, in der jeder mißachtet und mißachtet wird.

Ein weiteres Beispiel von Symbiose innerhalb eines Betriebes tritt auf, wenn jemand meint, für die Motivierung seiner Untergebenen verantwortlich zu sein. Eine solche Person glaubt allen Ernstes für alles, was schief geht und für die Behebung der Probleme allein verantwortlich zu sein. *„Sie ist schuld"* an den Schwierigkeiten in ihrer Abteilung oder im Unternehmen, und sie fühlt sich verpflichtet, die Probleme allein zu lösen. Sie glaubt vielleicht sogar, für die Gefühle anderer Menschen, für deren Fähigkeiten, Probleme zu lösen und für deren Tüchtigkeit am Arbeitsplatz verantwortlich zu sein. Menschen

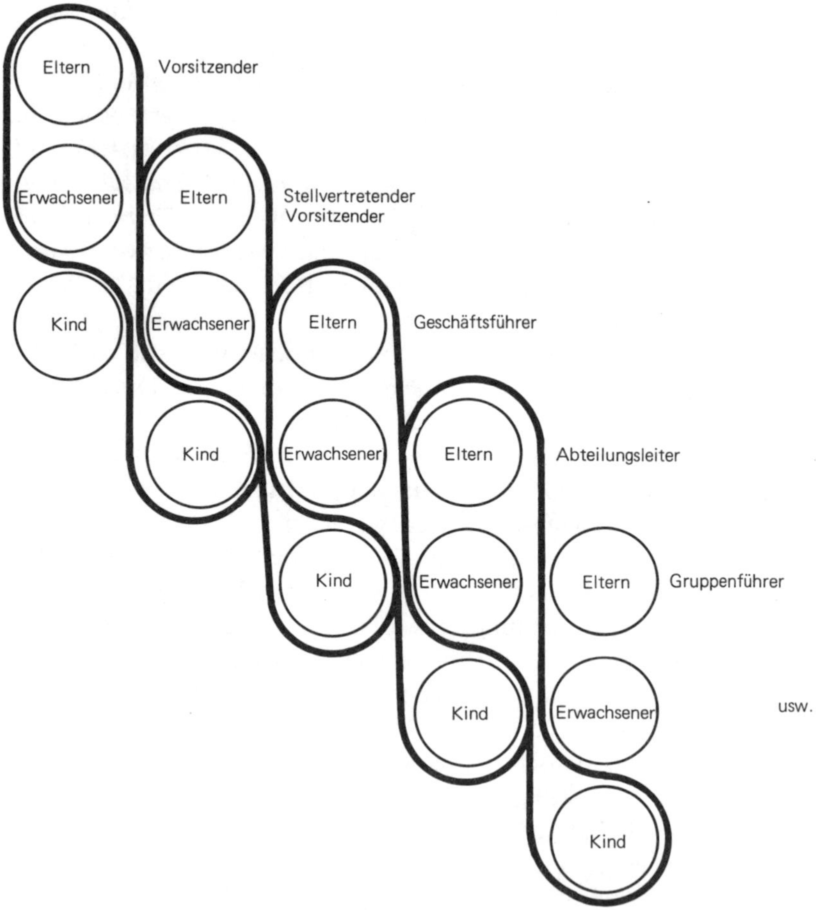

Abb. 9: Darstellung der Transaktionen zwischen den einzelnen Managementebenen (Radfahrer-Management)

wie diese sind nicht gezwungen, derartige *Eltern-Kind-Transaktionen* fortzusetzen. Sie werden viel mehr erreichen, wenn sie ihre Untergebenen einladen, die Tatsachen zu untersuchen und mit ihnen gemeinsam an Problemlösungen zu arbeiten. Sie werden mehr erreichen, wenn sie außerdem ähnliche Beziehungen zu ihren eigenen Vorgesetzten aufbauen.

Wie kann ich aufhören, symbiotisch zu sein?

Um eine Symbiose aufzulösen, muß man Okay-Komplementär-Transaktionen benutzen, besonders solche, in denen man selbst und die andere Person im gleichen *Ich*-Zustand sind. Es ist das wirksame Kreuzen von Transaktionen, das die Symbiose bricht. In einer gesunden Beziehung kann ich im *Kindheits-Ich* sein, während du im *Kindheits-Ich* bist, und wir können beide gleichzeitig im *Erwachsenen-Ich* sein. Wir können uns auch von *Eltern* zu *Kind* verständigen, ohne daß sich einer von uns in einer Nicht-okay-Grundposition befindet. Dann kann ich von allen meinen *Ich*-Zuständen aus funktionieren und du aus allen deinen. Jeder wird als eine vollständige Person funktionieren.

Viele der in diesem Buch behandelten Konzepte helfen den Menschen, symbiotische Beziehungen und Bindungen aufzulösen und eigenständige, unabhängige Wesen zu werden. Das vielleicht allerwichtigste Mittel dazu ist, Mißachtungen zu vermeiden. Genau wie Psychospiele ohne Mißachtung nicht stattfinden können, sind auch Symbiosen ohne Mißachtung nicht lebensfähig. Wenn ich mich oder dich nicht mißachte, werden wir nicht symbiotisch.

Kapitel 11

Wie geht es weiter?

Nun, da du am Ende dieses Buches angelangt bist, hast du entschieden, einiges an deinem Verhalten zu ändern. Wie fängst du es am besten an?

Zuerst kannst du Kapitel 5 noch einmal durchgehen. In diesem Kapitel wurden besondere Konzepte vorgestellt, die bei Verhaltensänderungen außerordentlich hilfreich sind. Zweitens kannst du dir einprägen, daß der Schlüssel zu Veränderung *„Handeln"* heißt. Viele Menschen verbringen endlose Stunden damit, zu planen und herauszufinden, was sie verändern wollen und wie sie es verändern könnten. Doch allzuoft geben sie kurz vor der Verwirklichung ihrer Pläne auf.

Du kannst dieses Risiko umgehen, indem du mit der Verhaltensänderung heute beginnst, jetzt gleich. Es braucht keine schwierige oder dramatische Veränderung sein. Wie ich schon betont habe, kann eine einfache Änderung deiner täglichen Sprache eine Änderung deiner Gefühle und auch deines Verhaltens herbeiführen. Du kannst auf deine Ich-Zustände achten und üben, sie zu wechseln, wenn der, in dem du dich gerade befindest, für die gegenwärtige Situation nicht wirksam genug ist. Jeden Tag kannst du große und kleine Entscheidungen treffen, die deine Überzeugung widerspiegeln, daß du okay bist und alle anderen auch. So, wie du Okay-Sein vorlebst, tagein, tagaus, lädst du andere ein, ihr Verhalten auch zu ändern. So, wie sie auf dein Okay-Sein reagieren, wirst du auf ihres reagieren, so daß die Ich-bin-okay — du-bist-okay — Grundposition zunehmend benutzt und gestärkt wird. Die Verständigung verbessert sich und Veränderungen fallen immer leichter.

„Ich habe mich sehr bemüht, mein Verhalten zu ändern, aber ich falle immer wieder in die alten Gewohnheiten zurück. Was ist los?“

Ein Mensch, der eine Drehbuch-Neuentscheidung getroffen hat, findet es verhältnismäßig leicht, Okay-Sein vorzumachen und ins Hier-und-Jetzt zu wechseln, wie bereits beschrieben. Große Schwierigkeiten beim Ändern bestimmter Verhaltensweisen deuten darauf hin, daß sich dieser Mensch selbst mit unerledigten Geschäften aus früheren Zeiten seines Lebens abblockt. Fritz Perls sagte, daß die Menschen unerledigte Erlebnisse abschließen müssen, bevor sie die notwendigen Veränderungen vornehmen und im Hier-und-Jetzt leben können. Alte, unerledigte, ungelöste Gefühle — häufig in Verbindung zu Eltern oder anderen wichtigen Personen — trüben nicht selten unseren Blick für Tatsachen hier und jetzt. (Denk an die Übertragungs-Transaktionen!) Menschen, die die Welt durch die verzerrende Brille unerledigter Erlebnisse betrachten, müssen vielleicht bedeutende Drehbuch-Neuentscheidungen treffen und brauchen dazu Unterstützung. Fällt es dir sehr schwer, dein Verhalten zu ändern, könnte dir eine Psychotherapie großen Nutzen bringen.

„Aber es ist doch gar nichts los mit mir! Ich habe nie in meinem Leben irgendwelche großen Probleme gehabt, und ich habe mich nie auch nur ein bißchen verrückt gefühlt. Was würde mir eine Beratung bringen?“

Es muß nicht irgend etwas mit dir los sein, um von einer Beratung zu profitieren. Du brauchst auch nicht unzufrieden zu sein oder besonderen Kummer zu haben. Es gab einmal eine Zeit, da nahm man an, daß Therapie nur etwas für Menschen mit gestörtem Verhalten oder für unglückliche, verrückte, Nicht-okay-Menschen sei; genau wie Ärzte nur für ernsthaft Kranke oder schwer Verletzte da waren. Heutzutage gehen gesunde Menschen zum Arzt, um ihr physisches Wohlbefinden zu erhalten oder zu verbessern. Ebenso gehen ganz vernünftige, normale Menschen zum Psychologen oder Psychotherapeuten. Therapie ist wie ein Spiegel, in dem man sein eigenes Verhalten, wie auch das anderer klarer sehen kann. In der Therapie erhält man Übung und Unterstützung beim Ändern seines Verhaltens und wertvolle Informationen über sich, die diese Änderungen bestätigen und festigen.

Wenn ich vorhätte, mein Haus umzubauen, zu ändern, könnte ich das allein machen, doch es wäre ganz bestimmt eine schwierige Aufgabe. Ich würde dazu auch sehr viel Zeit brauchen. Ich bin kein Tischler, Elektro- oder Sanitärinstallateur oder Maurer; somit hätte ich eine Menge durch Üben und Ausprobieren zu lernen. Wenn die Zeit, die ich dazu benötigte, keine Rolle spielt, und wenn ich bereit wäre, eine ganze Menge Extraenergie in diese Aufgabe zu stecken, würde ich das Haus schließlich ganz gut hinbekommen. Wenn meine Zeit jedoch eine Rolle spielt oder wenn ich meine Energie für andere Aufgaben benötigte, wäre es sinnvoll, fachmännische Hilfe für die Änderungsarbeiten in Anspruch zu nehmen. Der Fachmann hat vielleicht sogar ein paar gute Ideen, die mir selbst nicht gekommen wären, und als Ergebnis könnte dieses Änderungsprojekt befriedigender ausfallen, als ich erwartet hatte. Das gleiche trifft zu, wenn es darum geht, mein Verhalten zu ändern: Ich kann es selbst machen, doch mit fachmännischer Hilfe geht es leichter.

Den Nutzen einer Therapie anzuerkennen, ist besonders schwierig für Menschen, die versuchen, ein „Sei-stark"- oder Macho-Image aufrechtzuerhalten. Sie denken, es ist nicht okay, Hilfe in Anspruch zu nehmen. Sie bleiben lieber stur auf eine Sache fixiert oder sie versuchen, sich durchzuwursteln, häufig mit bedauerlichen, manchmal sogar mit tragischen Ergebnissen. Wenn es ihnen schlecht genug geht, suchen sie vielleicht einen Klapsdoktor auf, werden es aber anderen gegenüber nicht zugeben. Wenn eine Person zugibt, daß sie objektive Informationen über sich und Unterstützung für ihr Vorhaben wünscht, und sie sich auch besorgt, bestätigt sie ihr eigenes Okay-Sein. Sie gibt zu, daß sie sich selbst und ihre Beziehungen zu anderen schätzt und zu lernen und sich zu ändern bereit ist. Meine eigene Therapie war eine Bestätigung meines Okay-Seins und ein wichtiger Wendepunkt in meinem Leben. Tausende anderer geistig gesunder Menschen machten ähnliche Erfahrungen mit der Therapie.

„Ich glaube, ich könnte ein bißchen Beratung gebrauchen, aber halten andere Leute das nicht für ein Eingeständnis von Verrücktheit oder Schwäche?“

Therapie wird heutzutage in verbreitetem Maße als Weg zur Persönlichkeitsentfaltung verstanden. Leider ist jedoch nach Ansicht mancher Menschen die Psychotherapie noch immer mit einem Stigma behaftet. Häufig wird diese Ansicht von Leuten vertreten, die selbst am meisten von einer Therapie profitieren könnten. Jene, die glauben, starke, normale, gesunde Menschen brauchten nie Therapie, sind einfach falsch informiert. Sie wissen nicht, was Therapie in unserer Zeit anzubieten hat. Je mehr Menschen die Rolle anerkennen, die Psychotherapie in ihrem Leben gespielt hat, indem sie ihre erhöhte Kreativität, Produktivität, Zufriedenheit und Lebensfreude darauf zurückführen, umso weniger Menschen werden Psychotherapie als bloße, durch einen Medizinmann mit wienerischem Tonfall verabreichte Seelenmassage ansehen. Therapie ist in Wirklichkeit ein Vorgang der *Expansion;* sie bedeutet wachsendes Wahrnehmungsvermögen, erweiterte Möglichkeiten und verbessertes Verständigungsgeschick. Sie kann der Beginn einer faszinierenden Forschungs- und Studienreise sein, auf die du dich mit einem Reiseführer begibst und die du später allein, als erfahrener Entdeckungsreisender fortsetzt.

„Wie kann ich erkennen, ob ich Therapie brauche?“

Ein verläßlicher Hinweis, daß Therapie nötig ist, liegt dann vor, wenn in deinem Leben die Ich-bin-nicht-okay — Du-bist-nicht-okay-Grundposition vorherrscht. Glaubst du wirklich, daß du die meiste Zeit okay bist? Bist du ehrlich überzeugt, daß andere auch die meiste Zeit okay sind? Wenn nicht, hast du Entscheidungen getroffen, die es ratsam erscheinen lassen, in einer Therapie untersucht zu werden. Ein anderer Hinweis auf die Notwendigkeit einer Therapie liegt in deinen vergeblichen Versuchen, einige auffällige Verhaltensweisen zu ändern. Passieren dir die gleichen unerfreulichen Dinge immer wieder? Fühlst du dich als Verlierer oder Versager? Hast du Probleme mit deinen zwischenmenschlichen Beziehungen? Stell dir einfach die Frage: „Fühle ich mich glücklich?"

„An wen wende ich mich?"

In Amerika und in Deutschland gibt es in fast allen Gegenden private und öffentliche Beratungsangebote. Ein Freund oder Bekannter, der eine erfolgreiche Therapie mitgemacht hat, kann hilfreiche Informationen liefern. Auch den Hausarzt kann man befragen. Es ist ratsam, sich selbst genau über den Therapeuten seiner Wahl zu informieren. Insbesondere sollte man sich nach seiner Ausbildung erkundigen. Ganz allgemein haben klinische Psychologen und Ärzte mit psychotherapeutischer Zusatzausbildung oder andere Psychotherapeuten die entsprechende Qualifikation. In Amerika wie in Deutschland stellen Berufsorganisationen hohe Anforderungen an die Ausbildung der Therapeuten. In Deutschland kann man beim BDP, dem Bund deutscher Psychologen, Auskunft einholen.

Die Internationale Gesellschaft für Transaktions-Analyse (ITAA) und die Deutsche Gesellschaft für Transaktions-Analyse (DGTA) haben ein anerkanntes Trainingsprogramm und ein System schriftlicher und mündlicher Examen, durch das Menschen, die TA beherrschen, ein Zertifikat erwerben können, das sie zum klinischen Mitglied oder lehrenden Mitglied ernennt. Die ITAA und die DGTA erteilen auch Zertifikate für Spezialisierungen an Pädagogen, Berater und andere Interessierte, die keine Psychotherapeuten sind, jedoch TA in ihrem Fachbereich benutzen. Wenn du gern den Mitgliedsstatus eines sich dir als TA-Therapeut vorstellenden Beraters erfahren willst oder wenn du einen TA-Therapeuten in deiner Nähe suchst, kannst du folgende Adressen anschreiben:

In Amerika:
ITAA
The International Transactional Analysis
Association, Inc.
1772 Vallejo Street
San Franzisko, Kalifornien 94123

In Deutschland:
DGTA
Deutsche Gesellschaft für
Transaktions-Analyse e.V.
Samerbergweg 7
8269 Burgkirchen/Alz
Tel.: 08679/4184

Im übrigen bedeuten Lizenzen und Nachweise über berufliche Fähigkeiten nicht unbedingt, daß es sich um einen fähigen, kompetenten Psychotherapeuten handelt. Es gibt sicher auch ein paar gute Therapeuten, die keine sehr beeindruckenden Referenzen aufzuweisen haben; deren Wahl kann jedoch mit einem gewissen Risiko verbunden sein. Bei der Suche nach deinem zukünftigen Therapeuten und bei seiner Befragung wirst du deinen *Erwachsenen* und deinen *Kleinen Professor* benutzen müssen, um herauszufinden, ob bei ihm alles miteinander im Einklang ist. Legt er die Verhaltensformen an den Tag, von denen er spricht, und die du selbst anstrebst? Hast du den Eindruck, daß er an dir interessiert ist, daß er sich objektiv und angemessen fürsorglich, statt „rettend" verhält? Gibt es Leute, mit denen du dich über ihre Erfahrungen mit diesem Therapeuten unterhalten kannst? Letzten Endes wird deine eigene Intuition den Ausschlag bei der Beurteilung seiner Fähigkeiten geben.

Was geschieht in der Therapie?

Jeder Therapeut hat seinen eigenen persönlichen Stil und Techniken, die er bevorzugt. Es ist schwer zu sagen, *was geschieht,* weil der Inhalt der Sitzungen direkt von der angewandten Beratungsmethode und der Persönlichkeit des Therapeuten abhängt. Sogar innerhalb einer einzelnen Richtung von Psychotherapie, wie zum Beispiel der Transaktions-Analyse, kann der Therapeut aktiv oder relativ inaktiv sein. Es besteht die Wahrscheinlichkeit, daß ein TA-Therapeut Gruppentherapie vorzieht, obwohl er auch Einzelberatungen geben mag. Ich selbst und die meisten TA-Therapeuten ziehen im allgemeinen

Gruppentherapie vor. Ich finde, daß sie zu besseren Ergebnissen führt, daß sie wirksamer ist. Das kommt vielleicht daher, daß dich der Therapeut in Aktion sieht. Eine Gruppe ist eine Art Forschungsstätte, in der du mit Leuten des gleichen und des anderen Geschlechts, mit jüngeren und älteren, mit neu dazukommenden und die Gruppe verlassenden zu tun hast. So, wie du dein Verhalten innerhalb der Gruppe änderst, änderst du es auch außerhalb. Die Gruppenunterstützung gibt dir eine sehr starke Erlaubnis, sie vermittelt dir die Botschaft, daß es für dich okay ist, dies oder jenes zu tun, und Rückinformation von einer ganzen Gruppe macht häufig viel mehr Eindruck, als Rückinformation von einer Einzelperson.

Begriffe wie Trübung, Übertragung, destruktive Grundgebote, Ich-bin-nicht-okay — du-bist-nicht-okay-Verhaltensweisen sind nur einige der Themen, die in TA — oder in anderen Formen von Psychotherapie zur Sprache kommen können. Während diese Punkte behandelt werden, lernen die Teilnehmer, wirksam und erfolgreich mit alltäglichen Gefühlen, Konflikten und Streß fertigzuwerden.

„Ich möchte aber nicht von einem Therapeuten abhängig werden oder jahrelang zur Therapie müssen. Besteht diese Gefahr nicht?"

Manche Menschen haben Angst vor Therapie, weil sie glauben, der Therapeut könnte für sie zu einer Art Krücke werden, ohne die sie nicht mehr auskommen. Ein guter Therapeut wird dir nicht sagen, was du tun sollst, wird nicht für dich denken und nicht für dich fühlen. Stattdessen wirst du eingeladen, selbst für dich zu denken, deine eigenen Gefühle zu fühlen und deine eigenen Entscheidungen zu treffen. Auch wenn du in der Therapie bist, machst du die ganze Arbeit selbst. Wenn ein Therapeut dich „rettet", dann rate ich dir, deine Wahl noch einmal zu überdenken.

In der TA gibt es Therapie nur per Vertrag. Das bedeutet, du entscheidest, was du erreichen willst, und dein Therapeut sagt zu, dir bei der Erreichung dieses Zieles zu helfen. Wenn dein Ziel erreicht ist, ist der Vertrag erfüllt; ihr habt beide das getan, was ihr zu tun vereinbart hattet. Du kannst die Therapie an diesem Punkt beenden oder entscheiden, einen neuen Vertrag mit einer neuen Zielsetzung abzuschließen. Wie dem auch sei, deine Therapie hat ein von dir gestecktes klar umrissenes Ziel, und du wirst merken, wenn du es erreicht hast. Wirksame Therapie ist keine nieendende Suche nach Okay-Sein oder Erleuchtung. Statt dich abhängiger zu machen, verstärkt sie deine Unabhängigkeit und Eigenständigkeit. Du wirst merken, wenn du erreicht hast, was du brauchst und durch die Therapie erreichen wolltest, und vielleicht bist du überrascht, wie schnell du an dein Ziel kommst.

„Was macht der Therapeut, um mir bei der Erreichung meiner Ziele zu helfen?"

Der Psychotherapeut gibt dir Kraft, Schutz und die Erlaubnis, dich zu ändern. Wenn der Klient dem Therapeuten vertraut, sieht er ihn als stärker und mächtiger an als das *Kritische-Eltern-Ich* in seinem Kopf, das ihm die Nicht-Okay-Botschaften eingibt. Weil der Therapeut mächtiger und stärker ist, als das schwierige, lästige *Kritische-Eltern-Ich,* fängt der Klient an, auf den Therapeuten zu hören, der ihm für vieles Erlaubnis erteilt, indem er ihm Botschaften vermittelt wie „Es ist okay, dies oder jenes zu tun". Oder „Du brauchst nicht ...". Der Therapeut erteilt durch sein Verhalten, das dem Klienten nachahmenswert erscheint, wie auch durch Worte diese Erlaubnis, die auch gleichzeitig eine Ermunterung ist. Der Erlaubnis und der Kraft des Therapeuten gewiß, ist der Klient bereit, einige seiner Verhaltensweisen zu ändern, die er in der Vergangenheit nicht gewillt war zu ändern. Er wird dann öfter den Schutz des Therapeuten und/oder der Gruppe benötigen, um die zerstörerischen *Eltern-Botschaften* abzuwehren, die er hören wird, wenn er sein Verhalten ändert, und um mit seinen Angst- und Schuldgefühlen fertigzuwerden, die häufig das Auflehnen gegen alte *Eltern-Botschaften* begleiten. Nach einer Weile entdeckt der Klient, daß die schrecklichen Dinge, die sein *Kind* fürchtete, wenn er Gefühle zeigte, wenn er um das, was er gern hätte, bat, wenn er anderer Leute Nicht-Okay-Verhalten konfrontierte oder wenn ihm etwas Spaß machte, selten passieren. Gleichzeitig beginnt er, die *Fürsorgenden-Eltern-Botschaften,* die er vom Therapeuten empfängt, in seine eigene Persönlichkeit aufzunehmen. Damit verringert sich die Energie, die der Klient in seinem *Angepaßten Kind* und seinem *Kritischen-Eltern-Ich* verbraucht, zusehends, und nach menschlichem Ermessen ist die Therapie beendet.

Wie kann ich TA in meinem Unternehmen einsetzen?

Die Hauptsache bei jeder Änderung ist die Bereitschaft der Schlüsselfiguren, sich selbst und ihr Unternehmen von einer Ich-bin-okay — du-bist-okay-Grundposition aus zu betrachten. Leider erkennen Vorgesetzte und Manager oft nicht die Wichtigkeit von „People Skills" als eine Voraussetzung für fortlaufendes Wachstum und Wohlergehen der gesamten Organisation. Zu oft fühlen Leute der Führungsspitze sich von der Idee, ihr eigenes Verhalten näherer Betrachung zu unterziehen, bedroht. Häufig hilft es da, einen außenstehenden Berater hinzuzuziehen, der diesen Leuten Erlaubnis, Schutz und Kraft innerhalb eines TA-Trainingsprogramms vermittelt.

Wie finde ich einen Berater?

Informationen über TA-Berater sind in Deutschland durch die Deutsche Gesellschaft für Transaktions-Analyse (DGTA) und in Amerika durch die International Transactional Analysis Association, Inc. (ITAA) erhältlich. Eine Anzahl von Mitgliedern dieser Gesellschaften hat ein weitgefächertes Programm, das auf die Bedürfnisse deiner Organisation zugeschnitten werden kann.

Wenn dein Unternehmen einen hochkarätigen Berater in Amerika braucht, schlage ich folgende Adresse vor:

Transactional Analysis Communications, Inc.
The Kennedy Center
10200 East Girard Avenue
Building B — Suite 330
Denver, Colorado 80231
USA

Braucht dein Unternehmen einen hochqualifizierten Berater in Deutschland, wende dich bitte an die DGTA in Burgkirchen, die in diesem Kapitel schon genannt wurde.

Ob du dich dafür entscheidest, die Hilfe eines Therapeuten oder eines Beraters in Anspruch zu nehmen, um die Informationen aus diesem Buch anwenden zu lernen, oder ob du dich für die Do-it-yourself-Methode entscheidest, ich bin der Überzeugung, daß die wohlüberlegte Anwendung dieser Grundsätze die Qualität deines Lebens beachtlich verbessern wird, daheim wie auch am Arbeitsplatz.

Leitlinien

Die folgenden Leitlinien zeigen die wichtigsten Qualitäten und die besonderen Aufgaben von Führungskräften auf. Sie können als Checkliste behandelt werden und geben gleichzeitig eine Übersicht über die Ziele der Transaktions-Analyse, die im Buch systematisch und nachvollziehbar dargestellt wurde. Sie haben schon vielen dabei geholfen, ein perfekter Manager zu werden, der mit sich, seinen Aufgaben und den Personen seiner Umgebung im reinen ist.

Qualitäten erfolgreicher Chefs

- Sie haben ein positives Bild von sich selbst. Sie sind selbstbewußt.
- Sie haben eine positive Einstellung zu anderen. Sie sehen in allen Menschen die ihnen eigenen Werte und eigene Würde.
- Sie haben die nötigen technischen Kenntnisse, um Führungsaufgaben erfolgreich auszuführen.
- Sie haben Organisationssinn und gehen bei ihrer Arbeit planmäßig vor.
- Sie sind gute Lehrer, und sie können sich gut verständigen.
- Sie sind in angemessener Weise bestimmt. Sie haben Ausdauer und verfolgen beharrlich ihr Ziel.
- Sie haben reale, vernünftige und gleichbleibende Erwartungen. Sie können flexibel sein, wenn es angebracht ist.
- Sie konfrontieren auf einfühlsame Weise. Sie behandeln Kollegen, Untergebene und Vorgesetzte bestimmt und mit Festigkeit, wenn die Situation dies verlangt.
- Sie sind gewillt, ihren Unmut und Ärger genauso auszudrücken wie ihre Freude.
- Sie sind energisch und verständnisvoll und geben anderen Halt und Stütze.
- Sie geben Untergebenen, Mitarbeitern und Vorgesetzten positives Streicheln.

- Sie geben ihr eigenes widerstrebendes Verhalten und ihre eigenen Fehler und Fehlurteile zu. Sie sind bereit, „tut mir leid“ oder „Entschuldigung“ zu sagen.
- Sie geben es zu, wenn sie eine Antwort nicht wissen.
- Sie variieren ihren Führungsstil und richten ihn nach der Reife ihrer Untergebenen. Sie wissen, wo und wann der kollegiale Stil oder der Anweisungsstil anzuwenden ist.
- Sie beziehen ihresgleichen und Untergebene mit ein, wenn Entscheidungen zu treffen sind und Verantwortung zu übertragen ist.

Es kommt selten vor, daß eine Person allein alle diese Qualitäten besitzt. Wirksame, erfolgreiche Führungskräfte sind ständig auf die Weiterentwicklung ihrer Fähigkeiten auf diesen Gebieten bedacht.

Du bist sechs verschiedene Personen in einer

Die Leute in deinem Kopf und in meinem haben sechs verschiedene Persönlichkeiten (Ich-Zustände). Drei davon sind in fast jeder Situation wirksam und drei in fast jeder Situation schädlich.

Die wirksamen, effektiven Ich-Zustände sind:

1. Das Natürliche Kind

Es hat Bedürfnisse, es braucht Streicheln, Struktur, Anerkennung und Stimuli.
Es hat Wünsche, die von einem Augenblick zum anderen variieren können.
Werden seine Bedürfnisse und Wünsche erfüllt, drückt es Wärme aus. Werden sie nicht erfüllt, drückt es Ärger, Traurigkeit und Angst aus.
Das *Natürliche Kind* sieht aus und hört sich an wie ein kleines spontanes Kind und ist auch tatsächlich ein kleines Kind, das diese Bedürfnisse, Wünsche und Gefühle erlebt.

2. Der Erwachsene

Er ist wie ein Computer, der Informationen annimmt, speichert, verarbeitet und ausgibt.
Er ist logisch, sachlich und rational.
Er arbeitet mit Tatsachen und Gedanken, statt mit Gefühlen, Einstellungen und Meinungen.
Er ist der Teil von dir, der benutzt wird, um zu bestimmen, ob, wann und wie du dich ausdrücken sollst.

3. Das Fürsorgende-Eltern-Ich

Es ist einfühlsam und verständnisvoll.
Es ist empfänglich für die Bedürfnisse, Wünsche und Gefühle anderer.
Es ist in einer fürsorgenden, anspruchslosen Weise bestimmt und fest.

Die schädlichen, ineffektiven Ich-Zustände sind:

1. Das Kritische-Eltern-Ich

Es gibt dir durch Worte, Gesten, Gesichtsausdruck, Körperhaltung und/oder durch den Klang der Stimme zu verstehen, daß du nicht okay bist.
Es zeigt oft mit dem Finger und spricht lauter.
Es ist manchmal sarkastisch.

2. Das Rebellische Kind

Es sagt, daß es dir nicht zuhören, nicht zustimmen oder nicht tun wird, was du willst.
Es neigt dazu, ärgerlicher zu werden, als es der Situation entspricht, und es bleibt länger ärgerlich.

Es ist sehr negativ. Das kann offensichtlich oder verdeckt sein.
Es rebelliert indirekt, indem es vergißt, verschiebt und Dinge anders, halb oder schlecht erledigt.

3. Das Fügsame Kind

Es gibt durch unauffällige oder auffällige Verhaltensweisen zu verstehen: Ich bin nicht okay.
Es spricht mit einer leiseren Stimme, benutzt nichtssagende Worte oder Redewendungen und macht selten Blickkontakt. Es neigt zu Jammern.
Sein Verhalten ist sehr vorsichtig; es ist sehr um sich besorgt.

Aktiviere die drei wirksamen Ich-Zustände!

Das Ziel ist es, die drei effektiven Ich-Zustände soweit wie möglich zu aktivieren und die schädlichen soweit wie möglich auszuschalten. Um die drei wirksamen Ich-Zustände in deinem Kopf zu aktivieren, mußt du irgendeinen der nachstehenden Hinweise befolgen:

- Rede mit dir selbst — laut, wenn du allein bist oder in deinem Kopf, wenn nicht allein.
- Kümmere dich um dich (sei nett zu dir), verstehe deine eigenen Gefühle, sei einfühlsam, rede dir gut zu.
- Sei logisch. Stell dir spezielle Fragen, deine gegenwärtigen Gefühle oder Einstellungen betreffend, um zu bestimmen, ob sie gerechtfertigt oder ungültig sind.
- Phantasiere über Dinge, die du gern tun würdest oder über Orte, an denen du gern wärst.
- Höre nicht auf, positiv zu sein, auch angesichts gerechtfertigter negativer Gefühle; bleib dabei, bleib bestimmt. Zehn positive Gedanken oder Gefühle für jeden negativen Gedanken oder jedes negative Gefühl!

Übe und probe Szenen bestimmter Situationen (in deinem Kopf), in denen du gern erfolgreich sein möchtest. Stell dir die Situation in Wirklichkeit vor — sehe, höre, fühle sie. Spiel die Szenen immer wieder durch, bis du mit ihnen vertraut und sicher bist, die eigentliche Situation meistern zu können. Derartiges Proben wird dir helfen, automatisch Erfolg zu haben.

Verständige dich wirksam mit anderen!

Wenn andere Menschen in ihren schädlichen Ich-Zuständen sind, rege ihr *Natürliches Kind* oder ihren *Erwachsenen* oder ihr *Fürsorgendes-Eltern-Ich* an, indem du dich mit ihnen von deinem *Fürsorgenden-Eltern-Ich, Erwachsenen* oder *Natürlichen Kind* aus verständigst.

Wirksame Verständigung findet dann statt, wenn sich dein *Fürsorgendes-Eltern-Ich, Erwachsener* oder *Natürliches-Kind-Ich* an das *Fürsorgende-Eltern-Ich, Erwachsenen-* oder *Natürliches-Kind-Ich* der anderen Person wendet. Deine drei wirksamen gegen die drei wirksamen Ich-Zustände des anderen.

1. *Erwachsenen—Erwachsenen-Transaktionen* sind notwendig, wenn es um Problemlösungen, Wahrscheinlichkeitsberechnungen und Daten- und Informationsaustausch geht.
2. *Natürliches-Kind—Natürliches-Kind-Transaktionen* sind notwendig für vertraute, intime Situationen; das heißt für das echte, empfindsame Austauschen und Mitteilen von Gefühlen.
3. *Natürliches-Kind—Fürsorgendes-Eltern-Ich-Reize* sind notwendig, um Hilfe, Unterstützung, Verständnis, Teilnahme oder Trost hervorzulocken.
4. *Fürsorgendes-Eltern-Ich — Natürliches-Kind-Reize* sind notwendig, um zu führen und zu leiten, um zu sorgen, zu verstehen und um bestimmt zu sein.
5. *Fürsorgendes-Eltern-Ich—Fürsorgendes-Eltern-Ich-Transaktionen* sind nützlich, um Komplimente über eine dritte Person zu machen oder um zu entscheiden, wie für diese Person gesorgt werden kann.

Prüfliste für Personaleinstellungen

- Hat der Bewerber alle Fähigkeiten, um die für ihn vorgesehene Arbeit gut auszuführen?
  Setze nicht voraus, daß der Bewerber die Qualifikationen besitzt; prüfe sie. Das Peter-Prinzip findet häufig Bestätigung, wenn zum Beispiel einfach angenommen wird, daß jemand, der technisch versiert ist, auch gute „People Skills" besitzt.
- Hast du den Bewerber gefragt?
  Was denkt und fühlt er bezüglich der Übernahme dieses Jobs? Frag ihn! Vergewissere dich, daß der Bewerber den Job will und daß es für ihn sinnvoll ist, diese Stelle zu haben.
- Weiß er, was der Job mit sich bringt?
  Gib dem Bewerber Einsicht in eine genaue Stellenbeschreibung, ehe du ihn fragst, ob er die Position annehmen möchte.
- Hast du auf deine Intuition geachtet?
  Stimmen die Informationen, die du über den Anwärter hast (Referenzen, Ausbildungs- und Erfahrungsnachweise, was er selbst sagt) und die unausgesprochenen Informationen, die du aufgenommen hast, überein? Sagt dir dein Gespür, daß dies die richtige Person für diese Position ist?
- Hast du die Referenzen genutzt?
  Setz dich mit den Leuten, die hinter den Referenzen stehen, in Verbindung und stell ihnen Fragen, die sie dazu einladen, frei von der Leber mit dir zu reden, wie: „Würden Sie ihn einstellen, wenn Sie in meinen Schuhen steckten?"

Zwei Chefs sind manchmal einer zuviel

- Personalführung klappt am besten, wenn die Autoritätshierarchie eines Unternehmens berücksichtigt wird.
- Schlage dem Management vor, daß eine Vereinbarung getroffen oder ausgearbeitet wird, nach der diese Hierarchie nur unterbrochen oder durchkreuzt wird, wenn der Vorgesetzte eines Beschäftigten nicht erreichbar ist und die Umstände es rechtfertigen.

- Sich an Untergebene eines anderen zu wenden oder jemanden zu übergehen, führt zu unnötigen Schwierigkeiten.
- Zum Delegieren von Aufgaben gehört das Übertragen der nötigen Vollmachten, damit die Aufgaben ausgeführt werden können. Die Vollmachten eines Betriebsangehörigen müssen seinen Aufgaben und Pflichten entsprechen.
- Erteile Vollmachten erst, wenn die Leute bereit sind, Verantwortung zu übernehmen.
- Wirksame Chefs geben Weisungen und Unterstützung und helfen ihren Leuten damit, sich zu entfalten. Erziehe die Leute so, daß sie in der Lage sind, deinen Platz einzunehmen, sollte dies einmal notwendig werden. Das bringt deine Position nicht in Gefahr; tatsächlich kann es deinen eigenen Aufstieg fördern.

Pflichten und Vollmachten

- Erlaube einem Bewerber, die Stellenbeschreibung durchzulesen, bevor er sich entschließt, die Stellung anzunehmen.
- Eine Stellenbeschreibung ist eine nützliche Richtschnur und muß keine Zwangsjacke sein.
- Stellenbeschreibungen können eine Beschreibung der Aufgaben in spezieller Fachsprache, den Rang des Stelleninhabers, seine Vorgesetzten und Untergebenen, Stundenplan, Ziel der Stelle usw. enthalten.
- Die Stellenbeschreibung kann nach gegenseitiger Vereinbarung geändert werden.
- Menschen arbeiten am besten, wenn sie sich über ihre Pflichten und Vollmachten im klaren sind.
- Lege genau fest, welche Entscheidungen jemand selbständig treffen darf und welche der Rücksprache und/oder Zustimmung des Chefs bedürfen.
- Vergewissere dich, daß du die Vollmacht erteilst, die für die Ausführung einer Aufgabe nötig ist.
- Bevor du Verantwortung überträgst, vergewissere dich, daß die Person die dazu erforderlichen Fähigkeiten besitzt.

- Halte für die Leute jede erforderliche Unterstützung bereit, nachdem sie neue, verantwortungsvolle Pflichten übernommen haben — Extrazeit mit dem Chef und anderen Mitarbeitern, sachdienliche Informationen, Feedback.

Rahmenrichtlinien führen zum Erfolg

- Die Menschen brauchen klare Richtlinien, einen Rahmen, um wirksam arbeiten zu können und sich dabei wohlzufühlen.
- Stellenbeschreibungen, schriftliche Richtlinien, Rangordnung, Rahmen für Vollmachten und Abgrenzung ihres Entscheidungsbereichs helfen den Leuten, gute Arbeit zu leisten.
- Inkonsequenz bei der Anwendung obiger Hilfsmittel ist häufig schädlich.
- Es ist wichtig, daß die Mitarbeiter für ihr Verhalten verantwortlich gemacht werden. Wenn diese Regel nicht konsequent eingehalten wird oder erst gar nicht existiert, werden sich viele Mitarbeiter oder vielleicht sogar das ganze Unternehmen mehr schlecht als recht durchwursteln.
- Regelmäßige, vielleicht wöchentlich oder monatlich abgehaltene Mitarbeitergespräche, in denen Chef und Untergebener unter vier Augen miteinander sprechen, sind sehr nützlich. Sie lassen den Untergebenen erkennen, daß du an ihm und seiner Arbeit interessiert bist, und jeder erhält Gelegenheit, sich für dieses Treffen vorzubereiten. Wenn solche Gespräche nicht regelmäßig vorgesehen sind, kann es passieren, daß keine Zeit dafür übrig bleibt.
- Ein sicherer Weg, um zu erreichen, daß alles reibungslos klappt, ist, das „Wer, Was, Wann, Wo, Wie und Warum" zu unterscheiden und zu bestimmen.
- Rahmenrichtlinien (Struktur) und Streicheln sind eine starke, mächtige und wirksame Kombination, die den Erfolg eines Programms ausmachen kann.

Schließe TA-Verträge und halte sie

- Verträge sind Abmachungen, die für dein Wort und für deinen Charakter stehen. Halte sie deshalb ein.
- Dein erster Vertrag ist von grundlegender Bedeutung; zum Beispiel um 18 Uhr zum Abendessen zu Hause zu sein oder eine bestimmte Arbeit zu einer bestimmten Zeit fertig zu haben, und es sollte etwas sein, zu dem du stehst. Vermeide es, Verträge zu ändern.
- Muß eine Abmachung geändert werden, weil die Einhaltung, eine bestimmte Arbeit zu einer bestimmten Zeit fertig zu haben bedeutet, die andere Abmachung, um 18 Uhr zu Hause zu sein, nicht einhalten zu können, ist darauf zu achten, daß die Person, mit der du den Vertrag gemacht hast, von der Änderung in Kenntnis gesetzt wird. Ein neuer Vertrag kann dann ausgehandelt werden, zum Beispiel: „Soll ich dich anrufen, wenn ich fertig bin oder würdest du mich lieber hier treffen und mit mir essen gehen?"
- Wenn Leute ihre Verträge mit dir nicht einhalten, konfrontiere dies. Tust du es nicht, trägst du zum Bruch zukünftiger Verträge mit diesen Leuten und zur Ungültigmachung von Verträgen allgemein bei.
- Häufig werden Abmachungen getroffen, obwohl der andere in Wirklichkeit gar nicht tun möchte, wozu er sich vertraglich verpflichtet und es nur nicht zugeben will. Solche Abmachungen werden häufig „aus Versehen" nicht eingehalten. Wenn du einen Vertrag nicht eingehen willst, sag es auf einfühlsame Weise. Scheint der andere nicht gewillt zu sein, einen Vertrag zu schließen, mach ihm Mut, seine Ablehnung zu äußern. Gewöhnlich kann ein Kompromiß-Vertrag gefunden werden, der beide Parteien zufriedenstellt und den beide auch wirklich einhalten.
- Häufig geben zwei Chefs widersprüchliche Anweisungen oder ordnen Arbeiten an, die eine bereits vereinbarte Arbeitseinteilung durcheinanderbringen. Wenn das geschieht, mach darauf aufmerksam, indem du zum Beispiel sagst: „Ich habe Herrn B schon zugesagt, seine Sachen bis morgen fertigzuhaben." Besteht Chef A auf seinen Anweisungen, bitte ihn, mit Chef B zu sprechen.

- Du kannst einen Vertrag abschließen, um jemanden etwas zu fragen oder ihn auf etwas aufmerksam zu machen, zum Beispiel: „Ich mache mir über etwas Gedanken, und ich würde gern mit Ihnen darüber sprechen. Könnten Sie mir Ihre Aufmerksamkeit schenken?"
- Wenn du einen Vertrag abschließt oder jemanden um etwas bittest, achte darauf, daß du wirklich klarmachst, was du willst. Hättest du gern Verständnis, wenn du über deinen schlechten Tag im Büro redest, so bitte um Verständnis, sonst bekommst du vielleicht statt dessen Ratschläge.
- Vereinbare mit deinen Untergebenen, daß sie helfen, aus Mitarbeitergesprächen ein Geben und Nehmen zu machen, und erwarte von ihnen, daß sie sich auch auf die Gespräche vorbereiten.
- Vereinbare, nicht zu mißachten, und reserviere für jedes Mitarbeitergespräch Zeit zu freier Aussprache. Während der freien Aussprache habt ihr beide Gelegenheit, positives und negatives Streicheln (konstruktive Kritik) auszutauschen.

Richtlinien für das Treffen und Weiterleiten von Entscheidungen

- Wenn Entscheidungen andere berühren, ist es sinnvoll, sie am Prozeß der Entscheidungsfindung zu beteiligen.
- Wenn Leute an einer Entscheidung mitwirken können, sind sie eher daran interessiert und bemühen sich, die Entscheidung richtig auszulegen und richtig nachzuvollziehen.
- Erwarte Mißtrauen, wenn neue Ideen oder Entscheidungen bekanntgemacht werden („Was ist denn mit dem los?"), und Widerstand („alte Methode war besser!" — „will nicht ...!").
- Wenn du einer Person die Entscheidungsbefugnis erteilst, nimm ihre Entscheidungen an und gib ihr Rückendeckung. Wenn du nicht dazu bereit bist, erteile keine Entscheidungsbefugnis.
- Beweglichkeit ist die Bereitschaft, eine Entscheidung zu ändern, wenn neue Informationen eine Änderung rechtfertigen.
- Konsequenz heißt, solange bei der ursprünglichen Entscheidung zu bleiben, bis neue Informationen eine Änderung rechtfertigen.

- Inkonsequenz heißt, die ursprüngliche Entscheidung ohne triftigen Grund zu ändern oder sich nicht an sie zu halten.
- Gib neue Informationen so rasch, wie es sich einrichten läßt, weiter, wenn Entscheidungen bereits getroffen sind.
  Nützliche Methoden, Informationen weiterzuleiten, sind unter anderem regelmäßig abgehaltene Managementbesprechungen und automatisch an die von der Entscheidung Betroffenen verteilte Memoranden.
- Um Entscheidungen durchzusetzen, mußt du für einen Rahmen sorgen; das heißt, du mußt klarmachen, wer was tun wird, bis wann usw.

Der Ton macht die Musik

- Manchmal entscheidet die Wahl deiner Worte darüber, wie deine Botschaft aufgenommen wird.
- Vermeide es, Fragen zu stellen, durch die du deine Meinung zu erkennen gibst: „Glauben Sie nicht, wir sollten ...?" Hast du eine Ansicht, bekenne dich dazu und übernimm die Verantwortung dafür, indem du eine klare Aussage machst: „Ich denke, es wäre gut, das oder das zu tun."
- Fragen zu stellen mit den Worten „wer", „wann", „wie", „welche" ist besser, als mit „warum" zu fragen. Beispiel: „Welche Gründe hast du für dein Zuspätkommen?"
- Sag „ich", wenn du ich meinst, statt „wir", „man", „Leute", „sie" etc.
- Worte wie „kann nicht" und „muß" sind selten zutreffend. Es ist besser, „ich möchte lieber nicht", „das liegt mir nicht", „ich würde es lieber so machen" zu sagen.
- Vermeide Übertreibungen wie „jeder", „niemand", „immer" und „niemals".
- „Und" ist besser als „aber": „Sie leisten gute Arbeit, und in letzter Zeit haben sie ein paar Termine versäumt." Das Wort „aber" macht das Vorangegangene zunichte.
- Vereinbarungen, etwas zu „tun" sind besser, als Vereinbarungen, etwas zu „versuchen". Etwas zu versuchen bewirkt gewöhnlich nichts.

Schlüssel für erfolgreiche Besprechungen

Die folgenden Hinweise lassen sich bei fast allen Besprechungen anwenden, bei Management-, Geschäftsführungs-, Verkaufs-, Vorstandsbesprechungen:

- Sorge dafür, daß mehrere Leute an der Planung der Tagesordnung beteiligt sind. Bitte um Vorschläge von anderen Mitarbeitern.
- Beteilige die Anwesenden während der Veranstaltung so oft und soviel wie möglich am Planen, Entscheidungen treffen, Aufgaben übernehmen und an der allgemeinen Aussprache. Sorge dafür, daß Gelegenheiten zum Mitwirken in diesen Bereichen auf der Tagesordnung vorgesehen sind.
- Eine Besprechung ist ein ausgezeichneter Anlaß, über die Leistungen anderer Mitarbeiter zu berichten und Anerkennungen auszutauschen.
- Es ist ratsam, Mitarbeitergespräche in regelmäßigen Abständen zu einer bestimmten Tageszeit abzuhalten. Dadurch wird eine bessere Vorbereitung und regere Beteiligung sichergestellt, da die Leute im voraus Bescheid wissen und für diese Zeit keine anderen Aktivitäten planen. Es ist leichter, eine regelmäßig geplante Besprechung, die überflüssig geworden ist, abzusagen, als eine notwendig werdende einzuberufen. Veranstaltungen, die nicht regelmäßig anberaumt werden, tendieren dazu, überhaupt nicht stattzufinden.
- Die langweiligsten Konferenzen konzentrieren sich größtenteils auf Berichterstattung.

Konfrontation ist kein Schimpfwort

- Warum konfrontieren? Um Veränderungen zum Besseren zu ermöglichen. Wenn Leute erfolglos, unwirksam, leistungsschwach sind oder dich, jemand anderen, sich selbst oder ein Problem mißachten, lädt teilnehmende, einfühlsame Konfrontation sie ein, ihr mißachtendes Verhalten zu ändern.

- Du kannst es vorziehen, dich nicht um das schädliche Verhalten eines anderen zu kümmern. Wenn dem so ist, brauchst du diese Person überhaupt nicht zu konfrontieren.
- Wenn du es geradeheraus, direkt sagst, wirst du es aller Wahrscheinlichkeit nach nicht auf Umwegen zeigen. Vergiß nicht, daß du starke Gefühle in Wirklichkeit nicht erfolgreich verbergen kannst.
- Konfrontation geschieht am besten unter vier Augen und nicht in Gegenwart anderer.
- Du kannst einen Vertrag schließen in bezug auf Konfrontation; du sagst zum Beispiel: „Ich habe bestimmte Gefühle über etwas, das Sie getan haben. Sind Sie einverstanden, mir zuzuhören?"
- Konfrontation bringt die besten Resultate, wenn die Leute gleichzeitig positiv gestreichelt werden für das, was sie tun und wie sie sind.
- Konfrontation kann in lockerem Ton und auf spielerische Weise geschehen.
- Vergiß nicht, daß „tu es!" besser ist, als „tu es nicht!". Zum Beispiel „Höre auf die Kunden, wenn sie sich beschweren und laß sie wissen, daß du Verständnis für sie hast", statt „Behandle die Kunden nicht auf diese Weise".
- Verbinde echte positive mit negativen Aussagen, wenn du konstruktive Kritik übst; zum Beispiel: „Wenn du den Kunden auf deine übliche Weise behandelt hättest, würde ich keine Beschwerden haben."
- Bist du ärgerlich, vergewissere dich, daß du dies dann zum Ausdruck bringst, wenn man dir aller Wahrscheinlichkeit nach zuhört.
- Um mit Ärger gut fertig zu werden, richte dich nach folgendem Muster: „*Ich* sag dir, wie ich über das, was *du* tust, fühle, und *ich* bitte dich dann um das, was ich will."
- Tut eine Person wiederholt die gleichen unangebrachten oder schädlichen Dinge oder scheint sie ständig eine schädliche Einstellung zu haben, ist es oft ratsam, dies mit der Person zu besprechen. Ändern Leute ihre ineffektiven Verhaltensformen nicht, so mußt du mehr konstruktive Energie aufwenden, um sie zu diesen

Änderungen einzuladen. Vergiß nicht, daß die Leute sich ändern, wenn sie sich mit ihrem Verhalten oder mit den Reaktionen der anderen darauf unbehaglich fühlen. Es wird ihnen vielleicht nie so unbehaglich, daß sie sich zu ändern wünschen, es sei denn, du fährst unbeirrt und einfühlsam mit deinem Konfrontieren fort. Achte darauf, daß du selbstsicher statt aggressiv bist und vermeide, die Person, die du konfrontierst, herauszufordern. Bau deine Konfrontation so auf, daß die Person durch das Ändern ihres Verhaltens gewinnt.

- Hör auf das, was andere dir sagen und laß sie wissen, daß du ihre Botschaften mitbekommst, statt dich selbst zu verteidigen oder zu rechtfertigen. Während du zuhörst, ist es manchmal eine Hilfe, Fragen zu stellen, über die der andere, um sie zu beantworten, nachdenken muß. Wenn du verstehst, was der andere sagen will, frag dich selbst: „Wie können wir beide gewinnen?"
- Angesichts schwieriger Situationen, zum Beispiel wenn Leute betrunken, gewalttätig, unbeherrscht oder hysterisch sind, ist es am besten, selbstsicher zu bleiben und die Führung zu übernehmen.
- Wenn sich Leute nicht ändern wollen, und du nicht bereit bist, dies zu akzeptieren, hör auf, mit ihnen Transaktionen zu tauschen. Wenn du das aus einer „Ich-bin-okay — du-bist-okay"-Grundposition tust, ohne die Person abzulehnen, läßt du die Tür für spätere Gespräche offen.

Jeder will sich wichtig fühlen

- Denke daran, daß Streicheln eine Notwendigkeit, ein Bedürfnis ist und daß es ganz in Ordnung ist, solche Aufmerksamkeiten zu wollen.
- Was du durch Streicheln belohnst, ist, was du bekommst. Das Verhalten, das Aufmerksamkeit erregt, ist das Verhalten, das wiederholt wird: Wenn mein Chef oder mein Vater nur von mir Notiz nimmt, wenn ich etwas falsch mache, dann ist es das, was ich tun werde.

- Vorgesetzte neigen dazu, negativ zu streicheln, und Untergebene neigen dazu, den Vorgesetzten überhaupt nicht zu streicheln. Wenn solche Streichelmuster in deinem Unternehmen existieren, ist es der Mühe wert, sie aufzuzeigen und zu ändern. Jeder braucht positives Streicheln, einschließlich des Chefs.
- „Der gewöhnliche Manager bringt seine Leute dazu, eine hohe Meinung vom Chef zu haben. Der außergewöhnliche Manager bringt seine Leute dazu, eine hohe Meinung von sich selbst zu haben." (Chris Hagerty, Business Consultant)
- Die Menschen ziehen Nutzen aus zwei Sorten von positivem Streicheln: Ich streichle dich für das, was du tust („Du hast gute Arbeit geleistet", „Du hast diesen Kunden gut behandelt"), und ich streichle dich dafür, daß du bist, wie du bist („Ich mag dich", „Wie geht es dir?", „Sicher hab ich Zeit für ein Gespräch", ein Lächeln, eine Berührung).
- Menschen benötigen auch konstruktive Kritik. (Siehe die Ausführungen über Konfrontation.)

Kann ich jemanden einfach übergehen?

- Bereinige Meinungsverschiedenheiten direkt, soweit dies vernünftig und sinnvoll erscheint.
- Sieh die Ausführungen über Konfrontation.
- Vergewissere dich, daß du dein eigenes Verhalten ganz genau untersucht hast. Glaubst du, daß „alles nur an den anderen liegt", hast du die besten Aussichten, stehen zu bleiben, wo du stehst, dich festzufahren. Du bist es dir selbst und der anderen Person schuldig, daß du acht gibst, auf den richtigen Augenblick, das rechte Wort am rechten Ort, auf deine Art, wie du Hilfe oder Informationen verlangst oder auf deine Methode zu konfrontieren.
- Manchmal entscheidest du vielleicht, daß die Vorteile die Nachteile überwiegen und daß du deshalb mit des Chefs Verhalten leben und dich dabei okay fühlen kannst.
- Vielleicht entscheidest du, zu einem Kollegen deines Chefs zu gehen und den um Hilfe und objektives Feedback zu bitten, statt

dich über deinen Chef zu beschweren. Es ist ratsam, deinen Chef vorher wissen zu lassen, was du vorhast.

- Wenn du ihn übergehen willst, lade ihn ein, mit dir zu gehen, so daß ihr beide objektives Feedback bekommen könnt.
- Vergiß nicht, daß jemanden zu übergehen der letzte Ausweg ist. Laß deinen Vorgesetzten wissen, daß du gehen wirst und was du vorhast, zu sagen, falls er es vorzieht, dich nicht zu begleiten.
- Der Chef muß es vermeiden, Partei zu ergreifen. Wenn Betriebsangehörige mit Problemen zu dir kommen, greif ein, um sie zu veranlassen, miteinander zu reden und ihren Konflikt allein zu lösen. Wenn du Stellung nehmen mußt, tu es unter Berücksichtigung der Tatsachen und Fakten und nicht auf Grund der Persönlichkeit, die dir sympathischer ist.
- Der Chef muß jede Beschwerde Dritter objektiv und ernsthaft behandeln, nachdem er alle Seiten gehört hat.

Den Kündigungsgrund liefern die Mitarbeiter selbst

- Bei gutem Management und guter Personalpolitik wirst du positiv gestreichelt für was du tust und wie du bist und bekommst regelmäßig konstruktive Kritik zu hören (siehe Konfrontation).
- Konstruktive Kritik konzentriert sich auf klare, präzise Erwartungen.
- Eine periodische oder jährliche Bewertung des Mitarbeiters sollte eine Zusammenfassung der Pros und Contras, die bereits eingehend erörtert wurden, darstellen.
- Denk daran, daß Veränderungen selten über Nacht geschehen. Erwarte ein Wachstumsmuster mit einigen gelegentlichen Rückfällen.
- Bevor du dich entschließt, dich von einem Mitarbeiter zu trennen, laß ihn wissen, daß
  1. du diesen Schritt in Betracht ziehst, aber noch nicht beschlossen hast;
  2. diese Entscheidung in Wirklichkeit seine eigene ist, weil sein Verhalten ihm die Kündigung einbringt oder ihm den Arbeitsplatz erhält;

3. du ihn entscheiden läßt, ob er bleiben und seine Entscheidung durch entsprechende Taten unter Beweis stellen will, da es eine zu schwere Verantwortung für dich ist;
4. du es gerne sehen würdest, wenn seine Arbeit erkennen ließe, daß er sich zu bleiben entschieden hat.

Tips, für ein glückliches Leben

- Jeder Mensch hat ihm eigene Werte und Würde. Behandle ihn deshalb mitfühlend, einfühlsam, warmherzig und respektvoll. Angemessene Bestimmtheit kann Respekt vor seiner Menschenwürde beweisen.
- Es ist leicht, zu merken, was mit der anderen Person los ist, aber ein bißchen schwerer, deinen eigenen Anteil an der Situation zu erkennen. Frage dich selbst: „Wie kann ich mich ändern, damit ich erfolgreicher die gewünschten Reaktionen herbeiführe?"
- Es ist okay, Ärger, Angst, Trauer und Wärme auszudrücken, wenn es einen Sinn ergibt und angebracht ist.
- Sei Herr über dein eigenes Denken, Fühlen und Verhalten und nicht über das anderer. Vergiß nicht, daß weder Ereignisse noch Menschen dich gut oder schlecht „fühlen machen" können (und umgekehrt). Sei Herr über deine Reaktionen auf Menschen und Ereignisse. Du kannst die Menschen (Kunden, Mitarbeiter) nur „einladen", glücklich und zufrieden zu sein — es ist ihre Entscheidung, deine Einladung anzunehmen.
- Lebe im Hier und Jetzt. Lerne von der Vergangenheit, fühle dich gut über und sei zufrieden mit deiner Vergangenheit, aber quäle dich nicht mit Selbstvorwürfen wegen vergangener Fehler. Die Sicherheit der Zukunft liegt in der Stabilität der Gegenwart.
- Statt Gedanken zu lesen, frage, wenn du wissen möchtest, was der andere will. Statt als Grundlage für deine Entscheidung zu versuchen herauszubekommen, was ein anderer vielleicht möchte, konzentriere dich auf das, was du willst und tu, was du für richtig hältst, nachdem du die Wünsche anderer in Betracht gezogen hast.

Wenn du entschieden hast,
daß du kompetent und liebenswert bist,
wirst du automatisch kompetente und liebenswerte Menschen einladen,
mit dir Umgang zu pflegen.

Ende

Literaturverzeichnis

(soweit bekannt, sind die Titel der deutschen Übersetzungen mit angegeben)

1 Peter, Laurence J. and Hull, Raymond: The Peter Principle. William Morrow, New York, 1969. Deutscher Titel: Das Peter-Prinzip oder die Hierarchie der Unfähigen. Rowohlt Taschenbuch 1972

2 Berne, Eric: What Do You Say After You Say Hello? Grove Press, New York, 1972 — Seite 85 der englischen Ausgabe. Deutscher Titel: Was sagen Sie, nachdem Sie "Guten Tag" gesagt haben? Psychologie des menschlichen Verhaltens. Fischer Taschenbuch

3 Wie 2. Seite 418 der englischen Ausgabe

4 Steiner, Claude: SCRIPTS PEOPLE LIVE. Grove Press, New York, 1974. Deutscher Titel: Wie man Lebenspläne verändert. Jungfermann, 1982

5 Wie 2. Seite 11 der englischen Ausgabe

6 Penfield, W.: "Memor Mechanisms", Archives of Neurology and Psychiatry, 67 178—198, 1952

7 Berne, Eric: GAMES PEOPLE PLAY. Grove Press, New York, 1964. Seite 14 der englischen Ausgabe. Deutscher Titel: Spiele der Erwachsenen, Psychologie der menschlichen Beziehung. Rowohlt Taschenbuch

8 Levine, S.: "Stimulation in Infancy", Scientific American, 202: 80—86, 1960

9 Schiff, Jacqui: personnal communication

10 Karpman, Stephen B.: "Fairy Tales and Script Drama Analysis", Transactional Analysis Bulletin, Vol. 7, No. 26, 1968, Seite 39

11 Spitz, R.: "Hospitalism: Genesis of Psychiatric Conditions in Early Childhood", Psychoanalytic Study of the Child, 1: 53—74, 1945

12 Steiner, Claude: A WARM FUZZY TALE, Jalmar Press, Sacramento, 1977

13 Goulding, Robert, and Goulding, Mary: "Injunctions, Decisions, and Redecisions", Transactional Analysis Journal, 6: 41—48, 1976
14 Steiner, Claude: SCRIPTS ALCOHOLICS LIVE. Grove Press, 1971
15 Dusay, John M.: EGOGRAMS. Harper & Row, New York, 1977
16 Wie 7
17 Goulding, Robert, and Goulding Mary: personnal communication
18 Kahler, Taibi: TA REVISITED. Human Development Publications, Little Rock, Ark., 1978, Seiten 275—280
19 Kisling, Jack: "The Unsilent Generation", The Denver Post, July 5, 1979.
20 Schiff, Jacqui Lee, Schiff, Aron W., Mellor, Ken et al.: Cathexis Reader: Transactional Analysis Treatment of Psychosis. Harper & Row, New York, 1975, Seiten 14, 20.
21 Wie 20. Seiten 14—16
22 Wie 20. Seiten 54—55
23 Wie 2. Seite 335 der englischen Ausgabe
24 Wie 20. Seiten 73—74
25 Wie 20. Seite 20
26 Wie 20. Seite 20
27 Blanck, Gertrude, and Blanck, Rubin: EGO PSYCHOLOGIE, Vol 1. Columbia University Press, New York, 1974, Seite 113 der englischen Ausgabe. Deutscher Titel: Angewandte Ich-Psychologie. Klett-Cotta
28 Karpman, Stephen B.: in abstracts by Arlie D'Angelo, Transactional Analysis Journal, 5: 74, 1975
29 Kahler, Taibi, and Capers, Hedges: "The Miniscript", Transactional Analysis Journal, 4: 26, 1974
30 Wyckoff, Hogie: "Radical Psychotherapy and Transactional Analysis in Women's Groups", Transactional Analysis Bulletin, 9: 36, 128—133, October, 1970, und Wyckof Hogie: "Banal Scripts of Women", in SCRIPTS PEOPLE LIVE, Chapter 14 (Steiner, op. cit.)
31 Schiff et al., op. cit., Seiten 5—9 (Wie 20)

Stichwortverzeichnis

Management-Literatur von GABLER: konkret und gewinnbringend im Einzelfall, fast verwirrend facettenreich in der Gesamtschau des Angebots.

Aber das ist es ja. Die Aufgaben, die Manager und Führungskräfte heute zu erfüllen haben, sind nun mal facettenreich.

Zwei Wissenschaftler veranschaulichen das in einem Management-Lehrbuch für Studenten auf ihre Weise: „ Man kann sich das Management als eine komplexe Verknüpfungsaktivität vorstellen, die den Leistungserstellungsprozeß gleichsam netzartig überlagert und in alle Sachfunktionen steuernd eindringt." (Zitat aus Steinmann/ Schreyögg, Management)

Was im Lehrbuch Dozenten ihren Studenten vermitteln wollen, zeigt das GABLER-Management-Programm in seiner tatsächlichen Ausprägung.

Da stehen Titel wie "Familienunternehmen", "Kundenmanager", "Innovation" scheinbar willkürlich nebeneinander, da werden "13 Leitbilder eines Managers von morgen" gegen das "Management von Joint Ventures" geklappt, da stützt das "Total Quality Management" die "Computer-Dimensionen" (oder umgekehrt), da hat man eine schwache Andeutung des "CI-Dilemmas" und muß schließlich erkennen, daß "Vernetztes Denken", "Konfliktmanagement" und "Management der Hochleistungs-Organisation" nur Voraussetzung (oder Ergebnis?) von "Management-Effizienz" ist. Wer dann noch "Vom Sinn zum Gewinn" denken kann und seine "Organisationskultur" danach ausrichtet, der braucht sich kaum noch mit "Intrapreneuring" oder Führungsfragen zu beschäftigen.
Oder doch und gerade?

Wie auch immer, die Zahl der Titel wächst weiter. Ganz gezielt, mit Umsicht ausgewählt und kompetent betreut. Denn auch die Aufgaben im Management wachsen, ständig gibt es neue Problemlösungen, eröffnen sich ungeahnte Perspektiven.

Die die hier darüber schreiben, sind weder Romanautoren, noch zum Publizieren verpflichtete Wissenschaftler. Es sind Frauen und Männer, die das harte und spannungsreiche Geschäft des Managements von innen heraus kennen,

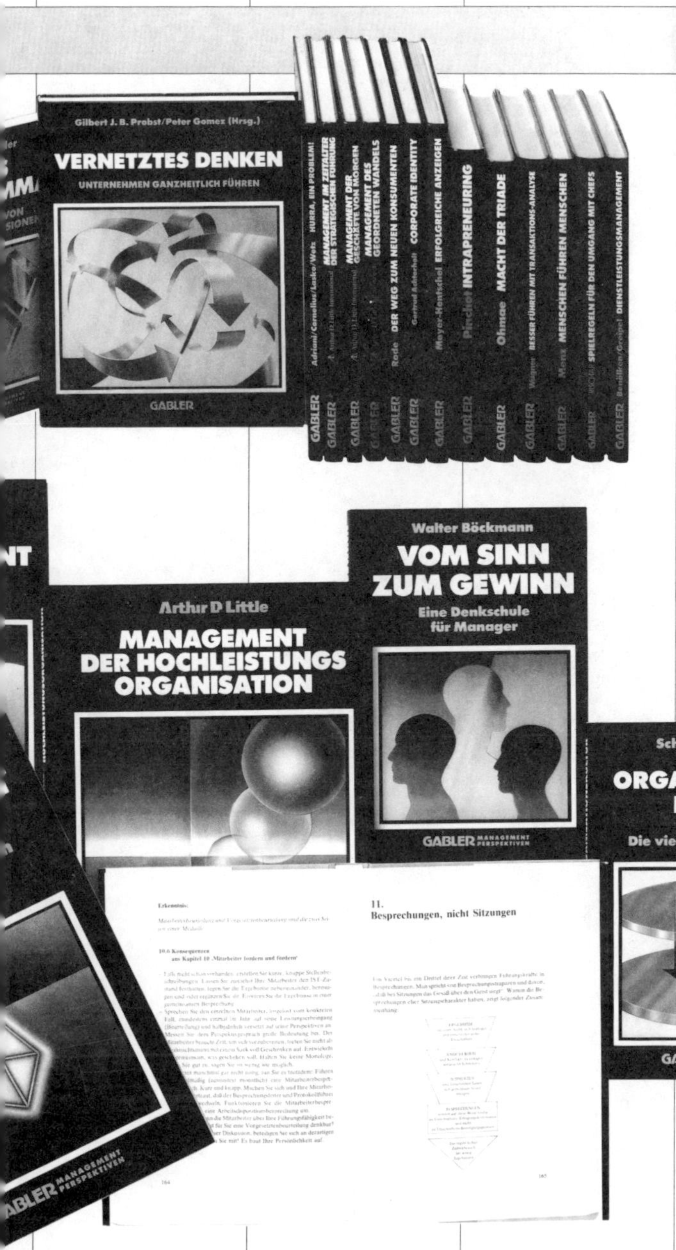
Gilbert J. B. Probst/Peter Gomez (Hrsg.)
VERNETZTES DENKEN
UNTERNEHMEN GANZHEITLICH FÜHREN
GABLER
HURRA, EIN PROBLEM!
MANAGEMENT IM ZEITALTER DER STRATEGISCHEN FÜHRUNG
MANAGEMENT DER GESCHÄFTE VON MORGEN
MANAGEMENT DES GEORDNETEN WANDELS
DER WEG ZUM NEUEN KONSUMENTEN
CORPORATE IDENTITY
ERFOLGREICHE ANZEIGEN
INTRAPRENEURING
MACHT DER TRIADE
BESSER FÜHREN MIT TRANSAKTIONS-ANALYSE
MENSCHEN FÜHREN MENSCHEN
SPIELREGELN FÜR DEN UMGANG MIT CHEFS
DIENSTLEISTUNGSMANAGEMENT
Walter Böckmann
VOM SINN ZUM GEWINN
Eine Denkschule für Manager
GABLER MANAGEMENT PERSPEKTIVEN
Arthur D Little
MANAGEMENT DER HOCHLEISTUNGS ORGANISATION
Scholz/Hofbauer
ORGANISATIONS KULTUR
Die vier Erfolgsprinzipien
GABLER MANAGEMENT PERSPEKTIVEN
11.
Besprechungen, nicht Sitzungen